THOMAS SOWELL

OS UNGIDOS

A FANTASIA DAS POLÍTICAS SOCIAIS PROGRESSISTAS

THOMAS SOWELL

OS UNGIDOS
A FANTASIA DAS POLÍTICAS SOCIAIS PROGRESSISTAS

Traduzido por:
Felipe Ahmed

São Paulo | 2022

Título original: *The Vision Of The Anointed: Self-congratulations as Basis For a Social Policy*
Copyright © 1995 – Thomas Sowell

Os direitos desta edição pertencem à LVM Editora, sediada na
Rua Leopoldo Couto de Magalhães Júnior, 1098, Cj. 46
04.542-001 • São Paulo, SP, Brasil
Telefax: 55 (11) 3704-3782
contato@lvmeditora.com.br

Gerente Editorial | Chiara Ciadarot
Editor-Chefe | Pedro Henrique Alves
Tradutor(a) | Felipe Ahmed
Copidesque | Chiara Di Axox
Revisão ortográfica e gramatical | Chiara Di Axox – Márcio Scansani / Armada
Preparação dos originais | Pedro Henrique Alves
Elaboração do índice | Márcio Scansani / Armada
Produção editorial | Pedro Henrique Alves
Projeto gráfico | Mariangela Ghizellini
Diagramação | Rogério Salgado

Impresso no Brasil, 2022

Dados Internacionais de Catalogação na Publicação (CIP)
Angélica Ilacqua CRB-8/7057

```
S712o   Sowell, Thomas, 1930-
           Os ungidos: a fantasia das políticas sociais dos progressistas / Thomas Sowell;
        tradução de Felipe Ahmed. — 2. ed. — São Paulo : LVM Editora, 2022.
           344 p.

           ISBN 978-65-5052-054-0
           Título original: The Vision of the anointed

           1. Ciências sociais - Estados Unidos 2. Ciência política I. Título
        II. Ahmed, Felipe

22-6231                                                              CDD 300
```

Índices para catálogo sistemático:
1. Ciências sociais - Estados Unidos

Reservados todos os direitos desta obra.
Proibida a reprodução integral desta edição por qualquer meio ou forma, seja eletrônica ou mecânica, fotocópia, gravação ou qualquer outro meio sem a permissão expressa do editor. A reprodução parcial é permitida, desde que citada a fonte.

Esta editora se empenhou em contatar os responsáveis pelos direitos autorais de todas as imagens e de outros materiais utilizados neste livro. Se porventura for constatada a omissão involuntária na identificação de algum deles, dispomo-nos a efetuar, futuramente, as devidas correções.

No máximo apenas um pequeno conjunto de políticas foi estudado com atenção moderada.

George J. Stigler (1911-1991),
ganhador do Nobel em Economia

Nos parques em chamas, nas tavernas, nas academias silenciadas, seu murmúrio aclamará a sabedoria de mil impostores. Pois é deles o reino.

Kenneth Fearing (1902-1961), poeta

SUMÁRIO

PREFÁCIO 13

CAPÍTULO 1 | Unção Lisonjeira 17

CAPÍTULO 2 | O Padrão 27
    Padrões de Fracasso 30
        A "Guerra Contra a Pobreza" 31
        Educação Sexual 39
        Justiça Criminal 46

CAPÍTULO 3 | Seguindo os Números 59
    Estatísticas "AHA!" 62
        Mortalidade Infantil e Cuidados Pré-Natais 62
        Disparidades Entre Grupos 64
    A Falácia Residual 69
        "Controlando variáveis" na Educação 70
        Estatísticas Hipotecárias de "Discriminação" 73
    Alterando a Seleção 76

Correlação *Versus* Causalidade 89
Diferenças "Raciais" 91
O "Desaparecimento" das Famílias Tradicionais 94
    Tendências de Casamento 94
    Famílias do tipo "Ozzie e Harriet" 96

CAPÍTULO 4 | A Irrelevância das Evidências 101
Profetas TEFLON 104
    John Kenneth Galbraith 104
    Paul Ehrlich 106
Uma Variedade de Messias Equivocados 111
    Ralph Nader 111
    Controle e Descontrole do Preço da Gasolina 116
    O Clube de Roma 119
História Fictícia 121
    O "Legado da Escravidão" 122
    A Administração Reagan 125
    Menosprezando a História 129
Debatendo sem Argumentos 130
    O Complexo "Complexo" 131
    Tudo ou Nada 134
    Generalizações Inofensivas 138
    O Ponto de Vista Ambulante 140
    Rituais dos "Direitos" 143
    Proclamações Generalizadas
Penetrando a Retórica 146

CAPÍTULO 5 | Os Ungidos *versus* os Ignorantes 149
A Visão Subjacente 151
Conhecimento e Sabedoria Diferenciais 157
    Tolerância Diferencial 163
    Barriga de Aluguel da Moral 164
    O Público Ignorante 169

SUMÁRIO

Causalidade Social 174
   Incentivos versus Disposições......................... 178
   Trocas versus "Soluções"............................ 185

CAPÍTULO 6 | Cruzadas dos Ungidos 195
   Cruzadas Gerais 198
      Cruzadas à Segurança............................ 198
      Mapas 199
      O Masculino Genérico............................ 202
   Mascotes dos Ungidos............................... 203
      Mendigos ou "os Sem-teto"....................... 204
      Criminosos..................................... 208
      Portadores de Doenças........................... 218
   Os Alvos dos Ungidos............................... 224
      Negócios e as Profissões......................... 224
      Famílias 229
      Religião.. 235

CAPÍTULO 7 | O Vocabulário dos Ungidos 241
   Superioridade Verbal 243
   Desdenhando os Ignorantes 247
   Viabilidade 250
   O Ponto de Vista Cósmico 252
      Responsabilidade Pessoal........................ 259
      Mérito versus Performance 262
      A Certeza dos Ungidos.......................... 265
      Especialização 266
   Dando os Nomes................................... 268
      Capitalismo.................................... 269
      A "Esquerda" e a "Direita" Política............... 269
   O Categórico *Versus* o Incremental 271
   "Distribuição" de Renda............................. 273
   Bênçãos e Maldições Definicionais.................... 275
      A Ciência e os "Peritos"......................... 276
   Inflação Verbal 278

"*Homofobia*"... 279
"*Violência*".. 280
"*Falta de Esperança*".................................... 281
CAPÍTULO 8 | Desastre nos Tribunais 283
   Justiça Cósmica.. 287
   Ativismo Jurídico.. 293
      Definições e Distorções................................. 293
      Atividade Seletiva....................................... 303
      Precedentes versus a Constituição...................... 305

CAPÍTULO 9 | Realidade Opcional 309
   O Mundo dos Ungidos..................................... 314
      Proteção Contra Feedback............................... 318
      "Soluções" e Antecipações.............................. 321
      A Batalha para Controlar a Memória................... 322
   Processos de Tomada de Decisão 323
   Visões, Políticas e a Mídia................................. 322
   Consequências Passadas e Perigos Futuros................. 329

ÍNDICE REMISSIVO E ONOMÁSTICO 331

OS UNGIDOS

A FANTASIA DAS POLÍTICAS SOCIAIS PROGRESSISTAS

[PREFÁCIO]

PREFÁCIO

As opiniões de comentaristas ou escritores políticos sobre questões sociais comumente variam dentro de um largo espectro, mas suas posições nessas questões raramente são ao acaso. Se são progressistas, conservadores ou radicais em relação a políticas externas, é provável que sejam assim também quanto a crimes, aborto ou educação. Geralmente, há uma coerência em suas convicções, baseada em um grupo particular de suposições tácitas sobre o mundo — uma certa visão da realidade.

É claro que visões variam de pessoa para pessoa, de sociedade para sociedade, e de uma era para outra. As visões também competem entre si, seja pela fidelidade de um indivíduo ou de toda uma sociedade a um ponto de vista. Porém, em algumas eras, há uma visão que predomina sobre todas as outras, podendo ser considerada a visão predominante daquele tempo e local. Essa é a situação atual da *intelligentsia*[1] nos Estados Unidos e de grande parte do mundo ocidental. Entretanto, muitas de suas visões podem variar daquelas de outros povos. Variações individuais ao aplicar essa visão tácita não alteram

---

[1] Grupos de intelectuais que se ocupam especialmente do manejo ideológico da cultura e da política, seja de um país determinado ou de toda a comunidade internacional. Na visão crítica do pensamento liberal-conservador de Thomas Sowell, a *intelligentsia* trata-se da reunião de pensadores de gabinete que intentam constantemente realizar mudanças estruturais na psiquê, na política e na ética histórica do Ocidente judaico-cristão. (N. E.)

o fato fundamental de que existe uma estrutura particular de pressupostos dentro da qual a maior parte do discurso político e social contemporâneo acontece, seja na mídia, na academia ou na política.

O crescimento da mídia em massa, política em massa e governos massivos, significa que as convicções, que motivam um relativamente pequeno grupo de pessoas articuladas, têm forte influência para determinar o curso tomado por toda uma sociedade.

A análise a seguir não é apenas um estudo da visão dessa *intelligentsia* e seus inúmeros seguidores na arena política e nos tribunais, mas também uma comparação empírica entre os benefícios prometidos de políticas baseadas nessa visão e as severas e dolorosas consequências dessas decisões políticas e judiciais. Em resumo, o propósito não é simplesmente ver que tipo de mundo existe na mente da elite autoungida; é ver como este mundo afeta o mundo da realidade em termos concretos, como crime, desintegração familiar e outros fenômenos sociais cruciais de nossos tempos.

A urgência das questões envolvidas apenas torna mais imperativo compreender o passado de onde elas vieram e o futuro para onde seguem. Muitos dos padrões intelectuais e políticos analisados aqui se tornaram predominantes durante a década de 1960 e muitos dos pressupostos que acompanham as continuações dessas tendências atualmente foram expressas ou estavam implícitas naquela década. Entretanto, as origens históricas da visão predominante atual são muito mais antigas, em alguns casos datam de séculos. Tanto o passado quanto o presente devem ser explorados para que se possa entender a visão dos ungidos e seu perigoso legado para o futuro.

Thomas Sowell
Hoover Institution

[CAPÍTULO I]

[Capítulo 1]
Unção Lisonjeira

*Não despeje essa unção
lisonjeira em sua alma.*
— HAMLET

Perigos à sociedade podem ser mortais sem serem imediatos. Um desses perigos é a visão social predominante de nossos tempos — e o dogmatismo que acompanha tais ideias, suposições e atitudes por trás desta visão.

Não é que essas visões sejam especialmente maliciosas ou especialmente errôneas. Os seres humanos cometem erros e pecados desde que existem seres humanos. As grandes catástrofes da história normalmente tiveram muitos outros fatores envolvidos. Na maioria das vezes, há algum ingrediente adicional crucial — algum método pelo qual o *feedback* da realidade é bloqueado para que uma perigosa ação em curso possa prosseguir cegamente até sua conclusão fatal. Grande parte do continente europeu foi devastado na Segunda Guerra Mundial porque o regime totalitário dos nazistas não permitia alterações, ou sequer influência, nas políticas de Hitler por parte daqueles que previam suas consequências autodestrutivas. Em eras mais antigas também, muitos indivíduos previram a autodestruição de suas próprias civilizações, dos dias do Império Romano para as eras dos espanhóis, dos otomanos e de outros impérios[2]. Entretanto, suas previsões por si sós não foram o suficientes para alterar o curso rumo à ruína. Hoje, apesar da liberdade de expressão e da mídia em massa, a visão social predominante está perigosamente próxima de se isolar de qualquer opinião discordante da realidade.

Mesmo quando assuntos de políticas públicas são discutidos na distinta forma de argumentação, com frequência as conclusões alcançadas são predeterminadas pelos pressupostos e definições inerentes a uma visão particular de processos sociais. Visões diferentes, é claro, têm diferentes pressupostos, então, não é raro pessoas que seguem visões diferentes descobrindo que discordam umas das outras em um vasto espectro de assuntos sem qualquer relação, em áreas tão distintas uma da outra, como leis, políticas externas, o meio ambiente, políticas raciais, defesa militar, educação e muitas outras[3]. Notavelmente, no entanto, até certo ponto não há procura em se obter evidências empíricas antes de instituir-se uma política, ou sequer após. Fatos podem ser direcionados a uma posição já tomada, mas isso é muito diferente de testar de forma sistemática teorias opostas com o uso de evidências. Questões importantes são essencialmente tratadas como conflito de visões.

O foco aqui será em uma visão particular — a visão predominante entre a elite intelectual e política de nossos tempos. O que é importante quanto a essa visão é não só suas hipóteses próprias ou seus corolários, mas também o fato de que é a visão *predominante*[4] — o que significa que seus pressupostos são tidos como corretos por tantas pessoas, incluindo as ditas "pessoas pensantes", que nem seus pressupostos e nem seus corolários são normalmente confrontados com a necessidade de evidências empíricas. De fato, a própria evidência empírica pode ser vista como suspeita se inconsistente com essa visão.

Evidências discordantes podem ser recusadas e tidas como anomalias isoladas, ou algo selecionado pelos oponentes de forma tendenciosa, ou que

---

[2] Ver, por exemplo, CIPOLLA, Carlo M. "Editor's Introduction". In: *The Economic Decline of Empires*. Londres: Methuen, 1970, p. 15; LEWIS, Bernard. "Some Reflections on the Decline of the Ottoman Empire", *ibid.*, p. 227; LEWIS, Bernard. *Islam in History*, segunda edição. Chicago: Open Court, 1993, p. 211-12. Londres: Methuen, 1970, p. 15.
[3] Ver SOWELL, Thomas. *Conflito de Visões*. Nova York: Morrow, 1987.
[4] Como será notado por nossos leitores, o autor se utiliza constantemente do itálico para dar ênfase a palavras específicas no decorrer de uma argumentação. Editorialmente optamos por manter essa particularidade da escrita do autor, a fim de que o leitor tenha uma experiência mais próxima possível da escrita original de Thomas Sowell. (N. E.)

pode ser explicada *ad hoc* por uma teoria sem qualquer suporte empírico — exceto que essa teoria *ad hoc* consegue se sustentar e ganhar aceitação porque ela é consistente com a visão geral. Exemplos de tais táticas serão numerosos nos próximos capítulos. É preciso primeiro considerar quais as razões por trás de tais táticas e o porquê da necessidade de acreditar em uma visão particular cujas evidências contrárias são ignoradas, suprimidas ou desacreditadas. E finalmente, por que alguém busca não pela realidade, mas por uma visão? O que essa visão oferece que a realidade não oferece?

O que uma visão pode oferecer, e o que a visão predominante do nosso tempo *oferece* de forma enfática, é um estado especial de graça para aqueles que acreditam nela. Aqueles que aceitam essa visão são considerados não apenas factualmente corretos, mas moralmente em um patamar superior. Em outras palavras, aqueles que discordam com a visão predominante são vistos não apenas como equivocados, e sim como pecadores. Para aqueles que têm essa visão no mundo, os ungidos e os insipientes não debatem no mesmo patamar moral ou jogam pelas mesmas regras frias da lógica e das evidências. Os insipientes devem ser "informados", ter suas "consciências elevadas" e há uma ardente esperança de que eles irão "amadurecer". Caso os insipientes se mostrem recalcitrantes, entretanto, sua "falta de caráter" deve ser enfrentada e as "razões verdadeiras" por trás de seus argumentos e ações devem ser expostas. Enquanto a linguagem muda, a ideia básica de integridade distinta dos ungidos e dos insipientes não teve alteração fundamental em, pelo menos, duzentos anos[5].

Essas não são apenas táticas de debate. Nunca as pessoas serão mais sinceras do que quando assumem sua própria superioridade moral. Como tal, tampouco são tais atitudes inerentes a polêmicas. Alguns dos melhores polemistas argumentaram que seus oponentes tinham boas intenções e eram até inteligentes — mas perigosamente enganados na questão em debate. Alguns "podem ter as piores ações, sem serem o pior dos homens", Edmund Burke (1729-1797) disse no século XVIII[6]. De forma similar, quando Malthus (1766-1834) atacou uma visão popular de seu tempo, exemplificado nas escritas de William Godwin (1756-1836) e Condorcet (1743-1794), ele disse: Eu não pos-

---

[5] *Ibid.*, p. 227-28.
[6] BURKE, Edmund. *The Correspondence of Edmund Burke*, MCDOWELL, R. B. (ed.). Chicago: University of Chicago Press, 1969, Vol. VIII, p. 138.

so duvidar dos talentos de tais homens como Godwin e Condorcet. Recuso-me a duvidar de suas integridades[7].

Ainda assim, a reposta de Godwin foi bem diferente. Ele chamou Malthus de "maligno", questionou a "humanidade do homem" e disse: "Eu me confesso incapaz de conceber de qual terra o homem foi feito"[8].

Havia aqui mais coisas envolvidas do que meras diferenças entre estilos próprios de polemizar. Essa assimetria de argumentos refletiu uma assimetria de visões que persistiu por séculos. Quando o livro *O Caminho da Servidão*, de Friedrich Hayek (1899-1992), atacou o estado de bem-estar social e o socialismo em 1944, ele caracterizou seus adversários como "idealistas obstinados" e "autores cuja sinceridade e falta de interesse estão acima de suspeita", mas seu próprio livro foi tratado como algo imoral, algumas editoras norte-americanas se recusaram a publicá-lo, apesar de já ter demonstrado seu impacto na Inglaterra[9]. De forma similar, um livro de 1993, altamente crítico quanto às políticas sociais liberais, no entanto, deu crédito aos proponentes daquelas políticas como sendo pessoas que "querem ajudar" por "motivos decentes e generosos"[10], apesar de concluir que o resultado líquido tenha sido o de "manter os pobres em sua pobreza"[11]. Em contrapartida, um *bestseller* de 1992, escrito por um defensor de tais políticas liberais sociais, declarou que "conservadores não se importam se norte-americanos negros estão felizes ou infelizes"[12]. Essa demonização dos oponentes da visão não é particular apenas aos Estados Unidos da América ou às questões raciais. O notável escritor francês Jean-François Revel (1924-2006), que se opôs a muitos aspectos da visão predominante, relata ter sido tratado, até mesmo em contextos sociais, como alguém com "traços residuais de *homo sapiens*"[13].

---

[7] MALTHUS, Thomas Robert. *An Essay on the Principle of Population*. Ann Arbor: University of Michigan Press, 1959, p. 3.
[8] GODWIN, William. *Of Population*. Londres: Longman, Hurst, Rees, Orme e Brown, 1820, p. 520, 550, 554.
[9] HAYEK, F. A. *The Road to Serfdom*. Chicago: University of Chicago Press, 1944, p. 55, 185. Em português destacamos a seguinte edição: HAYEK, F. A. *O Caminho da Servidão*, São Paulo: LVM Editora, 2012.
[10] MAGNET, Myron. *The Dream and the Nightmare: The Sixties Legacy to the Underclass*. Nova York: Morrow, 1993, p. 23.
[11] *Ibid.*, p. 25.
[12] HACKER, Andrew. *Two Nations: Black and White, Separate, Hostile, Unequal*. Nova York: Charles Scribner's Sons, 1992, p. 51.
[13] REVEL, Jean-François. *The Flight from Truth: The Reign of Deceit in the Age of Information*. Nova York: Random House, 1991, p. 192.

CAPÍTULO I | UNÇÃO LISONJEIRA

Um escritor contemporâneo resumiu as diferenças entre aqueles com a visão dos ungidos — a esquerda — e outros desta maneira:

> Discorde de alguém da direita e ele, provavelmente, vai pensar que você é estúpido, errado, tolo, um bobo. Discorde de alguém da esquerda e ele, provavelmente, vai pensar que você é egoísta, traidor da causa, insensível, possivelmente mau[14].

Os ungidos contemporâneos, e aqueles que os seguem, veem em sua "compaixão" pelos menos afortunados, na sua "preocupação" com o meio ambiente e no fato de serem "antiguerra", por exemplo, como se essas fossem características que os distinguem daqueles com opiniões opostas em políticas públicas. A própria ideia de que um *oponente* da visão predominante como Milton Friedman (1912-2006), a título de exemplo — alguém que tem tanta compaixão pelos pobres e pelos vulneráveis, que também está chocado com a poluição, ou horrorizado com o sofrimento e morte impostos pela guerra a milhões de homens, mulheres e crianças inocentes — tal ideia seria uma nota muito discordante na visão dos ungidos. Se tal ideia fosse totalmente aceita, isso significaria que os argumentos opostos às políticas sociais eram argumentos sobre métodos, probabilidades e evidência empírica — sendo a compaixão, o cuidado etc., características em comum em ambos os lados, assim se anulando e desaparecendo do debate. Claramente, essa *não* é a visão dos ungidos. Um motivo para que uma visão seja preservada e protegida é o de que ela se tornou emaranhada com o ego daqueles que a seguem. Apesar dos avisos de Hamlet contra a autoadulação, a visão dos ungidos não é simplesmente uma visão do mundo e seu funcionamento em um senso causal, mas é também uma visão deles mesmos e de seu papel moral naquele mundo. *É uma visão de integridades distintas*. Não é uma visão sobre a tragédia da condição humana: problemas existem porque outros não são tão sábios ou virtuosos quanto os ungidos.

As grandes cruzadas ideológicas dos intelectuais do século XX variou entre as mais diferentes áreas — do movimento eugênico das primeiras décadas do século para o ambientalismo das décadas finais, sem mencionar o esta-

---
[14] EPSTEIN, Joseph. "True Virtue", *New York Times Magazine*, 24/nov/1985, p. 95.

do de bem-estar social, o socialismo, o comunismo, a economia keynesiana e a segurança médica, nuclear e automotiva. O que todas essas cruzadas altamente discrepantes têm em comum é sua exaltação moral dos ungidos acima dos outros, que devem ter suas visões diferentes anuladas e substituídas pelas visões dos ungidos, impostas pelo poder do governo. Apesar da grande variedade de questões em uma série de movimentos de cruzadas entre a *intelligentsia* durante o século XX, diversos elementos-chave são comuns à maioria deles:

1. Afirmações de um grande perigo a toda sociedade, um perigo que as massas sequer têm consciência a respeito;
2. Uma necessidade urgente de ação para impedir a catástrofe iminente;
3. A necessidade de o governo limitar drasticamente o perigoso comportamento de muitos, em resposta à conclusão presciente de poucos;
4. Uma rejeição desdenhosa dos argumentos contrários, tidos como desinformados, irresponsáveis, ou motivados por propósitos desmerecedores.

Argumentos específicos sobre questões particulares serão tratados nos capítulos seguintes, mas esses argumentos específicos não precisam nos impedir neste momento. O que é extraordinário é como tão poucos argumentos estão realmente envolvidos e como há tantos *substitutos* de argumentos. Esses substitutos de argumentos estão, quase que por definição, mais disponíveis para os seguidores da visão predominante, cujas pressuposições são tão amplamente aceitas, que permitem conclusões baseadas nessas pressuposições para passar adiante sem mais escrutínio.

A visão predominante da nossa era necessita com urgência um reexame crítico — ou, para muitos, de um primeiro exame. Essa visão está tão presente na mídia e academia, e se alastrou tão fortemente na comunidade religiosa, que muitos crescem até a fase adulta ignorantes do fato que há outra maneira de enxergar as coisas, ou que a *evidência* pode ser relevante para verificar as vastas pressuposições das, assim chamadas, "pessoas pensantes". Muitas dessas "pessoas pensantes" podem ser caracterizadas mais precisamente como pessoas *articuladas*, pessoas cuja sagacidade verbal pode escapar tanto da lógica como das evidências. Este pode ser um talento fatal quando alimenta o crucial isolamento da realidade, por trás de tantas catástrofes históricas.

Apesar do poder da visão predominante, alguns escaparam de sua força gravitacional. De fato, a maior parte dos principais oponentes atuais da visão predominante já esteve em sua órbita. Milton Friedman, Friedrich Hayek, Karl Popper (1902-1994), Edward Banfield (1916-1999), Irving Kristol (1920-2009), Norman Podhoretz — a lista continua — já partilharam das pressuposições daqueles que viriam, no final, a discordar de forma tão fundamental. Mesmo na esfera da política prática, o opoente da visão predominante de maior sucesso e reconhecimento, Ronald Reagan (1911-2004), já esteve antes envolvido com ela, tanto que ele fez parte da organização liberal Americans for Democratic Action.

Em resumo, poucos passaram suas vidas inteiras fora da visão dos ungidos e praticamente todos foram afetados por essa visão. Compreender essa visão, seu impacto atual e seus riscos futuros, é o propósito deste livro.

[CAPÍTULO II]

[Capítulo II]
O Padrão

Ele foram trabalhar com eficiência insuperável. Dedicação total, máximo de resultado e bem-estar no geral devem ter sido a consequência. É verdade que no lugar achamos a miséria, vergonha e, ao final de tudo, um córrego de sangue. Porém, esta foi uma coincidência casual.
— JOSEPH A. SCHUMPETER (1883-1950)[15]

O que é intelectualmente interessante sobre visões são suas pressuposições e seu raciocínio, mas o que é socialmente crucial é qual a extensão de sua resistência a evidências. Sendo todas as teorias sociais imperfeitas, o dano causado pelas suas imperfeições depende não somente do quanto elas se distinguem da realidade, como também sobre o quão prontamente elas se ajustam a evidências para alinhar-se de volta aos fatos. Uma teoria pode ser mais plausível ou até mais viável do que outra, entretanto, se ela é também mais dogmática, então, isso pode torná-la muito mais perigosa do que uma teoria que inicialmente não é tão próxima da verdade, porém é mais capaz de se ajustar a *feedback* do mundo real. A visão predominante de nosso tempo — a visão dos ungidos — tem demonstrado extraordinária habilidade para desafiar as evidências.

---

[15] SCHUMPETER, Joseph A., resenha da *Teoria Geral* de Keynes, *Journal of the American Statistical Association*, dezembro de 1936, p. 795.

Padrões característicos se desenvolveram entre os ungidos por lidar com os repetidos fracassos de políticas baseadas em sua visão. Outros padrões se desenvolveram para apoderarem-se de estatísticas com o intuito de serem o suporte das pressuposições daquela visão, mesmo quando as mesmas estatísticas contêm números que contradizem a visão. Finalmente, há o fenômeno dos honrados profetas entre os ungidos, que continuam a ser homenageados enquanto suas previsões falham por vastas margens repetidamente. O primeiro destes fenômenos será explorado neste capítulo, os outros nos capítulos que o seguem.

PADRÕES DE FRACASSO

Um padrão muito distinto emergiu repetidamente quando as políticas favorecidas pelos ungidos acabaram fracassando. Este padrão normalmente tem quatro estágios:

ESTÁGIO 1 — A "CRISE": há uma situação cujos aspectos negativos os ungidos propõem eliminar. Ainda que todas as situações humanas tenham aspectos negativos, tal situação é rotineiramente caracterizada como uma "crise", inclusive, mesmo que as evidências sejam raramente solicitadas, ou sejam apresentadas para demonstrar como a situação presente é excepcionalmente nociva ou ameaça a piorar. Ocasionalmente a situação descrita como uma "crise" tem, na verdade, melhorado há anos;

ESTÁGIO 2 — A "SOLUÇÃO": políticas para acabar com a "crise" são defendidas pelos ungidos, que alegam que estas políticas levarão ao resultado benéfico A. Os críticos das mesmas afirmam que essas políticas levarão ao resultado danoso Z. Os ungidos dispensam as críticas como absurdas ou "simplistas", ou até desonestas;

ESTÁGIO 3 — OS RESULTADOS: as políticas são instituídas e levam ao resultado danoso Z;

ESTÁGIO 4 — A RESPOSTA: aqueles que atribuem o resultado danoso Z às políticas instituídas são dispensados como "simplistas" por ignorar as "complexidades" envolvidas, já que "muitos fatores" foram responsáveis na determinação dos resultados. O ônus da prova é colocado às críticas para demonstrar com convicção que essas políticas em si foram a única causa possível para a piora sofrida. Nenhum ônus de prova é colocado naqueles que, de forma tão confiante, previram o progresso. De fato, frequentemente é declarado que as coisas estariam ainda piores, se não fossem os maravilhosos programas que atenuaram os inevitáveis danos dos outros fatores.

Exemplos desse padrão são abundantes. Três serão considerados aqui. O primeiro e mais geral envolve um grupo de políticas de bem-estar social da chamada "guerra à pobreza", que ocorreu durante o mandato do 36º presidente norte-americano Lyndon B. Johnson (1908-1973) e que continua sob outros rótulos desde então. Em seguida há a política para introduzir "educação sexual" nas escolas públicas como uma maneira de diminuir a gravidez na adolescência e as doenças venéreas. O terceiro exemplo será sobre as políticas desenvolvidas para reduzir o crime, com a adoção de uma abordagem menos punitiva, preocupando-se mais com políticas sociais preventivas, em primeiro lugar, e em seguida com a reabilitação, assim como demonstrando maior apreço pelos direitos legais dos acusados em casos criminais.

A "guerra contra a pobreza"

Políticas governamentais desenvolvidas para aliviar as privações dos pobres são muito mais antigas que a "guerra à pobreza" do presidente Johnson e, é claro, vão muito além das fronteiras dos Estados Unidos da América. O que era diferente sobre esse grupo de medidas sociais em particular, primeiro propostas ao Congresso, durante a administração do presidente norte-americano John F. Kennedy (1917-1963), e posteriormente promulgadas a lei durante a administração de Johnson, era que o seu propósito declarado era uma redução da *dependência*, não apenas o suprimento de mais bens materiais para os pobres. Este era o tema recorrente da "guerra à pobreza", desde quando o presidente Kennedy apresentou essa legislação, em 1962, até o presidente Johnson a ver aprovada e assinou a lei em 1964.

John F. Kennedy declarou que o propósito da "guerra à pobreza" era "ajudar os cidadãos menos afortunados a se ajudarem"[16]. Ele disse: "Devemos encontrar maneiras de devolver muito mais de nosso povo dependente à independência"[17]. A ideia toda do atual aumento de gastos federais nessa empreitada era para "fortalecer e ampliar os serviços reabilitacionais e preventivos" oferecidos a "pessoas que são dependentes ou que, de outra forma, se tornariam dependentes" de tal maneira que, em longo prazo, esperava-se uma economia em gastos governamentais como consequência da diminuição na dependência. Como o presidente Kennedy colocou:

> O bem-estar público, de forma resumida, deve ser mais do que uma operação de resgate, catando os restos dos destroços de vidas humanas. Sua ênfase deve ser direcionada cada vez mais para a prevenção e reabilitação — ao reduzir não só o custo no longo prazo em termos orçamentários, mas o custo em longo prazo em termos humanos também[18].

O mesmo tema de um maior investimento no curto prazo para uma economia maior no longo, como resultado de dependência reduzida, foi um tema repetido em um editorial do *The New York Times*:

> A mensagem sobre políticas de bem-estar do presidente Kennedy ao Congresso ontem tem origem do reconhecimento de que nenhuma solução duradoura para o problema pode ser comprada com um cheque de auxílio. Suporte financeiro para os necessitados deve ser suplementado com uma ampla variedade de serviços profissionais e comunitários. Seu objetivo: evitar homens, mulheres e crianças de terem que depender de assistência pública para serem cidadãos úteis e criativos. O presidente sabe que não será barato fornecer o aumento necessário em equipe, instalações e auxílios para reabilitação. O custo inicial será maior do que a mera prorrogação de subsídios. Os dividendos virão com

---

[16] "Public Welfare Program — Message from the President of the United States (H. Doc. No. 325)", *Congressional Record — House*, 1/fev/1962, p. 1405.
[17] *Ibid.*, p. 1406.
[18] *Ibid.*, p. 1405.

a restauração da dignidade individual e na redução em longo prazo da dependência da ajuda do governo[19].

O *Congressional Quarterly* da mesma data (2 de fevereiro de 1962) reportou de forma similar: "O presidente reforçou que o programa de bem-estar social deve ser direcionado a prevenir a dependência e a reabilitação de membros dos programas de auxílio atuais"[20].

O mesmo tema continuou até a administração de Johnson, onde o programa antipobreza foi vendido como uma maneira de "quebrar o ciclo de pobreza" e "transformar comedores de impostos em pagadores de impostos"[21]. "Dê uma ajuda, não um auxílio" era o *slogan* da "guerra à pobreza". Mantendo-se nesse tema, o presidente Johnson disse, em agosto de 1964, quando a legislação finalmente passou: "os dias da esmola em nosso país estão contados"[22]. Esse impulso inicial dos programas da "guerra à pobreza" deve ser claramente reconhecido em seu começo, pois uma das muitas respostas aos fracassos dos programas governamentais é a de redefinir seus objetivos depois do ocorrido para parecer que os programas foram "bem-sucedidos".

Um tema secundário da "guerra à pobreza" é que programas sociais eram uma maneira de se evitar violência urbana. Lyndon Johnson falou sobre "condições que geram violência e desespero". Ele disse: "Todos nós sabemos quais são essas condições: ignorância, discriminação, favelas, pobreza, doenças, desemprego[23]".

O mesmo tema foi repetido no celebrado relatório sobre revoltas de guetos da Kerner Comission, de 1968, que afirmou que a discriminação descontrolada e a segregação eram "a fonte de profundo ressentimento e está no centro do problema da desordem racial[24]". As revoltas de 1967 foram atribuídas à "incapacidade, em todos os níveis governamentais — federal e estadual,

---

[19] "Relief Is No Solution", *New York Times*, 2/fev/1962, p. 28.
[20] *Congressional Quartely*, 2/fev/1962, p. 140.
[21] HUNTER, Marjorie. "Johnson Sings Bill to Fight Poverty; Pledges New Era", *New York Times*, 21/ago/1964, p. 1.
[22] *Ibid.*
[23] "Excerpts from President Lyndon B. Johnson's Address to the Nation on Civil Disorders, July 21, 1967", *Report of the National Advisory Commision on Civil Disorders*, 1/mar/1968, p. 297; "Transcript of Johnson's TV Adress on Riots", *New York Times*, 28/jul/1967, p. A11.
[24] *Report of the National Advisory Commision on Civil Disorders*, 1/mar/1968, p. 91.

assim como local — de controlar os problemas de nossas cidades". Mantendo-se neste tema de que condições sociais inadequadas e negligência das autoridades levaram ao desespero — o que, consequentemente, leva à violência — os líderes de direitos civis e outros porta-vozes de minorias começaram a prever, com frequência, um "longo e caloroso verão" de violência caso suas exigências por mais programas governamentais não fossem cumpridas[25]. Tais previsões tornaram-se fundamentais no discurso político e permaneceram assim ao longo dos anos. Agências governamentais, buscando expandir seus orçamentos e estender também seus poderes, encorajaram a crença de que programas sociais reduzem a incidência de tumultos e outros tipos de violência, enquanto uma redução desse tipo de programa iria intensificar a desordem civil[26].

Um conjunto diametralmente oposto de crenças e previsões veio dos críticos às propostas da "guerra à pobreza". O senador Barry Goldwater (1909-1998) previu que esses programas iriam "encorajar a pobreza" ao encorajar que "mais e mais pessoas entrem nos *ranks* daqueles sob os cuidados do governo"[27]. Ele também não esperava que programas sociais maiores levariam a uma sociedade mais harmoniosa, pois viu a filosofia oculta neles como uma "tentativa de dividir os norte-americanos" em diferentes classes, "categorizar as pessoas e criar grupos"[28]. Conforme esses programas continuaram, os prefeitos de Los Angeles, San Francisco e Detroit culparam a "guerra à pobreza" por "alimentar a luta de classes" através do seu apoio de ativistas de comunidades, intelectuais radicais e outros com um grande interesse em desavenças e desordem[29]. A pressuposição de que aumento inicial de gastos em programas sociais levariam a uma redução nos gastos em anos posteriores, conforme a dependência diminuísse, era também debatida por oponentes como o colunista Henry Hazlitt (1894-1993), que disse: "podemos esperar que os preços cresçam geometricamente com o passar dos anos"[30].

---

[25] SAMPLE, Robert B. Jr. "Dr. King Scores Poverty Budget", *New York Times*, 16/dez/1966, p. A33; SAMPLE, Robert B. Jr. "2 More Score U.S. on Help for Poor", *New York Times*, 7/dez/1966, p. A32.
[26] Ver, por exemplo, MOYNIHAN, Daniel Patrick. *Maximum Feasible Misunderstanding: Community Action in the War on Poverty*. Nova York: Free Press, 1969, p. xxvi-xxvii.
[27] MOHR, Charles. "'Viva Goldwater' Greets Senator", *New York Times*, 16/fev/1964, p. 47.
[28] "Goldwater Sees Johnson Retreat", *New York Times*, 19/jan/1964, p. 49.
[29] PATTERSON, James T. *America's Struggle Against Poverty: 1900-1980*. Cambridge: Harvard Univeristy Press, 1981, p. 145-46, 149, 152.
[30] HAZLITT, Henry. "The War on Poverty", *Newsweek*, 6/abr/1964, p. 74.

De um ponto de vista analítico, as questões foram ideais para se testar: dois conjuntos conflitantes de ideias logicamente levaram a conclusões opostas, ditas em termos que podem ser testados de forma empírica. Quase nunca, entretanto, tais testes empíricos foram feitos. As opiniões expressadas na visão dos ungidos se tornaram axiomáticas. Uma nova análise dessa visão, conforme ela foi aplicada à "guerra à pobreza", mostra que ela passou pelos quatro estágios já descritos:

ESTÁGIO 1 — A "CRISE": já que o propósito da "guerra à pobreza" era reduzir a dependência, a pergunta é: quanto de dependência existia na época e estava aumentando ou diminuindo antes das novas políticas serem instituídas? Em resumo, qual era a "crise" para a qual os ungidos estavam propondo uma "solução"?

Quando começaram os programas da "guerra à pobreza", o número de pessoas que vivia abaixo da linha de pobreza oficial havia declinado de forma contínua desde 1960 e era apenas metade do que havia sido em 1950[31]. Na questão mais fundamental de *dependência*, a situação estava claramente melhorando. A proporção de pessoas, cujos proventos as colocava abaixo do nível de pobreza, *sem contar os benefícios do governo*, declinou por volta de um terço entre 1950 e 1965[32]. Ou seja, a dependência de auxílios do governo para evitar a pobreza já estava diminuindo quando a "guerra à pobreza" teve início.

ESTÁGIO 2 — A "SOLUÇÃO": o projeto The Economic Opportunity Act foi aprovado em 1964, criando dessarte a Office of Economic Opportunity, a agência da "guerra à pobreza"[33]. Como um historiador dos programas de combate à pobreza colocou: "o Congresso foi rápido em aceitar um programa que pode ajudar a desinflar o bem-estar"[34]. O Conselho de Assessores Econômicos declarou: "conquistar a pobreza está dentro de nossos poderes".

ESTÁGIO 3 — OS RESULTADOS: a porcentagem de pessoas dependentes do governo federal para se manterem acima da linha da pobreza *aumentou*. O número de pessoas dependentes, apesar de estar em declínio há

---

[31] MURRAY, Charles. *Losing Ground: American Social Policy, 1950-1960.* Nova York: Basic Books, 1984, p. 57.
[32] *Ibid.*, p. 64.
[33] PATTERSON, James T. *America's Struggle Against Poverty: 1900-1980.* Cambridge: Harvard Univeristy Press, 1981, p. 132.
[34] *Ibid.*, p. 64-65.

mais de uma década antes da implementação dos programas da "guerra à pobreza", agora se inverteu e começou a subir em poucos anos depois que o programa começou[35].

O número oficial de pessoas abaixo da linha da pobreza continuou a diminuir por um tempo, na medida em que gastos federais massivos puxavam muita gente para longe da linha da pobreza, mas não para longe da dependência — o objetivo original. Depois de um tempo, entretanto, até mesmo a pobreza oficial começou a subir de tal forma que um número maior de pessoas vivia na pobreza em 1992 do que em 1964, quando a "guerra à pobreza" se iniciara[36]. Mesmo considerando que a Office of Economic Opportunity em si tinha um orçamento modesto, levando em consideração os padrões do governo, a agência foi uma ponta da lança, um catalisador e, até certo ponto, coordenadora dos programas antipobreza em outras agências também. A expansão massiva de programas sociais antipobreza continuou até mesmo depois que a Office of Economic Opportunity foi dissolvida em 1974 e seus programas foram transferidos para outras agências. As despesas federais com programas para os pobres aumentaram rapidamente na medida que as exigências de elegibilidade para os programas de seguridade social e auxílio foram diminuindo, o tamanho dos benefícios aumentou e o seguro-desemprego se tornou mais acessível a mais pessoas e por períodos mais longos[37].

Apesar das afirmações iniciais que muitos serviços governamentais levariam a uma redução no desembolso federal com programas de auxílio, conforme mais pessoas se tornassem autossuficientes, o exato oposto aconteceu. O número de pessoas recebendo assistência pública mais do que dobrou de 1960 até 1977[38]. O valor em dólares de moradias públicas aumentou cinco vezes em uma década e o valor gasto em vales-refeição aumentou mais de dez vezes. Todos os benefícios fornecidos pelo governo em espécie aumentaram por volta

---

[35] U.S. Bureau of the Census, *Relatórios da População Atual*, Série P60-185. Washington: U.S. Government Printing Office, 1993, p. ix. A taxa de pobreza como porcentagem da população total ainda não era alta como em 1964, mas o número absoluto de pessoas pobres o era. Esse crescimento em números absolutos começou no final de 1970. U.S. Bureau of the Census, *Relatórios da População Atual*, Série P23-173. Washington: U.S. Government Printing Office, 1991, p. 18.

[36] MURRAY, Charles. *Losing Ground: American Social Policy, 1950-1960*. Nova York: Basic Books, 1984, p. 49, 67.

[37] PATTERSON, James T. *America's Struggle Against Poverty: 1900-1980*. Cambridge: Harvard Univeristy Press, 1981, p. 170.

[38] *Ibid.*, p. 164-65.

de oito vezes de 1965 a 1969 e mais de vinte vezes até 1974[39]. O gasto federativo nesse tipo de programas sociais não só aumentou, em termos monetários e em termos reais, como também sua porcentagem do PIB da nação, indo de 8%, em 1960, a 16%, em 1974[40].

Quanto às revoltas urbanas dos guetos, elas se alastraram em fúria pelo país durante essa era[41]. Depois, elas diminuíram drasticamente após o início da administração do presidente norte-americano, Richard Nixon (1913-1994), que era contra toda a abordagem de "guerra à pobreza" e acabou abolindo a Office of Economic Opportunity, que liderava o programa. Mesmo assim, durante os oito anos que Ronald Reagan (1911-2004) foi presidente — supostamente o extremo da negligência — revoltas urbanas maiores tornaram-se quase inexistentes. O fato de que o curso dos acontecimentos seguiu por um caminho diametralmente oposto ao previsto e afirmado por aqueles com a visão dos ungidos não produziu qualquer tipo de alteração nas políticas que eles defendiam, ou nas pressuposições por trás dessas políticas. Neste sentido, assim como em outros, a visão dos ungidos elevou-se a um estado sacrossanto, hermeticamente isolado contra a contaminada influência dos fatos.

ESTÁGIO 4 — A RESPOSTA: o fracasso da "guerra à pobreza" em atingir seu objetivo de reduzir a dependência — houve um *aumento* de dependência conforme essas políticas iniciaram — não trouxe reconhecimento do fracasso. Nas muitas avaliações retrospectivas desses programas nos anos e décadas seguintes, a maioria das figuras políticas e da mídia ignoraram de forma resoluta o objetivo original de reduzir a dependência. Ao invés disso, o objetivo foi redefinido para reduzir a pobreza com a distribuição de recursos. Como o antigo assessor social da Casa Branca Hodding Carter III disse, "milhões de pessoas foram tiradas da pobreza durante o período, ou tiveram seu sofrimento aliviado de forma considerável por programas do governo e gastos públicos"[42]. Um membro do gabinete do presidente Johnson sugeriu um outro

---

[39] PATTERSON, James T. *America's Struggle Against Poverty: 1900-1980*. Cambridge: Harvard Univeristy Press, 1981, p. 164.
[40] MOYNIHAN, Daniel Patrick. *Maximum Feasible Misunderstanding: Community Action in the War on Poverty*. Nova York: Free Press, 1969, p. liii, 150, 156.
[41] CARTER, Hodding III. "Disarmament' Spells Defeat in War on Poverty", *Wall Street Journal*, 11/ago/1983, p. 21.
[42] "How Great Was the Great Society?". *In: The Great Society: A Twenty Year Critique*. Austin: Lyndon Baines Johnson Library, 1986, p. 125.

critério de sucesso: "pergunte aos onze milhões de estudantes que receberam empréstimos para sua educação superior se o Higher Education Act falhou". Perguntas similares foram sugeridas por aqueles que usaram vários outros programas governamentais[43]. Resumindo, o teste para determinar se um programa foi bom para o país como um todo era ver se aqueles que pessoalmente beneficiaram-se do programa o acharam benéfico. Uma terceira linha de defesa de políticas fracassadas foi a de reivindicar o mérito moral por suas boas intenções. Hodding Carter III foi só um entre muitos a usarem esta defesa quando ele escreveu que a "guerra à pobreza" foi "um desvio firme do vergonhoso desdém que a maioria sempre teve pelos outros, escondendo a América do desespero extremo"[44].

Ligada à salvação moral da massa indiferente aos outros estava a empolgação e a inspiração da elite. Em uma comemoração do aniversário de vinte anos dos programas sociais da administração Johnson, outro ex-assessor do antigo presidente referiu-se à "visão que empolgou e inspirou a nação"[45]. A sra. Johnson falou sobre o "sentimento de cuidado" e a "satisfação" do trabalho de seu marido[46]. Finalmente, foi afirmado que as coisas teriam sido muito piores se não fossem esses programas. "A pergunta não é qual é o resultado hoje — com o aumento da pobreza —, mas onde estaríamos se não tivéssemos esses programas funcionando?", perguntou o professor Sheldon Danziger, diretor do Institute for Research on Poverty, da Universidade de Wisconsin. "Acredito que teríamos níveis de pobreza superiores a 25%"[47]. Apesar da pobreza e a dependência estarem diminuindo por anos antes da "guerra à pobreza" iniciar, o professor Danziger decidiu afirmar que os índices de pobreza teriam aumentado. Não há uma resposta possível para essas afirmações do tipo "se der cara eu ganho, se der coroa também", com exceção para reparar

---

[43] CARTER, Hodding III. "'Disarmament' Spells Defeat in War on Poverty", *Wall Street Journal*, 11/ago/1983, p. 21.
[44] MIDDLETON, Harry J. "Welcome", *In: The Great Society: A Twenty Year Critique*. Austin: Lyndon Baines Johnson Library, 1986, p. 1.
[45] Mrs. Lyndon Johnson, "Welcome", *ibid.*, p. 2.
[46] MOUNT, Lucia. "U.S. War on Poverty: No Sweeping Victory, But Some Battles May Have Been Won", *Christian Science Monitor*, 19/set/1984, p. 3-4.
[47] Senado dos Estados Unidos da América, Décimo-nono Congresso, primeira sessão, *Hearings Before the Subcommittee on Employment, Manpower, and Poverty of the Committee on Labor and Public Welfare*, parte 7. Washington: U.S. Government Printing Office, 1967, p. 2170-71.

que tais afirmações justificam qualquer política dentro de qualquer área, independente das consequências observadas empiricamente.

Concluindo, não importa o que aconteça, a visão dos ungidos sempre sai vitoriosa, se não pelos critérios originais, então, pelos critérios improvisados depois — e se não através de critérios empíricos, portanto, por critérios suficientemente subjetivos para escapar até mesmo à possibilidade de refutar. Evidências tornam-se irrelevantes.

Educação Sexual

Entre as muitas cruzadas que ganharam força durante os anos 1960, havia a cruzada para espalhar educação sexual nas escolas públicas e através de outros canais. Entre as primeiras ações da Office of Economic Opportunity (OEO), em 1964, estava a de fazer uma doação para uma unidade da Planned Parenthood, no Texas. De um total de gastos de menos de meio milhão de dólares no ano fiscal de 1965, a OEO multiplicou o financiamento para educação sexual em mais de cinco vezes no ano fiscal de 1966[48]. No fim dos anos 1960, não só o governo federal começou a expandir fortemente seus gastos em educação sexual — conhecida comumente como "planejamento familiar", ou por outros eufemismos — como também obrigou os estados a promover tais programas. O número de pacientes atendidos por clínicas de "planejamento familiar" tornou-se aproximadamente cinco vezes maior entre 1968 e 1978[49]. Tão cedo quanto 1968, a National Education Association, em seu periódico *NEA Journal*, estava dizendo que um projeto fundado com verba federal em uma escola de Washington "demonstrou a necessidade de educação sexual como parte integral do currículo escolar, começando nas primeiras séries". Algumas das garotas grávidas "disseram que achavam que não teriam engravidado, caso tivessem estudado sexualidade humana com professores mais compreensivos durante a escola primária"[50]. A educação sexual e as clínicas de "planejamento familiar" — chamadas assim apesar de terem sido criadas para

---

[48] TORES, Aida; FORREST, Jacqueline Darroch; EISMAN, Susan. "Family Planning Services in the United States, 1978-79", *Family Planning Perspectives*, vol. 13, no. 3, mai/jun de 1981, p. 139, 141.
[49] SCHILLER, Patricia. "Sex Education That Makes Sense", *NEA Journal*, fev/1968, p. 19.
[50] OOMS, Theodore. *Teenage Pregnancy in a Family Context*. Filadélfia: Temple University Press, 1981, p. 26.

se evitar ter bebês — não apenas cresceram em popularidade, como também mudou a clientela que serviam. Como um estudo desse período relatou:

> Serviços de planejamento familiar cresceram de forma fenomenal durante a metade dos anos 1960 até a metade dos anos 1970. Em 1964, o governo federal criou seu primeiro auxílio de planejamento familiar, que servia apenas às mulheres casadas. Em 1970, o Congresso aprovou a primeira legislação nacional de planejamento familiar e população. As despesas federais cresceram de US$16 milhões de dólares para perto de US$200 milhões de dólares. Em 1969, havia menos de duzentos e cinquenta mil adolescentes utilizando clínicas de planejamento familiar; em 1976, esse número inchou para um milhão e duzentos mil[51].

De acordo com o Instituto Alan Guttmacher, uma organização pioneira em pesquisa e promoção da educação sexual, o apoio do governo federal a "serviços de planejamento familiar" aumentou de menos de US$14 milhões de dólares, em 1968, a US$279 milhões de dólares uma década depois[52] — um aumento de quase vinte vezes. Por volta do início dos anos 1980, quase 2/3 do dinheiro recebido por agências de "planejamento familiar" vieram do governo federal[53]. Qual foi o propósito de todas essas atividades? "Educação sexual é considerada uma das principais ferramentas para ajudar os adolescentes a evitar a gravidez indesejada", de acordo com um comentário típico do período[54]. Mais uma vez, temos o padrão de quatro estágios:

ESTÁGIO 1 — A "CRISE": em 1968 afirmava-se que "educação sobre métodos contraceptivos e aconselhamento é necessário e urgente para prevenir gravidez e filhos fora do casamento para garotas do ensino médio"[55]. A diretora da Federação de Paternidade Planejada (Planned Parenthood) teste-

---

[51] Alan Guttmacher Institute, *Informing Public Change*. Nova York: Alan Guttmacher Institute, 1980, p. 7.
[52] HAYES, Cheryl D. (Ed.). *Risking the Future: Adolescent Sexuality, Pregnancy, and Childbearing*. Washington: National Academy Press, 1987, p. 160.
[53] OOMS, Theodore. *Teenage Pregnancy in a Family Context. Op. cit.*, p. 39-40.
[54] HOYMAN, H. S. "Should We Teach About Birth Control in High School Sex Education?", *Education Digest*, fev/1969, p. 22.
[55] Senado dos Estados Unidos da América, Octagésimo-nono Congresso, segunda sessão, *Family Planning Program: Hearing Before the Subcommittee on employment, Manpower and Poverty of the Committee on Labor and Public Welfare*. Washington: U.S. Government Printing Office, 1966, p. 84.

munhou ante uma subcomissão do Congresso, em 1966, quanto a necessidade da educação sexual "para auxiliar nossos jovens em reduzir a incidência de nascimentos fora do casamento e casar-se pela necessidade da gravidez"[56]. A incidência de doenças venéreas entre os jovens foi citada pelo diretor do New York City Board of Education — o equivalente à Secretaria de Educação da cidade — como uma prova da necessidade de "um programa de educação intensiva". Um artigo no periódico *American School Board Journal*, em 1969, retratou a educação sexual como uma maneira de combater "as doenças venéreas e filhos fora do casamento[57]". A revista *PTA Magazine*, de forma similar, insistiu quanto a educação sexual para combater "o índice em crescimento de doenças venéreas, gravidez antes do casamento, os resultados emocionalmente desastrosos do comportamento sexual inapropriado"[58].

Argumentos similares abundam de várias fontes. Entretanto, qual era de fato a situação quando essa mentalidade de "crise" foi usada para empurrar por mais educação sexual nas escolas? O índice de fertilidade entre garotas adolescentes estava em *declínio* por mais de uma década desde 1957[59]. Doenças venéreas também estavam *diminuindo*. A taxa de infecção com gonorreia, por exemplo, diminuiu todos os anos de 1950 até 1959, e a taxa de infecção com sífilis era, em 1960, menos da metade do que havia sido em 1950[60]. Essa era a "crise" que o auxílio federal tentava solucionar.

ESTÁGIO 2 — A "SOLUÇÃO": para combater gravidez na adolescência e doenças venéreas, defenderam gastos federais massivos em programas de educação sexual nas escolas e em clínicas de "planejamento familiar". Depois da educação sexual, de acordo com um "professor de vida familiar", um garoto "verá diminuir a sua necessidade de experimentações sexuais casuais, irresponsáveis ou egocêntricas"[61]. Os críticos se opuseram a tais ações baseando-se em diferentes motivos, incluindo a ideia de que educação sexual levaria a mais ativi-

---

[56] ZAZZARO, Joanne. "Critics or No Critics, Most Americans Still Firmly Support Sex Education in Schools", *American School Board Journal*, set/1969, p. 31.
[57] HILDRUP, Robert P. "Why Sex Education Belongs in the Schools", *PTA Magazine*, fev/1974, p. 13.
[58] KASUN, Jacqueline. *The War Against Population*. São Francisco: Ignatius Press, 1988, p. 144.
[59] Hoje o Problema de Controle VD: Declaração Conjunta da Associação Americana de Saúde Pública, Associação Americana de Saúde Social, Associação Americana de Doenças Venéreas, Associação dos Oficiais da Saúde de Estado e Territoriais em Cooperação com a Associação Médica Americana, fev/1966, p. 20.
[60] KIRKENDALL, Lester A. "Sex Education: A Reappraisal", *The Humanist*, primavera de 1965, p. 82.
[61] "Three's a Crowd", *New York Times*, 17/mar/1972, p. 40.

dade sexual, ao invés de menos, e a mais gravidez na adolescência também. Tais opiniões foram dispensadas na mídia e na política, assim como pelos apoiadores da educação sexual. O *The New York Times* rejeitou em suas edições "emoções e tradições não-examinadas" nessa área[62] e seu editor de educação declarou: "Temer que educação sexual se tornará sinônimo da maior liberdade sexual é não compreender o propósito fundamental de toda a iniciativa"[63]. Assim como em muitos outros casos, as *intenções* foram a pedra de toque da visão dos ungidos.

ESTÁGIO 3 — OS RESULTADOS: por volta de 1968, quase metade de todas as escolas no país — públicas e privadas, religiosas e seculares — tinham educação sexual e estavam em rápido crescimento[64]. Enquanto os programas de educação sexual se espalhavam por todo o sistema educacional norte-americano durante os anos 1970, a taxa de gravidez entre garotas de 15 a 19 anos aumentou em, aproximadamente, sessenta e oito a cada mil, em 1970, para aproximadamente noventa e seis em cada mil, em 1980[65]. Entre as garotas solteiras na faixa de 15 a 17 anos de idade, o índice de nascimentos aumentou 29% entre 1970 e 1984[66], apesar de um aumento massivo em abortos, que mais do que dobraram durante o mesmo período. Entre as garotas com menos de 15 anos, o número de abortos ultrapassou o número de nascimentos em 1974[67]. A razão não foi difícil de encontrar: de acordo com o Instituto Alan Guttmacher, a porcentagem de garotas adolescentes solteiras que participaram de atividades sexuais era maior em todas as idades dos 15 aos 19 anos em 1976 do que apenas cinco anos antes[68]. A taxa de gonorreia em adolescentes triplicou entre 1956 e 1975[69]. Sargent Shriver (1915-2011), antigo diretor da OEO, que liderou a pressão inicial por mais educação sexual e clínicas de "planejamento familiar", testemunhou de forma sincera a uma comissão parlamentar em 1978: "Assim como o índice de doenças venéreas dis-

---

[62] HECHINGER, Fred M. "Introdução". In: *Sex Education and the Schools*, HILU, Virginia (Ed.). Nova York: Harper & Row, 1967, p. xiv.
[63] KOBLER, John. "Sex Invades the Schoolhouse", *Saturday Evening Post*, 29/jun/1968, p. 26.
[64] KASUN, Jacqueline. *The War Against Population*. São Francisco: Ignatius Press, 1988, p. 142, 144.
[65] HAYES, Cheryl D. (Ed.). *Risking the Future: Adolescent Sexuality, Pregnancy, and Childbearing*. Washington: National Academy Press, 1987, p. 66.
[66] *Ibid.*, p. 58.
[67] Alan Guttmacher Institute, *Informing Public Change*. Nova York: Alan Guttmacher Institute, 1980, p. 30.
[68] Audiências Diante do Comitê Popular Selecionado, Nonagésimo-quinto Congresso, segunda sessão, *Fertility and Contraception in America: Adolescent and Pre-Adolescent Pregnancy*. Washington: U.S. Government Printing Office, 1978, Vol. II, p. 253.
[69] *Ibid.*, p. 625.

parou em 350% nos últimos quinze anos, enquanto tivemos mais clínicas, mais pílulas, mais educação sexual do que nunca na história, a gravidez na adolescência também aumentou"[70]. Tal franqueza era, no entanto, a exceção, não a regra, entre aqueles que pressionavam por educação sexual e clínicas de controle de natalidade ("planejamento familiar").

ESTÁGIO 4 — A RESPOSTA: apoiadores da educação sexual continuam a tratar como incontestável a necessidade de mais educação sexual para combater a gravidez na adolescência e as doenças venéreas. Por volta de 1980, apesar de crescente corpo de evidências, o Instituto Alan Guttmacher proclamou:

> A gravidez na adolescência pode ser, através de aprimorada educação e serviços de prevenção, se não totalmente evitada, pelo menos reduzida e, através de melhores serviços de maternidade, abortivos e sociais, pode ser reduzida em seu impacto pessoal na adolescente que ainda assim engravida.

A oposição à educação sexual continuou a ser ignorada como uma "visão simplista", nas publicações da *American Biology Teacher*[71]. O deputado James H. Scheuer (1920-2005), de Nova York, afirmou que as estatísticas alarmantes de gravidez em adolescentes apenas "ressaltam a necessidade de forte liderança pelo governo federal em solucionar esse problema"[72]. A própria possibilidade de que "forte liderança" federal poderia piorar a situação sequer foi mencionada. Para o Instituto Alan Guttmacher, os números de doenças venéreas "quase quadruplicaram" entre 1960 e 1972[73], o que mostrou que "está clara a necessidade de um programa nacional abrangente, realizado por meio do sistema público escolar e não defasado"[74]. A oposição à educação sexual foi tida como "uma ameaça a uma sociedade demo-

---

[70] PICKER, Les. "Human Sexuality Education Implications for Biology Teaching", *American Biology Teacher*, vol. 46, no. 2, fev/1984, p. 92.
[71] Audiências Diante do Comitê Popular Selecionado, Nonagésimo-quinto Congresso, segunda sessão, *Fertility and Contraception in America: Adolescent and Pre-Adolescent Pregnancy*. Washington: U.S. Government Printing Office, 1978, Vol. II, p. 1.
[72] Paul A. Reichelt e Harriet H. Werley, "Contraception, Abortion and Venereal Disease: Teenagers' Knowledge and the Effect of Education", *Family Planning Perspectives*, mar-abr/1975, p. 83.
[73] *Ibid.*, p. 88.
[74] SCALES, Peter. "The New Opposition to Sex Education: A Powerful Threat to a Democratic Society", *Journal of School Health*, abr/1981, p. 303.

crática"[75]. Quando confrontados com a evidência de que gravidez e abortos aumentaram durante os anos 1970, os apoiadores da educação sexual muitas vezes negam que a esta era comum durante aquela década, ao restringir o termo "educação sexual" à educação sexual *obrigatória*, que acabou sendo compulsória mais tarde.

Apesar dos programas de educação sexual terem sido vendidos ao público, ao Congresso e às autoridades da educação como maneiras de reduzir males sociais tangíveis como a gravidez na adolescência e doenças venéreas, muitos líderes deste movimento tinham objetivos ainda mais extensos. Como um relatório da comissão parlamentar cuidadosamente colocou:

> O objetivo principal dos esforços do governo federal quanto à vida familiar e à educação sexual é o de reduzir a taxa de gravidez indesejada entre os adolescentes, enquanto o objetivo principal da maioria dos educadores sexuais aparece ser o de encorajar atitudes saudáveis sobre sexo e sexualidade[76].

Em resumo, não importa o quão útil politicamente seja a preocupação pública com gravidez na adolescência e doenças venéreas para se obter dinheiro do governo e acesso a um público cativo nas escolas públicas, o objetivo real era mudar as *atitudes* dos estudantes — de forma direta, para realizar uma lavagem cerebral com a visão dos ungidos, com o intuito de suplantar os valores que lhes foram ensinados em casa. Nas palavras de um artigo publicado no *Journal of School Health*, educação sexual apresenta "uma empolgante oportunidade para se desenvolver novas normas"[77]. Apenas sob a ótica destes objetivos ocultos faz sentido que a tal "educação sexual" seja apoiada a ocorrer pelos anos escolares — do jardim de infância até a faculdade —, quando não se poderia levar tanto tempo para ensinar informações biológicas e médicas básicas sobre sexo. O que faz com que demore tanto é a constante doutrinação para novas atitudes[78]. Um exemplo dessa doutrinação pode ser útil:

---

[75] *Fertility and Contraception in the United States: Report Prepared by the Select Committee on Population.* Washington: U.S. Government Printing Office, 1978, p. 5.
[76] HACKER, Sylvia S. "It Isn't Sex Education Unless…", *Journal of School Health*, abr/1981, p. 208.
[77] Ver, por exemplo, SOWELL, Thomas. *Inside American Education.* Nova York: Free Press, 1992, *capítulo 3*.
[78] FIELDS, Suzanne. "'War' Pits Parents vs. Public Policy", *Chicago Sun-Times*, 17/out/1992, p. 19.

Um programa sexual educacional popular para alunos dos últimos anos do ensino fundamental, com as idades de 13 e 14 anos, mostra vídeos de quatro casais nus, dois homossexuais e dois heterossexuais, realizando uma variedade de atos sexuais explícitos e os professores são avisados por uma nota de recomendação dos educadores sexuais a não mostrar o material para pais ou amigos: "Muitos dos materiais nesse programa podem causar mal-entendidos e dificuldades caso sejam mostrados a pessoas foram do contexto do programa"[79].

Pais que souberam desse programa e protestaram foram rapidamente rotulados como "fundamentalistas" e "extremistas de direita", apesar de serem, na verdade, ricos episcopais de Connecticut[80]. Aqui está um exemplo clássico da visão dos ungidos, impedindo de antemão as decisões dos pais sobre quando e como suas próprias crianças devem ser apresentadas ao sexo — e ignorando com prontidão aqueles com opiniões diferentes. Tampouco esse foi um episódio peculiar a essa escola em particular. Coisas similares aconteceram por todo o país[81]. Os pais são discriminados tanto nas discussões de políticas públicas quanto nos materiais dados aos alunos nas escolas[82]. Um comentário típico dos "peritos" é de que "sexo e sexualidade se tornaram complexos e técnicos demais para o pai ou mãe típicos tratarem, estes sendo mal-informados ou envergonhados em demasia para compartilharem informações sexuais úteis com seu filho"[83].

Essa certeza total de estar correto, ao ponto de contornar os pais, é completamente consistente com a visão, mesmo sendo inconsistente com décadas de evidências empíricas das reais consequências das "atitudes saudáveis sobre o sexo" como são promovidas pelos "peritos". O ponto chave sobre a cruzada da educação sexual, para se compreender a visão dos ungidos, é que a evidência provou ser tão irrelevante aqui quanto em outras questões.

---

[79] *Ibid.*
[80] Ver, por exemplo, SOWELL, Thomas. *Inside American Education*, p. 51-53, 255.
[81] Sobre a difamação dos pais nas salas de aula, veja *ibid.*, p. 48-53.
[82] HOTTOIS, James e MILNER, Neil A. *The Sex Education Policy: A Study of Politics, Education, and Morality.* Lexington, MA: D. C. Health & Co., 1975, p. 6.
[83] David L. Bazelon. "The Imperative Punish", *Atlantic Monthly*, jul/1960, p. 41.

Justiça Criminal

Assim como tantas tendências sociais negativas, elevadas taxas criminais começaram nos anos 1960, em meio a forte otimismo sobre como as coisas poderiam estar melhores se as convicções de muitos fossem substituídas pelo novo e especial discernimento de poucos. No caso da justiça criminal, entretanto, as mudanças políticas não originaram tanto na legislação quanto nas políticas e regras administrativas e judiciais. Contudo, o *zeitgeist* por si só não deu início às mudanças nas políticas, que dependiam de pessoas específicas fazendo coisas específicas. Entre as pessoas mais importantes, cujas palavras e ações firmaram o tom para as mudanças no sistema criminal de justiça nos anos 1960, estavam o juiz-chefe da Suprema Corte dos Estados Unidos da América, o procurador-geral e o juiz presidente do Circuito de Cortes de Apelação do Distrito de Columbia — tanto na época quanto hoje, tida como a segunda maior corte no país. Por nome, eles eram, respectivamente, Earl Warren (1891-1974), Ramsey Clark e David L. Bazelon (1909-1993). Qual era o problema ou "crise" que eles tentavam "solucionar"?

ESTÁGIO 1 — A "CRISE": apesar do juiz Bazelon ter dito, em 1960, que "todos nós necessitamos desesperadamente de toda a ajuda que pudermos ter dos cientistas comportamentais modernos"[84] ao lidar com as leis criminais, os duros fatos sugerem nenhum desespero ou crise. Já que os dados confiáveis mais antigos são os de assassinato, qual era o índice de assassinatos naquele período? O número de assassinatos cometidos nos Estados Unidos da América em 1960 era menor que em 1950, 1940 ou em 1930 — mesmo que a população estivesse crescendo naquelas décadas e os assassinatos nos dois novos estados, Havaí e Alasca, fossem contados na estatística nacional pela primeira vez em 1960[85]. O *índice* de assassinatos, em proporção à população, em 1960, era de menos da metade do que foi em 1934[86].

Assim como o juiz Bazelon via o sistema criminal em 1960, o problema não estava na "assim chamada população criminal"[87], mas com a socieda-

---

[84] U.S. Bureau of the Census, *Historical Statistics of the United States: Colonial Times to 1970.* Washington, D.C.: U.S. Government Printing Office, 1975, p. 414.
[85] *Ibid.*
[86] David L. Bazelon, "The Imperative Punish", p. 41.
[87] *Ibid.*, p. 42.

de, cuja "necessidade de punir" era um "impulso primitivo" considerado "altamente irracional"[88] — de fato, um "medo profundo e infantil de que, com redução nas punições, o povo iria se descontrolar"[89]. Era essa "sede por vingança", essa "irracionalidade" de "noções e práticas quanto à punição"[90] que deveriam ser corrigidas. O criminoso é "como nós, apenas mais fraco", de acordo com o juiz Bazelon, e "precisa de ajuda caso ele vá trazer o que há de bom nele e conter o que há de mau"[91]. A sociedade é de fato culpada em "criar essa classe especial de seres humanos", por meio do "fracasso social" no qual o "criminoso serve como um bode expiatório"[92]. A punição é, em si, um "processo que remove a humanidade" e uma "categorização social" que apenas promove mais crime[93]. Já que os criminosos "têm um problema especial e precisam de ajuda especial", o juiz Bazelon argumentou por "tratamento psiquiátrico" com "técnicas novas e mais sofisticadas" e perguntou: "Seria mesmo o fim do mundo se todas as prisões fossem transformadas em centros de reabilitação ou hospitais"[94]?

As visões do juiz-chefe Bazelon não eram apenas as opiniões isoladas de um homem, mas expressavam a visão difundida entre os ungidos, muitos dos quais o celebravam por tais afirmações[95]. A mesma visão terapêutica continuava mesmo vinte e cinco anos depois, quando o juiz da Suprema Corte, William J. Brennan (1906-1997), fez referência à "etiologia do crime", para qual ele chamou "psiquiatras e psicólogos", assim como "peritos nas ciências comportamentais", para ajudar[96]. O colega de longa data de Brennan na Suprema Corte, o juiz William O. Douglas (1898-1980), de forma similar seguiu pela abordagem terapêutica:

---

[88] *Ibid.*, p. 43.
[89] *Ibid.*
[90] *Ibid.*
[91] *Ibid.*
[92] *Ibid.*
[93] *Ibid.*, p. 47.
[94] William J. Brennan, "Foreword", in: David L. Bazelon, *Questioning Authority: Justice and Criminal Law*. Nova York: Knopf, 1988, p. ix-xii.
[95] Idem, *ibidem*.
[96] DOUGLAS, William O. *The Court Years: The Autobiography of William O. Douglas*. Nova York: Random House, 1980, p. 84.

A reabilitação dos criminosos raramente foi experimentada. Matá-los ou prendê-los é o antigo método experimentado e verdadeiro. Por que não nos direcionarmos agora à reabilitação[97]?

A visão terapêutica também permeia as escritas e as falas do procurador geral do então presidente Lyndon Johnson, Ramsey Clark:

> A reabilitação deve ser o objetivo das correções modernas. Todas as outras considerações devem estar subordinadas a isso. Reabilitar é dar saúde, liberdade das drogas e do álcool, prover educação, treinamento vocacional, compreensão e a habilidade de contribuir para a sociedade.
>
> Reabilitação significa que o propósito da lei é a justiça — e que, como pessoas generosas, desejamos dar a todos os indivíduos a sua chance de realizações. A teoria da reabilitação é baseada na ideia de que pessoas saudáveis e racionais não prejudicarão outros, eles entenderão que o indivíduo e sua sociedade são melhor servidos por conduta que não inflige dano e que uma sociedade justa tem a habilidade de prover saúde e propósito e oportunidade para todos os seus cidadãos. Reabilitado, um indivíduo não terá a capacidade — não será capaz — de ferir o outro, ou tomar, ou destruir propriedades[98].

Para o procurador-geral Clark, assim como para o juiz Bazelon, entre outros, o problema estava com o público ignorante e suas atitudes ultrapassadas. A sociedade impõe sentenças de prisão longas "porque estamos com raiva", de acordo com o Clark, mas "isso não vai reduzir o crime". Ele disse: "Se a preocupação é com a segurança pública, a pergunta é como pessoas condenadas por crimes podem ser reabilitadas, não por quanto tempo devem ficar presas"[99]. Novamente, é necessário enfatizar que essas não eram as opiniões isoladas de um único homem. O livro do Ramsey Clark, *Crime in America*, foi amplamente elogiado entre as elites de opinião. O colunista do *The New York Times*, Tom Wicker (1926-2011), por exemplo, chamou Clark de "um profis-

---

[97] CLARK, Ramsay. *Crime in America: Observations on Its Nature, Causes, Prevention and Control*. Nova York: Simon & Schuster, 1970, p. 220.
[98] *Ibid.*, p. 202.
[99] Tom Wicker. "Introduction", *ibid.*, p. 11-14.

sional de conhecimento incrível" e elogiou sua "generosidade e compreensão", assim como sua "coragem, persistência e eloquência"[100]. A revista *Saturday Review* chamou *Crime in America* um dos "melhores livros escritos sobre a violência na América"[101]. Enaltecimento similar apareceu na revista *Time* e na *New Republic*. Até em Londres, a *The Times Literary Supplement*[102] disse em sua resenha sobre *Crime in America* que ninguém "fez mais para expor o problema e iluminar o caminho para a melhora do que Ramsey Clark"[103]. Mais importante, o procurador-geral, o juiz-chefe Bazelon e os juízes da Suprema Corte não foram apenas pessoas cujas palavras receberam vasta e favorável atenção pública das elites formadoras de opinião. Eles eram pessoas em uma posição capaz de ação.

ESTÁGIO 2 — A "SOLUÇÃO": uma série de decisões históricas da Suprema Corte nos anos 1960 mudaram o curso da justiça criminal nos Estados Unidos. *Mapp versus Ohio* (1961), *Escobido versus Illinois* (1964) e *Miranda versus Arizona* (1966) expandiram com sucesso os direitos dos criminosos em custódia da polícia ao tornar suas condenações inválidas caso os procedimentos especificados pelas cortes não houvessem sido seguidos à risca pela polícia. *Gideon versus Wainwright* (1963) exigiu que os estados fornecessem advogados para acusados criminais de forma gratuita, sob a ameaça de que as condenações seriam anuladas, mesmo quando o resultado era inquestionável, caso advogados não houvessem sido oferecidos. Na Califórnia, mesmo quando advogados eram oferecidos pelo estado, se as estratégias de defesa desses advogados trouxessem dúvida ao juiz de apelação e fossem consideradas inadequadas, condenações poderiam ser anuladas em razão da privação do direito constitucional à defesa[104].

Apesar da Suprema Corte norte-americana ter iniciado essa revolução jurídica nas leis criminais nos anos 1960, até mesmo antes disso o juiz

---

[100] "Pick of the Paperbacks", *Saturday Review*, 27/nov/1971, p. 48.
[101] Robert Shnayerson. "Force and the Law", *Time*, 30/nov/1970, p/ 83-84, Herbert Packer, "Causes of Crime", *New Republic*, 7/nov/1970, p. 28-30.
[102] "The Liberal's Friend", *Times Literary Supplement*, 26/nov/1971, p. 1467.
[103] Veja, por exemplo, FLEMING, Macklin. *The Price of Perfect Justice*. Nova York: Basic Books, 1974, *capítulo 9*.
[104] WILSON, James Q. *Thinking About Crime*. Nova York: Basic Books, 1975, p. 173; HAAG, Ernest van den. *Punishing Criminals: Concerning a Very Old and Painful Question*. Nova York: Basic Books, 1975, p. 158; U.S. Department of Justice. *The Case for More Incarceration*, 1992, NCJ-139583. Washington, D.C.; U.S. Department of Justice, 1992, p. 1-5.

Bazelon tinha ampliado a extensão da defesa por "insanidade" no importante caso *Durham versus United States* (1954) e ele continuou a liderar o circuito de Cortes de Apelação com uma visão mais abrangente de direitos dos criminosos. Além disso, tribunais por todo o país se envolveram mais e mais na administração das prisões, prescrevendo melhores condições de vida e impondo ao sistema prisional o dever de fornecer aos prisioneiros acesso a livros sobre Direito para que pudessem preparar o caso contra suas condenações. Ademais, sentenças foram impostas com menor frequência e tenderam a ser menores em duração[105].

Em resumo, a visão dos ungidos triunfou no sistema criminal de justiça. As pressuposições carregadas por suas ações eram as mesmas encontradas em outros lugares. Vastas pressuposições sobre a irracionalidade e maldade do público foram feitas sem evidências, ou um senso de necessidade por evidência. Por outro lado, a validez e aplicabilidade das ideias dos "peritos" foram tomadas de forma axiomática. O juiz Bazelon, por exemplo, se referiu à defesa por insanidade como "meramente uma maneira de trazer o psiquiatra para o tribunal"[106]. Quaisquer que sejam os méritos ou deméritos dessa abordagem, ela preencheu os requerimentos necessários da visão dos ungidos: estabeleceu que os ungidos e os ignorantes estavam em planos morais e intelectuais altamente diferentes e justificou remover as decisões das mãos daqueles que passaram as leis vigentes, em resposta ao eleitor, e colocou essas decisões nas mãos de juízes suscetíveis àqueles com *"expertise"*. Além do mais, colocou o ônus da prova nos outros. Como o juiz Bazelon disse: "na ausência de dados empíricos decisivos"[107], ele estava preparado para experimentar. Não havia nenhuma indicação de qual dado empírico deveria ser usado para testar o sucesso daquele experimento, seja de forma absoluta ou relativa à abordagem descartada com tamanho desdém. Mesmo que tenham sido os juízes a liderarem essa revolução na justiça criminal, eles foram amparados por aqueles na política e na mídia que partilharam a visão predominante. O presidente Lyndon Johnson viu os programas sociais como a verdadeira forma de lutar contra o crime. Como citado no *The New York Times*:

---

[105] David. L. Bazelon, "The Imperative to Punish". *Atlantic Monthly*, jul/1960, p. 42.
[106] *Ibid*, p. 46.
[107] Max Frankel, "Johnson Derides Urban Reform Foes". *New York Times*, 26/jun/1967, p. 45.

"Eu não sei porque algumas pessoas ficam sem fazer nada e estão dispostas a tomar a rota mais onerosa — a rota da delinquência, da prisão, da penitenciária", ele afirmou.

"Custa mais do nosso dinheiro cuidar de um preso em uma penitenciária do que preparar um menino para ser um bom cidadão, pagador de impostos que sabe ler e escrever", ele disse [...][108]

Visões similares foram expressas pelo candidato democrata à vice-presidência Edmund Muskie (1914-1996) em 1968. Respondendo a questões de lei e ordem levantadas por seus oponentes nas campanhas eleitorais, o senador Muskie disse:

> Mas você não pode ter lei e ordem baseadas na ignorância [...]. Deve-se construí-la com educação, esclarecimento e oportunidade. Essa é a maneira de tornar uma sociedade segura[109].

Essas visões não passaram sem serem questionadas, apesar de que as mudanças legais se tornaram "a lei da terra", em grande parte através do processo judicial e não legislativo. Na própria Suprema Corte houve forte oposição das contínuas expansões — ou criação — de "direitos" dos criminosos. A decisão no caso *Miranda*, em 1966, que culminou na revolução judicial das leis criminalistas, levou a esta cena na Suprema Corte:

> Juiz Harlan, sua face corada e sua voz ocasionalmente falhando com emoção, denunciou a decisão como "perigosas experiências" em um momento de "altas taxas de crimes, que são motivo de preocupação crescente".
> Ele disse que era uma "nova doutrina" sem precedentes consideráveis, refletindo em um balanço a favor dos acusados.

O juiz White disse:

---

[108] Thomas A. Johnson, "Muskie, in Jersey, Calls Wallace 'The Man We've Got to Defeat'", *New York Times*, 24/out/1968, p. 42.
[109] Fred P. Graham, "Dissenters Bitter: Four View Limitation on Confessions as Aid to Criminals", *New York Times*, 17/jul/1966, p. 1*ff*.

"Em um número desconhecido de casos, a decisão da Corte retornará um assassino, um estuprador, ou outro criminoso às ruas e para o ambiente que o produziu, para repetir seu crime sempre que assim lhe for conveniente.
Como consequência, não haverá um ganho, mas uma perda, em dignidade humana"[110].

Tais opiniões contrárias foram deixadas de lado e reclamações do público e de oficiais da lei foram ignoradas. Em uma conferência jurídica, em 1965, na qual um ex-delegado da cidade de Nova York reclamou sobre a tendência nas decisões da Suprema Corte na lei criminalista, imediatamente suas preocupações foram respondidas com escárnio e sarcasmo por um professor de direito que questionou: "Eu me pergunto quais direitos ainda teríamos se sempre nos rendermos à histeria policial?!" De acordo com um relato do *The New York Times*, o juiz William J. Brennan e o juiz-chefe, Earl Warren, sentaram-se "sem demonstrar qualquer reação" durante as afirmações do delegado da polícia, mas "frequentemente gargalhavam" quando o professor de direito combatia com escárnio e desprezo aquelas afirmações, que foram caracterizadas como "simplistas, de mente fechada e politicamente oportunistas"[111]. Os ignorantes simplesmente não seriam levados a sério pelos ungidos.

Caso alguém tivesse seriamente interesse em testar as teorias criminais opostas de forma empírica, veria que aquelas teorias eram ideias perfeitas para tais testes, já que cada teoria leva a conclusões sem lógica consistente com suas próprias premissas, mas que são virtualmente inescapáveis dadas as suas respectivas premissas. Além do mais, claramente, essas conclusões eram empiricamente distintas e os dados já estavam totalmente disponíveis.

Na visão predominante dos ungidos, o foco na punição era um erro quando alternativas terapêuticas à punição eram necessárias, assim como programas sociais para chegar até à "raiz dos problemas" criminais e mais direitos para os acusados e condenados de crimes, para estabelecer que a lei era justa e digna de respeito — respeito este que seria um ingrediente para comportamento mais obediente à lei por aqueles que, de outra forma, estariam aliena-

---

[110] Sidney E. Zion, "Attack on Court Heard by Warren", *New York Times*, 10/set/1965, p. 1*ff*.
[111] WILSON, James Q. e HERNSTEIN, Richard J. *Crime and Human Nature*. Nova York: Simon & Schuster, 1985, p. 409.

dos da sociedade. Por contraste, a visão tradicional faria com que se esperasse um aumento nas taxas de criminalidade depois das mudanças dos anos 1960. Se a punição intimidava, como os tradicionalistas acreditavam, então, a redução em prisões que aconteceu na década de 1960 tenderia a produzir mais crimes. Contudo, se são as prisões em si que aumentam os problemas com crime, como o juiz Bazelon, Ramsey Clark e muitos outros com a visão dos ungidos afirmaram, logo essa redução em condenações levaria a uma redução nos crimes. De forma similar, se programas sociais para os pobres, para minorias e para os mentalmente perturbados eram necessários para chegar à "raiz dos problemas" dos crimes, como os ungidos afirmaram, então a enorme expansão sem precedentes dos programas sociais durante os anos 1960 deveria ter reduzido os crimes. As conclusões lógicas de cada visão eram bem claras. Tudo que era necessário eram evidências empíricas.

ESTÁGIO 3 — OS RESULTADOS: as taxas de criminalidade dispararam. De repente, assassinatos aumentaram vertiginosamente até que o número de homicídios, em 1974, era mais do que o dobro do que era em 1961[112]. Entre 1960 e 1976, as chances de um cidadão se tornar vítima de um crime violento triplicou[113]. O número de policiais mortos também triplicou durante a década de 1960[114]. Jovens criminosos, que foram favorecidos pelos novos cuidados, se tornaram especialmente violentos. O número de prisões de adolescentes por assassinato mais do que triplicou entre 1965 e 1990, mesmo ao se considerar as mudanças no tamanho da população[115].

Como em outras áreas, tais evidências não fizeram praticamente nenhuma diferença na visão dos ungidos, com exceção de motivá-los a novas façanhas com suas habilidades de interpretação.

ESTÁGIO 4 — A RESPOSTA: já que mudanças nas leis criminais ou mudanças sociais normalmente não produzem efeitos realmente instantâneos, houve um breve período durante o qual nenhuma mudança nos índices de criminalidade era perceptível — e essa calmaria momentânea forneceu diversas oportunidades para expressar desdém àqueles que previram que as novas

---

[112] SILBERMAN, Charles H. *Criminal Violence, Criminal Justice*. Nova York: Random House, 1978, p. 4.
[113] U.S. Bureau of the Census, *Historical Statistics of the United States: Colonial Times to 1970*, p. 415.
[114] Federal Bureau of Investigation, *Uniform Crime Reports: Crime in the United States, 1991*. Washington, D.C.: U.S. Government Printing Office, 1992, p. 280.
[115] "No Shakes on the Law", *New York Times*, 15/ago/1966, p. 26.

práticas judiciais levariam ao aumento nos números de crimes. Apenas dois meses depois da decisão no caso *Miranda*, em 1966, o *The New York Times* declarou que "as pessimistas previsões de seus críticos felizmente não se concretizaram"[116]. Entretanto, uma vez que as taxas de criminalidade claramente começaram a subir frente a essa e a tantas outras mudanças jurídicas criadas para reduzi-las, as táticas dos apoiadores dessas inovações mudaram. Entre as respostas iniciais ao aumento dos crimes, junto a políticas criadas para reduzir o crime, estava a negação de que os crimes de fato aconteciam agora com mais frequência. O aumento nas denúncias e melhor coleta de dados foram tidos como os responsáveis pelo ressurgimento nas estatísticas oficiais[117]. Entretanto, como disse James Q. Wildon (1931-2012), "por volta de 1970, tantos membros da bancada liberal tiveram suas máquinas de escrever roubadas, que fica difícil negar a existência de uma onda de crimes"[118]. Além disso, mesmo sem experiências pessoais acumuladas, era difícil acreditar que as crescentes estatísticas de assassinatos refletiam apenas melhor coleta de dados, já que sempre foi difícil ignorar um cadáver.

Uma alternativa à negação do aumento dos crimes era de tornar socialmente inaceitável falar a respeito, igualando discussões sobre "lei e ordem" com racismo, já que era bem conhecido que as taxas de criminalidade eram mais elevadas entre os negros. "Lei e ordem" era uma "afirmação perigosa", de acordo com o famoso psiquiatra Karl Menninger (1893-1990). "O que ela significa de fato, sinto dizer, é que devemos todos sair para encontrar os pretos e espancá-los"[119]. Essa foi apenas uma das muitas expressões da visão predominante do dr. Menninger, cujo aclamado livro *The Crime of Punishment* culpou a "sociedade" pelos crimes, tratou os criminosos como mais injustiçados do que injustos e pressionou que a punição fosse substituída por tratamento psiquiátrico. Outra notável tentativa de escapar das difíceis implicações dos dados na inversão da queda das taxas de criminalidade, depois que o sistema

---

[116] "Existem exemplos marcantes de 'ondas de crimes'que acabaram sendo nada mais do que ondas de relatórios estatísticos", Yale Kamisar, "Public Safety v. Individual Liberties: Some 'Facts' and 'Theories'". "Eles fizeram barulho sobre os preços 'desastrosos' e 'catastróficos' que pagamos para efetuar as liberdades constitucionais, mas ainda não forneceram evidências convincentes de que o preço ainda é substancial". *Ibid.*, p. 193.
[117] WILSON, James Q. *Thinking About Crime*, p. 75.
[118] Michael Stern, "Menninger Discounts Criminality in Nation", *New York Times*, 30/out/1968, p. 49.
[119] SILBERMAN, Charles H. *Criminal Violence, Criminal Justice*, p. 261.

criminal de justiça foi transformado na década de 1960, foi feita em outro livro muito elogiado, *Criminal Violence, Criminal Justice*, por Charles E. Silberman (1925-2011), que escreveu:

> Apesar de tanto se falar sobre o declínio na punição e no fraco efeito da Warren Court, os dados disponíveis indicam que os tribunais criminais contemporâneos processam, condenam e prendem uma proporção maior aqueles detidos por um crime hoje do que acontecia nos anos 1920[120].

O que não foi explicado foi por que a década de 1920 foi escolhida como o período base para se determinar os efeitos da Warren Court, que começou em 1953 e cujas históricas decisões legais criminais foram realizadas nos anos 1960. Se essa oportuna e desesperada escolha de um período base irrelevante sugere que as conclusões de Silberman não poderiam ter suporte se sua comparação antes-e-depois tivesse sido baseada nas datas das decisões de fato, ou até mesmo na data do início da Warren Court, um exame rápido dos fatos disponíveis confirma essa suspeita. Primeiramente, a possibilidade de que alguém, que cometeu um crime sério, ser preso caiu até ser apenas 1/5, em 1979, do que havia sido em 1962[121]. Quanto a ir para a cadeia, uma tendência anterior mostrando crescimento nas taxas de encarceramento acabou no final dos anos 1950 e no início dos 1960, e a taxa de encarceramento continuaram baixas enquanto os crimes aumentaram nos anos 1960[122].

Em resumo, ao contrário do que sugere Silberman, criminosos não eram mais capturados, condenados e presos como eram antes que a Warren Court refizesse as leis criminais. Além do mais, as consequências foram precisamente o que qualquer um sem a visão dos ungidos esperaria: quando Earl Warren se tornou juiz-chefe em 1953, as taxas de homicídio nos Estados Unidos da América eram de 4,8 a cada cem mil pessoas — menor do que havia sido em quatro décadas[123]. Contudo, um aumento acentuado em homicídios começou nos anos 1960, mais do que dobrando de 1963 a 1973[124], e em 1991

---

[120] WILSON, James Q. e HERNSTEIN, Richard J. *Crime and Human Nature*, p. 424-25.
[121] *Ibid.*, p. 429.
[122] *U.S. Bureau of Census, Historical Statistics of the United States, Colonial Times to 1970*, p. 414.
[123] WILSON, James Q. *Thinking About Crime*, p. 17.
[124] Federal Bureau of Investigations, *Uniform Crime Reports: Crime in the United States, 1991*, p. 13.

as taxas de assassinato e homicídio culposo eram de 9,8 a cada cem mil pessoas[125] — mesmo omitindo outras formas de homicídio que haviam sido contadas em estatísticas anteriores. Qualquer que seja a importância das estatísticas de comparação antes-e-depois, desde que sejam ao menos citadas, o período de "antes" escolhido pode mudar as conclusões completamente. A seleção de Silberman da década de 1920 como sua base de comparação sugere uma evasão desesperada do óbvio. Mais uma vez, deve ser notado que as visões de Charles E. Silberman não eram meramente as opiniões de um homem, uma vez que o seu livro foi enaltecimento em grande escala pela mídia da elite[126].

O público em geral e os oficiais da lei que não partilhavam da visão da elite continuaram a reclamar, mas quando suas preocupações encontravam alguma resposta na arena política, os ungidos se mantinham impassíveis. O juiz-chefe Earl Warren não levava a sério aqueles cuja "indignação hipócrita" sobre o aumento dos crimes era baseada em "exagerada simplificação". De acordo com o juiz-chefe, "todos nós devemos aceitar uma parcela da responsabilidade", pois ele atribuía o crescimento nos crimes ao fato de que "por décadas nós varremos para debaixo do tapete" as condições miseráveis que geram crimes[127]. Ele ignorou o fato de que as taxas de criminalidade estavam *diminuindo* durante todas aquelas décadas quando deveriam estar subindo, de acordo com sua teoria. Também não há razão para acreditar que Warren jamais reconsiderou aquela teoria à medida que os crimes continuaram a aumentar em grande proporção. Como ele disse em suas memórias:

> Uma proporção considerável do povo norte-americano, também, tateando por uma razão para tanta atividade criminal em nossa sociedade perturbada, mas não percebendo as causas raiz dos crimes — como a degradação da vida na favela, ignorância, pobreza, tráfico de drogas, desemprego e crime organizado

---

[125] A *Newsweek* chamou o livro de Silberman "um dos mais minuciosos e provocativos estudos já feitos sobre crime na América". Jerold K. Footlick, "White Fear, Black Crime", *Newsweek*, 23/out/1978, p. 134. Elogio semelhante apareceu na *New Yorker*, na *New York Review of Books* e em outros bastiões dos ungidos. Veja Naomi Bliven, "Crime and Punishment", *New Yorker*, 26/mar/1979, p. 3-4; "As American as Jesse James", Time, 6/nov/1978, p. 76, 78; Peter Gardner, reveja *Psychology Today*, jan/1979, p. 99.
[126] Fred P. Graham, "Warren Says All Share Crime Onus". *New York Times*, 2/ago/1978, p. 1, 13.
[127] WARREN, Chief Justice Earl. *The Memoirs of Earl Warren*. Garden City, N.Y.: Doubleday, 1977, p. 317.

(frequentemente reforçados pela corrupção entre os oficiais da lei) — se uniram para colocar a culpa nos tribunais e, particularmente, na Suprema Corte.

Não foi feita nenhuma tentativa de mostrar como qualquer um desses outros fatores pioraram de forma tão drástica nos anos 1960, como para explicar a completa virada no declínio histórico da taxa de homicídios, por exemplo, ou por que nenhum dos supostos benefícios das novas reformas criminais se materializaram. A relação entre teoria e evidência foi simplesmente ignorada. A visão era axiomática.

[CAPÍTULO III]

[C A P Í T U L O   I I I]
Seguindo os Números

Sabíamos muitas coisas que mal éramos capazes de compreender.
— KENNETH FEARING (1902-1961)[128]

Qualquer pessoa que examinar dados estatísticos o suficiente em algum momento vai encontrar números que parecem confirmar uma dada visão. Com frequência, o mesmo conjunto de dados contém outros números que parecem confirmar conclusões diametralmente opostas. O mesmo é verdade para "fatos" anedóticos. Por isso que *evidência* é diferente de meros dados, sejam eles numéricos ou verbais.

    Evidência científica, por exemplo, vem da determinação sistemática — com antecedência — de quais observações empíricas em particular seriam encontradas se uma teoria fosse correta, comparado ao que seria encontrado se uma teoria alternativa estivesse correta. Apenas após a conclusão dessa cuidadosa e meticulosa análise é que se pode iniciar a busca por fatos que diferenciam as teorias concorrentes. Raramente essa abordagem é utilizada por aqueles que acreditam na visão dos ungidos. Normalmente, eles examinam estatísticas até encontrarem alguns números que se encaixam em suas pressuposições e, então, exclamam: "*Aha!*". Outros com diferentes visões podem, é claro, fazer a mesma coisa, mas apenas aqueles com as visões predominantes

---

[128] Kenneth Fearing, "Andy and Jerry and Joe", *Collected Poems of Kenneth Fearing*. Nova York: Random House, 1940, p. 7.

têm chances de serem levados a sério quando usam esse raciocínio tão trêmulo. Esse é apenas um dos usos indevidos das estatísticas que passam sem serem contestadas, desde que as conclusões concordem com a visão dos ungidos.

ESTATÍSTICAS "AHA!"

Talvez o exemplo mais puro dos problemas do método *"Aha!"* é os conjuntos de estatísticas que, dentro deles mesmos, contêm números que vão completamente contra as conclusões que se chegam por outros números no mesmo conjunto. Isso não é tão raro quanto se espera.

Mortalidade Infantil e Cuidados Pré-Natais

Um estudo muito citado feito pelo National Center for Health Statistics (Centro Nacional de Estatísticas de Saúde) mostrou que (1) mulheres negras grávidas nos Estados Unidos da América receberam cuidados pré-natais com menor frequência do que mulheres brancas grávidas e que (2) a mortalidade infantil entre os negros era muito maior do que entre os brancos[129]. Reações do tipo *"Aha!"* na mídia foram imediatas, intensas e difundidas. Automaticamente se pressupõe que o primeiro fato era a causa do segundo, que isso demonstrava a negligência da sociedade norte-americana com as minorias, ou até racismo, e que o que se fazia necessário eram mais gastos governamentais em cuidados pré-natais. De acordo com um editorial do *The New York Times*, 1/4 das mortes infantis nos EUA seriam "facilmente evitáveis" e eram "atribuídas principalmente à falta de acesso a cuidados pré-natais". Fazia-se necessário um "aumento nos gastos federais em cuidado pré-natal"[130]. O *The Washington Post*, de forma similar exigiu legislações para "fornecer assistência vital a mulheres grávidas que não têm condições de pagar por atendimento médico regular"[131].

---

[129] National Center of Health Statistics, *Health, United States, 1990*. Hyattsville, MD: U. S. Public Health Service, 1991, p. 41.
[130] "More Babies Are Dying". *New York Times*, 9/ago/1990, p. A22.
[131] "Infantil Deaths", *Washington Post*, 13/mar/1990, p. A24.

CAPÍTULO III | SEGUINDO OS NÚMEROS

No mesmíssimo relatório que mostrou disparidades raciais em mortalidade infantil — de fato, na mesma página — as estatísticas mostraram que (1) mexicanos-americanos receberam ainda menos cuidado pré-natal do que os negros e que (2) a taxa de mortalidade entre mexicanos-americanos não era maior do que entre os brancos[132]. Caso alguém estivesse seriamente interessado em testar a hipótese, a conclusão seria de que não foram os cuidados pré-natais os responsáveis pelas diferenças em mortalidade infantil entre os grupos. Aquela conclusão seria ainda mais bem justificada através de dados de mortalidade infantil entre os norte-americanos de ascendência chinesa, japonesa e filipina — todos estes receberam menos cuidados pré-natais do que os brancos e, mesmo assim, tiveram uma mortalidade infantil menor do que os brancos[133]. Entretanto, é claro que ninguém com a visão dos ungidos estava procurando por estes dados, logo, não houve nenhum "*Aha!*".

Em uma reprise do padrão de justificativas para gastos governamentais na "guerra à pobreza", foi afirmado que o dinheiro investido em cuidados pré-natais irá prevenir problemas de saúde custosos, assim sendo economizado no longo prazo. Muitos números foram lançados, afirmando que para cada dólar gasto em cuidado pré-natal haveria uma economia de US$ 1,70, US$ 2,57 ou US$ 3,38, dependendo de qual estudo acreditar. Marian Wright Edelman, do Children's Defense Fund, por exemplo, usou a cifra de US$ 3,38 dólares[134]. Entretanto, uma análise cuidadosa desses artigos na *New England Journal of Medicine* mostrou que tais afirmações são infundadas[135]. O que é ainda mais surpreendente foi a resposta a essas descobertas impactantes:

---

[132] National Center of Health Statistics, *Health, United States, 1990*, p. 41.
[133] *Ibid.*
[134] Marian Wright Edelman, "The Status of Children and Our National Future", Stanford Law Policy Review, primavera de 1989, p. 20. Um ensaio sobre Marian Wright Edelman e o Children's Defense Fund na revista *New Yorker* disse: "O C. D. F. foi capaz de mostrar que o aumento do serviço de saúde para crianças na verdade levou à diminuição dos custos do governo em contas de médicos e hospitais, mais adiante – um argumento econômico que se mostrou persuasivo no Congresso". Calvin Thompkins, "A Service for Urgency", *New Yorker*, 27/mar/1989, p. 70. Assim como em muitos outros casos, "persuasivo" não quer dizer exatamente preciso. Para mais exemplos críticos do Children's Defense Fund, veja John Hook, "Children's Crusade", *Reason*, jun/1992, p. 32-35.
[135] June Huntington e Frederick A. Connell, "For Every Dollar Spent – The Cost-Savings Argument for Prenatal Care". *New England Journal of Medicine*, vol. 331, nº 19, 10/nov/1994, p. 1303-07.

A dra. Marie McCormick, diretora do Departamento de Saúde Materna e do Feto na Harvard School of Public Health, disse que era verdade que a "justificativa desses serviços, analisados por um ponto de vista de custo-benefício, não convence", mas complementou que "as pessoas se reduziram a este tipo de ação" por políticos que relutam em investir dinheiro em serviços para os pobres[136].

Em outras palavras, se eles tivessem contado a verdade, não teriam recebido a verba. Estatísticas inválidas servem ao propósito de permitir aos ungidos garantir a decisão dizendo ao público apenas o que ganhará apoio político.

Disparidades Entre Grupos

A preocupação da mídia e da academia com comparações entre brancos e negros permite que se alcance muitas conclusões alinhadas à visão predominante, cuja invalidez, porém, se tornaria imediatamente nítida caso apenas um ou dois outros grupos tivessem sido incluídos nas comparações. Por exemplo, o fato de que os candidatos negros a empréstimos hipotecários são mais recusados do que os candidatos brancos foi muito citado como prova do racismo entre as instituições de crédito. O *The Washington Post*, por exemplo, relatou que "existe um sistema racialmente preconceituoso de crédito hipotecário"[137] e Jesse Jackson chamou isso de uma "atividade criminosa", que os bancos "de forma rotineira e sistêmica discriminem os afro-americanos ao concederem empréstimos"[138]. Contudo, o mesmo dado também mostrava que os brancos eram mais recusados do que os norte-americanos de ascendência asiática[139]. Isso era prova de racismo contra os brancos, favorecendo aqueles com ascendência asiática?

De forma similar, uma análise estatística do impacto racial em demissões durante a recessão de 1990-91 trouxe à tona o fato de que os negros foram

---

[136] Gina Kolata, "Reassessing Costs of Prenatal Care". *New York Times*, 10/nov/1994, p. A10.
[137] Joel Glenn Brenner, "A Pattern of Bias in Mortgate Loas", *Washington Post*, 6/jun/1993, p. A1.
[138] Jesse Jackson, "Racism Is the Bottom Line in Home Loans", *Los Angeles Times*, 28/out/1991, p. B5.
[139] Veja, p. ex., Paulette Thomas, "Blacks Can Face a Host of Trying Conditions in Getting Mortgages", *Wall Street Journal*, 30/nov/1992, p. A8.

demitidos em uma proporção maior do que os brancos e outros. Apesar de isso ser uma história proveniente de uma "notícia", e não de um editorial, ela foi suficientemente preenchida de citações alegando racismo, ficando assim clara a qual conclusão o leitor deveria chegar. Entretanto, mais uma vez, os trabalhadores norte-americanos de ascendência asiática tiveram um desempenho bem superior aos trabalhadores brancos. Isso também não podia ser atribuído às habilidades tecnológicas modernas entre os descendentes de asiáticos. Mesmo entre operários, aqueles de ascendência asiática viram um aumento no número de pessoas empregadas em um período em que operários brancos, negros e hispânicos estavam perdendo seus empregos[140]. Mesmo assim, ninguém afirmou que isso mostrava discriminação contra os brancos a favor daqueles de ascendência asiática.

Tais disparidades estatísticas entre brancos e asiáticos não causou nenhum "*Aha!*", porque suas implicações não fazem parte da visão predominante. Em resumo, números são aceitos como evidência quando eles concordam com preconceitos, mas não no caso contrário.

Em muitos casos, as comparações da mídia e da academia limitadas a negros e brancos — mesmo quando dados sobre os outros grupos estão disponíveis nos mesmos relatórios, ou nas mesmas fontes — podem refletir nada mais do que negligência. Entretanto, em outros casos, houve um esforço positivo em realizar outros tipos de comparações fora desses limites ao colocar todos os não-brancos juntos — como "pessoas de cor" nos Estados Unidos da América, "minorias visíveis" no Canadá, ou o genérico "negros" na Grã-Bretanha, onde o termo engloba chineses, paquistaneses, entre outros. Qualquer que seja o raciocínio para esse amontoado de grupos altamente distintos, seu efeito final é o de suprimir evidências que enfraquecem conclusões baseadas em estatísticas do tipo "*Aha!*" e, consequentemente, minando a visão predominante dos ungidos.

Talvez a utilização mais conhecida da abordagem "*Aha!*" é a de "provar" discriminação por meio de dados estatísticos que mostram disparidades entre grupos. Mais uma vez, essas inferências existem apenas onde há concordância com a visão predominante. Ninguém repara nas enormes disparidades

---

[140] Rochelle Sharp, "Losing Ground: In Latest Recession, Only Blacks Suffered Net Employment Loss", *Wall Street Journal*, 14/set/1993, p. 14.

em "representatividade" entre jogadores profissionais de basquete brancos e negros como uma forma de provar discriminação contra brancos naquele esporte. Ninguém toma a grande "exagerada representatividade" de negros entre os jogadores mais bem pagos no *baseball* como um exemplo de preconceito.

O ponto aqui não é que os brancos estão sofrendo discriminação, mas que um processo que nos leva a esta conclusão absurda está sendo tratado seriamente quando a conclusão se encaixa com a visão dos ungidos. Em resumo, o que é afirmado pelos ungidos como evidência claramente não é reconhecido por eles como tal quando as conclusões não se enquadram à visão predominante.

A suposição de que grandes disparidades não existiriam na ausência de tratamento desigual está implícita no ato de igualar disparidades estatísticas com discriminação. Entretanto, estudos internacionais mostraram repetidamente que grandes disparidades entre diferentes grupos são comuns em todo o mundo, seja em consumo de álcool[141], taxa de fertilidade[142], performance nos estudos[143], ou outras incontáveis variáveis. Uma lista razoavelmente compreensiva de tais disparidades seria tão grande quanto um dicionário. Entre-

---

[141] TREML, Vladimir G. *Alcohol in the USSR: A Statistical Study*. Durham, N.C.: Duke University Press, 1982, p. 64, 71, 81; GREELEY, Andrew M. *That Most Distressful Nation*. Nova York: Quadrangle Books, 1972, p. 129, 132; Australian Government Commission into Poverty, *Welfare of Migrants*. Canberra: Australian Government Publishing Service, 1975, p. 108; PATAI, Raphael, *The Jewish Mind*. Nova York: Charles Scribner's Sons, 1977, p. 441-443.

[142] Veja, por exemplo, D'ENCAUSSE, Hélène Carrère. *Decline of an Empire: The Soviet Socialist Republics in Revolt*. Nova York: Harper & Row, 1981, p. 68-69; SOWELL, Thomas, "Three Black Histories", *Essays and Data on the American Ethnic Groups*, Thomas Sowell e Lynn D. Collins (ed.). Washington, D.C.: The Urban Institute, 1978, p. 41-42; "Part Two: Statistic Data on American Ethnid Groups", *ibid.*, p. 257-58, 273-77, 291-95, 309-13, 327-31, 357-61, 369-73, 393-97, 411-15. Para diferenças em taxas de natalidade entre nações, veja U.S. Bureau of the Census, World Population Profile: 1991. Washington, D.C. U.S. Government Printing Office, 1991, p. 18-20.

[143] K. M. de Silva, "University Admissions and Ethic Tension in Sri Lanka, 1977-82", *From Independence to Statehood: Managing Ethnic Conflict in Five African and Asian States*. Londres: Frances Pinter, 1984, p. 98-99, 103; FLYNN, James R. *Asian Americans: Achievement Beyond IQ*. Hillsdale, N.J.: Lawrence Erlbaum, 1991, p. 95-98; KLITGAARD, Robert, *Elitism and Meritocracy in Developing Countries: Selection Policies for Higher Education*. Baltimore: Johns Hopkins University Press, 1986, p. 121; Mohamed Suffian bin Hashim, "Problems and Issues of Higher Education Development in Malaysia", *Development of Higher Education in Southeast Asia: Problems and Issues*, Yat Hoong Yip (ed.). Cingapura: Regional Institute of Higher Education, 1973, p. 63-64; VELASKAR, Padma Ramkrishna, "Inequality in Higher Education: A Study of Scheduled Caste Students in Medical Colleges of Bombay", Ph. D., dissertação, Tata Institute of Social Sciences. Bombaim, 1986, p. 335-37; AYRES, Leonard P., *Laggards in Our Schools: A Study of Retardation and Elimination in Our City Schools*. Nova York: Russell Sage Foundation, 1909, *passim*.

CAPÍTULO III | SEGUINDO OS NÚMEROS

tanto, uma lista seletiva e fácil de se manejar pode ser feita com disparidades nas quais é praticamente impossível afirmar que as diferenças estatísticas em questão são devido a discriminação:

1. Homens norte-americanos são atingidos por raios seis vezes mais do que mulheres americanas[144];
2. Durante o período da União Soviética, o consumo *per capita* de conhaque na Estônia era sete vezes maior do que era no Uzbequistão[145];
3. Durante toda a década dos anos 1960, membros da minoria chinesa na Malásia tiveram mais graduações em universidades do que os membros da maioria malaia —incluindo mais de quatrocentas formações em engenharia, comparadas às quatro dos malaios[146];
4. Durante o período do Império Otomano, quando não-muçulmanos eram explicitamente cidadãos de segunda classe de acordo com a lei, havia indústrias e setores inteiros da economia predominantemente sob posse e controle de minorias cristãs, notavelmente os gregos e armênios[147];
5. Quando a Nigéria se tornou uma nação independente, em 1960, a maior parte de seus fuzileiros vinham de regiões do norte, enquanto a maior parte de seus oficiais vinham de regiões do sul. Por volta de 1965, metade dos oficiais eram membros da tribo Ibo[148] — um grupo sulista historicamente desfavorecido;
6. Em Bombaim, capital do estado de Maharashtra, na Índia, a maior parte dos executivos não são de Maharashtra, e no estado de Assam, a maior parte dos empresários, operários de obras, artesãos e membros de várias profissões não são de Assam[149];

---

[144] "Lightning Hits More Men", *USA Today*, 16/abr/1992, p. 1.
[145] TREML, Vladimir G. *Alcohol in the USSR*, *op. cit.*, p. 73.
[146] Mohamed Suffian bin Hashin, "Problems and Issues in Higher Education Development in Malaysia". *Development of Higher Education in Sotheast Asia*, p 63-64.
[147] Charles Assawi, "The Transformation of the Economic Position of the *Millets* in the Nineteenth Century", *Christian and Jews in the Ottoman Empire: The Functioning of a Plural Society*, Benjamin Braude e Bernard Lewis (eds.), Vol. I: *The Central Lands*. Nova York: Holmes & Meier, 1982, p. 261-85.
[148] HOROWITZ, Donald L. *Ethnic Groups in Conflict*. Berkeley: University of California Press, 1985, p. 448, 451.
[149] WEINER, Myron. *Sons of Soil: Migration and Ethnic Conflict in India*. Princeton, N.J.: Princeton University Press, 1978, p. 91, 103-04.

7. Dentro da comunidade branca da África do Sul, em 1946, os africâners ganhavam menos da metade da renda dos britânicos[150], mesmo que os africâners fossem politicamente predominantes;
8. Desde 1921, membros da minoria tamil, no Ceilão, ultrapassavam em número os membros da maioria cingalesa, tanto nas profissões médicas quanto legais[151];
9. Um estudo de 1985 nos Estados Unidos da América mostrou que a proporção de estudantes norte-americanos de ascendência asiática que tiveram uma nota superior a 700 em matemática no Scholastic Aptitude Test (SAT) foi mais do que o dobro da proporção entre os brancos[152];
10. Em Fiji, pessoas cujos ancestrais imigraram da Índia — geralmente para trabalhar em plantações — se formaram em números muito mais elevados do que os indígenas fijianos[153], que ainda são donos da maior parte da terra;
11. Apesar dos alemães terem formado apenas 1% da população da Rússia czarista, eles compunham perto de 40% do alto escalão do exército russo, mais de metade de todos os oficiais no ministério de Relações Exteriores e uma grande maioria dos membros da Academia de Ciência de São Petersburgo[154];
12. No estado de São Paulo, Brasil, mais de 2/3 das batatas e mais de 90% dos tomates foram cultivados por pessoas de ascendência japonesa[155];

---

[150] Mavis Puthucheary, "Public Policies Relating Business and Land", *From Independence to Statehood: Managing Ethnic Conflict in Five African and Asian States*, Robert B. Goldmann e A. Jeyaratnam Wilson (eds.). Londres: Frances Pinter, 1984, p. 158.
[151] S. J. Tambiah, "Ethnic Representation in Ceylon's Higher Administrative Services, 1870-1964", *University of Ceylon Review*, vol. 13, 1955, p. 30.
[152] Veja RAMIST, Leonard e ARBEITER, Solomon. *Profiles, College-Bound Seniors, 1985*. Nova York: College Entrance Examination Board, 1986, p. 42, 82.
[153] Ralph L. Premdas, "The Political Economy of Ethnic Strife in Fiji and Guyana", *Ethnis Studies Report*. International Centre of Ethnic Studies, Sri Lanka, jul/1991, p. 36.
[154] Ingeborg Fleischhauer, "The German's Role in Tsarist Russia: a Reappraisial", *The Soviet Germans: Past and Present*. Edith Rogovin Frankel (ed.). Nova York: St. Martin's, 1986, p. 17-18; KOCH, Fred C. *The Volga Germans: In Russia and the Americas, From 1763 to the Presents*. University Park: Pennsylvania State University Press, 1977, p. 195.
[155] James L. Tigner, "Japanese Immigration into Latin America", *Journal of Interamerican Studies and World Affairs*, nov/1981, p. 476.

13. Em 1887, os imigrantes italianos tinham o dobro de contas bancárias do que os argentinos no Banco de Buenos Aires[156], ainda que a maior parte dos italianos tenham chegado destituídos na Argentina e começaram a trabalhar nas funções mais baixas, mais difíceis e "servis";
14. Em Melbourne, na metade do século XIX, mais da metade das lojas de roupas pertenciam a judeus[157], que nunca tiveram mais do que 1% da população da Austrália;
15. Mesmo depois da metade do século XX no Chile, a maior parte dos empreendimentos industriais em Santiago eram controlados por imigrantes ou filhos de imigrantes[158].

Apesar destes exemplos terem sido deliberadamente selecionados para excluir casos em que a discriminação poderia ter sido plausivelmente entendida como a razão para as disparidades, isso de forma alguma exclui a possibilidade de que a discriminação possa estar por trás de outras disparidades. O ponto aqui é que inferências não podem ser feitas de *um jeito, ou de outro* usando apenas diferenças estatísticas, tampouco necessariamente ajuda a "controlar" estatisticamente as outras variáveis. A maioria dos fenômenos sociais são suficientemente complexos — com a indisponibilidade de dados de muitas variáveis, ou dados inerentemente não quantificáveis — e com tal frequência, que o controle é em si mesmo ilusório. Esta ilusão será analisada como um fenômeno especial que pode ser chamado de "falácia residual".

A FALÁCIA RESIDUAL

Um procedimento comum ao tentar provar discriminação com dados estatísticos é o de (1) estabelecer que há disparidades estatísticas entre dois ou mais grupos, (2) demonstrar que são insignificantes as probabilidades de que essas disparidades em particular são resultado de uma situação aleatória e (3) demonstrar que, mesmo contendo diversos fatores não discriminatórios que

---

[156] SOLBERG, Carl. *Immigration and Nationalism: Argentina and Chile, 1890-1914*. Austin: University of Texas Press, 1979, p. 50.
[157] ELAZAR, Daniel J. *Jewish Communities in Frontier Societies*. Nova York: Holmes & Meier, 1983, p. 243.
[158] SOLBERG, Carl. *Immigration and Nationalism*, p. 63.

poderiam influenciar as consequências, isso ainda deixa uma diferença residual significativa entre os grupos, que se deve presumir ser causado pela discriminação. Já que, essencialmente, o mesmo processo intelectual é usado para "provar" inferioridade genética, a escolha sobre o que atribuir aos resíduos é inerentemente arbitrária. Entretanto, há ainda outro ponto contrário a esse processo. Não raro, conforme as estatísticas brutas caem por terra ao fixar várias outras características como constantes, acontece que os grupos envolvidos diferem nessas características em todos os níveis de agregação — e diferem em proporções diferentes de um nível ao outro.

A falácia residual é uma das grandes *non sequiturs*[159] de nossos tempos, tão comum nos mais altos tribunais do país, assim como na plataforma política, ou na mídia, ou na academia. No âmago da falácia está a noção de que você mesmo pode deixar certas variáveis constantes — "controlando" as variáveis, como dizem os estatísticos — tanto na prática quanto na teoria.

"Controlando variáveis" na Educação

Uma afirmação comum é a de que a discriminação é tão infiltrada e severa que, inclusive, pessoas com as mesmas qualificações educacionais são pagas com grandes diferenças salariais, de acordo com o seu sexo, sua raça etc. Deixar a variável constante em anos de educação é bastante ilusório, uma vez que grupos com diferentes quantidades na educação também têm diferenças qualitativas em sua educação. Assim, quando o grupo A tem uma quantidade significativa de anos a mais de educação do que o grupo B, com frequência o grupo A também tem uma qualidade de educação superior, seja essa qualidade medida por suas próprias performances acadêmicas em determinado nível de educação, pelos *rankings* qualitativos das instituições em que estudaram, ou pela dificuldade e remuneração nos campos de estudo nos quais o grupo está concentrado. No nível superior, por exemplo, o grupo A pode ter focado mais na matemática, ciência, medicina ou engenharia, enquanto o grupo B focou mais em sociologia, educação ou estudos étnicos variados. Neste contexto, afirmações de que membros do grupo B recebem menos do que os membros

---

[159] *Non sequiturs* são conclusões desprovidas de premissas válidas, ou seja, um raciocínio falacioso. (N. E.)

do grupo A com a "mesma" educação (medindo quantitativamente) são claramente falaciosas. Diferenças qualitativas em educação entre grupos têm sido comuns ao redor do mundo, seja comparando descendentes de asiáticos com hispânicos nos Estados Unidos da América, judeus asquenazes com sefarditas em Israel, os tâmeis com os cingaleses no Sri Lanka, chineses com malaios na Malásia, ou protestantes com católicos na Irlanda do Norte[160].

Diferenças entre homens e mulheres quanto a renda são também continuamente citadas como provas de discriminação, pois homens e mulheres com a "mesma" educação recebem salários diferentes. Suponhamos, por exemplo, que tentemos deixar constante a variável da educação, examinando os dados estatísticos de renda apenas para os homens e mulheres que têm ensino superior. Ainda existe uma diferença de renda entre os sexos nesse nível de agregação e se nós nos contentarmos em parar aqui — a escolha de em que lugar parar sendo inerentemente arbitrária —, então, podemos escolher chamar as diferenças residuais de renda como prova de discriminação sexual. Entretanto, se reconhecermos que graduados na faculdade incluem pessoas que, em seguida, iniciam cursos de pós-graduação, e que esta também influencia o salário, logo, podemos querer seguir adiante para o próximo nível de agregação e comparar mulheres e homens que fizeram pós-graduação. Agora descobriremos que a proporção de homens e mulheres com diplomas de pós-graduação difere da proporção daqueles com curso de graduação — as mulheres, por pouco, superam em número os homens no nível de bacharelado, mas são superadas por mais do que o dobro no nível de mestrado e por 59% no nível de doutorado[161]. Claramente, quando comparamos mulheres com educação superior e homens, o que inclui aqueles que fizeram pós-graduação,

---

[160] Veja Mohamed Suffian bin Hashim, "Problems and Issues of Higher Education Development in Malaysia", *Development of Higher Education in Southern Asia: Problems and Issues*, p. 56-78; Sammy Smooha e Yochanan Peres, "The Dynamics of Ethnic Inequalities: The Case of Israel", *Studies of Israeli Society*, Vol. I: *Migration, Ethnicityand Community*. Ernest Krausz (ed.). New Brunswick, N.J.: Transaction Books, 1980, p. 173; BROWN, George H., ROSEN, Nan L. e HILL, Susan T. *The Condition of Education for Hispanic Americans*. Washington, D.C.: National Center for Education Statistics, 1980, p. 119; Thomas Sowell, "Ethnicity in a Changing America", *Daedalus*, inverno de 1978, p. 214; Chandra Richard de Silva, "Sinhala-Tamil Relations in Sri Lanka: The University Admissions Issue – the First Phase, 1971-7", *From Independence to Statehood: Managing Ethnic Conflict in Five African and Asian States*, p. 125-46; Paul Comton, "The Conflict in Northern Ireland: Demographic and Economic Considerations". *Economic Dimensions of Ethnic Conflict: International Perspectives*, S. W. R. de A. Samarasinghe e Reed Coughland (eds.). Londres: Pinter Publishers, 1991, p. 42.
[161] Computado das estatísticas em *The Chronicle of Higher Education Almanac*, 25/ago/1993, p. 17.

ainda não podemos realizar essa comparação, porque a educação total não é a mesma.

Dessarte, suponha que sigamos adiante para o próximo nível de agregação em busca de comparabilidade e examinar apenas homens e mulheres que fizeram um doutorado. Mais uma vez, descobriremos não só disparidades como também proporções mutáveis de disparidades. Apesar das mulheres terem 37% de todos os doutorados, as áreas nas quais elas se formam diferem radicalmente das áreas nas quais os homens se formam — com os homens mais concentrados nas áreas das exatas, científicas *e remunerativas*. Enquanto as mulheres recebem quase metade dos doutorados nas ciências sociais e mais da metade nas áreas de educação, homens detêm mais de 80% dos doutorados nas ciências naturais e mais de 90% em engenharia[162]. Continuamos fazendo comparações impraticáveis.

Algumas pesquisas especializadas nos permitiram uma desconstrução ainda maior, mas disparidades entre os sexos também continuam, mesmo ao comparar em maiores detalhes. Por exemplo, se examinarmos apenas aquelas mulheres e homens que receberam o diploma de doutorado nas ciências sociais, percebe-se que as mulheres vinham mais de sociologia e os homens de economia — sendo economia mais rentável do que sociologia. Além disso, mesmo dentro da área de economia, há grandes diferenças entre homens e mulheres quanto a qual proporção de doutorados foi especificamente em econometria — uma diferença de dez homens para cada mulher[163]. Em resumo, ainda não conseguimos manter a constante da educação que deveria ser a constante, *a qual poderíamos ter dito ser constante simplesmente parando de aprofundar em qualquer momento do processo.*

Enquanto o processo de desagregação deve parar em algum momento, seja porque as estatísticas não podem ser mais desconstruídas, ou porque o tempo não é ilimitado, a falácia fatal é assumir que todos os fatores não examinados devem ser idênticos, para que todas as diferenças restantes possam ser atribuídas à discriminação. Em outras palavras, ao encontrar disparidades causais em todos os níveis de agregação — e, comumente, alterando a proporção de tais disparidades, também — assume-se de forma arbitrária que as

---
[162] *Ibid.*, p. 16.
[163] Veja SOWELL, Thomas. *Civil Wright: Rhetoric or Reality?* Nova York: Morrow, 1984, p. 58.

disparidades causais acabam no lugar em que nossa desagregação termina, de tal forma que todas as diferenças restantes que levem a recompensas devam ser devidas a discriminação.

Inúmeras diferenças históricas e culturais, encontradas entre muitos grupos em países por todo o mundo — como a lista numerada anterior sugere — fazem com que as disparidades estatísticas não provem discriminação. Tais dados podem ser aceitos como evidência, ou prova, nos tribunais, mas, de forma lógica, tais dados não provam nada. São estatísticas *"Aha!"*

Estatísticas Hipotecárias de "Discriminação"

Nas pesquisas sobre candidaturas de negros e outras minorias a empréstimos hipotecários, que foram recusados em taxas maiores do que os brancos, houve uma tentativa de controle de variáveis não raciais, o que talvez tenham afetado essas decisões, ao comparar minorias e brancos na mesma faixa de renda. Entretanto, qualquer um que já tenha tentado um empréstimo hipotecário sabe que inúmeros fatores além da renda são considerados, um dos mais óbvios sendo o patrimônio líquido dos candidatos. Outro dado, do censo dos Estados Unidos da América, mostra que os negros têm, em média, um patrimônio líquido menor do que os brancos na mesma faixa de renda. De fato, até mesmo os negros na maior faixa de renda não possuem tanto patrimônio quanto os brancos na segunda maior faixa de renda[164]. Controlar pela renda nos dá a ilusão de comparabilidade. A ilusão fica ainda mais enfraquecida pelo fato de um estudo sobre disparidades raciais em número de aprovação de empréstimos hipotecários, da Reserva Federal, amplamente citado, não controlou a variável de patrimônio líquido, ou levou em consideração o histórico de crédito, ou dívidas existentes dos candidatos[165]. Como também não incluíram a "adequação da garantia"[166].

---

[164] U.S. Bureau of the Census, Current Population Reports, Série P-23, n° 173, *Population Profile of the United States, 1991*. Washington, D.C.: U.S. Government Printing Office, 1991, p. 20.
[165] Paulette Thomas, "Behind the Figures: Federal Reserve Detail Pervasive Racial Gap in Mortgage Lending", *Wall Street Journal*, 31/mar/1992, p. A1.
[166] Glenn B. Canner, "Expanded HMDA Data on Residential Landing: One Year Later", *Federal Reserve Bulletin*, nov/1992, p. 801.

Quando um estudo subsequente mais detalhado foi realizado para a área de Boston pelo Federal Reserve Bank of Boston, descobriu-se que realmente candidatos negros e hispânicos tinham mais dívidas, piores históricos de crédito, tentaram por meio do crédito cobrir uma maior porcentagem do valor das propriedades em questão e também tinha maior probabilidade de buscar financiamento por unidades habitacionais múltiplas, em vez de casas de uma só família[167]. Pedidos de empréstimo por unidades habitacionais múltiplas foram recusados com mais frequência tanto para candidatos brancos quanto para minorias, mas obviamente afetaram mais a taxa de rejeição das minorias, já que eles solicitaram com maior frequência para tais unidades[168]. Mesmo entre aqueles candidatos cujos empréstimos foram aprovados — e a maior parte, tanto das minorias quanto dos brancos, tiveram seus empréstimos aprovados — tomadores de empréstimo das minorias tinham renda de apenas 3/4 dos brancos e patrimônio com o valor menor do que a metade do dos brancos[169]. Mesmo assim, quando todas essas variáveis foram "controladas" estatisticamente, ainda havia uma "brecha estatisticamente significativa" entre a taxa de aprovação de empréstimos para minorias e para brancos, apesar de que consideravelmente menor do que no estudo original.

Enquanto 72% dos pedidos de empréstimo realizados por minorias foram aprovados, comparado a 89% para os brancos, quando mantiveram constantes outras características, 83% dos pedidos de empréstimo das minorias foram aprovados[170]. O diferencial restante pode ser expressado dizendo que houve uma diferença residual de 6% em taxas de aprovação de empréstimo, ou que candidatos de minorias foram recusados 60% mais do que candidatos brancos com as mesmas características — já que uma rejeição de 17% é 60% maior do que uma taxa de 11%. O relatório do Boston Federal Reserve Bank escolheu a última para expressar os mesmos fatos[171].

A diferença residual de 6% foi devido a discriminação racial? Depois de constatar que os candidatos a empréstimo brancos e de minorias eram di-

---

[167] MUNNELL, Alicia H. *Mortgage Landing in Boston: Interpreting HMDA Data*, Working Paper n° 92-7, out/1992, Federal Reserve Bank of Boston, p. 2, 24-25.
[168] *Ibid.*, p. 25.
[169] *Ibid.*, p. 24.
[170] *Ibid.*, p. 2.
[171] Peter Brimelow e Leslie Spencer, "The Hidden Clue", *Forbes*, 4/jan/1993, p. 48.

CAPÍTULO III | SEGUINDO OS NÚMEROS

ferentes em todas as variáveis relevantes examinadas, podemos assumir que devem ser iguais em todas as variáveis restantes, cujos dados estão faltando? Uma maneira de testar pode ser examinar a lógica da hipótese da discriminação e testar suas conclusões contra outros dados empíricos. Por exemplo, se há discriminação racial nos empréstimos, mas a maior parte dos requerentes de todos os grupos raciais e étnicos tiveram sucesso em obter empréstimos, a implicação seria que requerentes de empréstimo de minorias tinham que ser mais dignos de crédito do que os brancos para serem aprovados. E se fosse este o caso, então, as taxas padrão subsequentes entre os tomadores de empréstimo seria menor do que entre os brancos. Na realidade, entretanto, dados do censo sugerem que não há diferença racial nas taxas padrão entre os tomadores de empréstimo aprovados[172].

Quando a principal autora do estudo do Boston Federal Reserve Bank, Alicia Munnell, foi contatada por um jornalista da revista *Forbes* e essa clara implicação foi apresentada, ela disse que era "um argumento sofisticado". Quando pressionada, ela concordou com o argumento que "discriminação contra os negros deveria aparecer em taxas menores, não iguais — discriminação significaria que os negros que atendem os critérios para empréstimo estavam sendo rejeitados de forma injustiçada"[173]. A seguinte discussão aconteceu:

FORBES: Você nunca se perguntou se as taxas parecem ser mais ou menos as mesmas entre os negros e os brancos, isso significa que os credores hipotecários estão tomando decisões racionais?

Munnell: Não.

Munnell não quer repudiar sua pesquisa. Ela disse à *FORBES*, ao refletir, que os dados do censo não são bons o suficiente e que poderiam ser mais "massageados": "Eu acredito sim que a discriminação aconteça".

FORBES: Você não tem evidências?

Munnell: Eu não tenho evidências [...]. Ninguém tem evidências[174].

---
[172] *Ibid.*
[173] *Ibid.*
[174] STEIN, Herbert e FOSS, Murray, *An Illustrated Guide to the American Economy*. Washington, D.C.: AEI Press, 1992, p. 140.

Essa falta de evidências, entretanto, não conteve uma enorme orgia de revolta moral na mídia.

ALTERANDO A SELEÇÃO

Uma fonte comum de alarme desnecessário sobre estatística é a falha em compreender que uma certa sequência de números pode representar uma seleção variável de pessoas. Em uma piada isso pode acontecer; ao escutar que um pedestre é atingido por um carro a cada vinte minutos em Nova York, o ouvinte responde: "Ele deve ficar muito cansado com isso!" Exatamente o mesmo raciocínio — ou falta dele — que aparece em estatísticas supostamente sérias.

Afirmações que grandes indústrias ao longo da economia norte-americana são dominadas por algumas poucas corporações monopolistas são comumente baseadas em estatísticas que mostram que quatro ou cinco empresas produzem 3/4, 4/5, ou alguma proporção similar, da produção da indústria — e que essa condição perdurou por décadas, sugerindo controle rígido por esse grupo interno. O que frequentemente passa despercebido é que as empresas que constituem esse grupo "monopolista" estão mudando[175]. Em resumo, quando há competição — e empresas estão ganhando e perdendo nessa competição em momentos diferentes, gerando rotatividade. Esse simples fato, tão danoso à hipótese do monopólio, é desviado por definição estatística. Aqueles com a visão alarmista de uma economia monopolista definem a porcentagem de vendas por um certo negócio como a porção do mercado que elas "controlam". Sendo assim, podem dizer que as quatro ou cinco maiores empresas "controlam" a maior parte dos negócios na indústria — transformando um dado *ex post* em uma condição *ex ante*. No entanto, é claro que o fato de existir rotatividade entre essas empresas indica que não existe tal controle. De outra forma, firmas monopolistas não permitiriam serem substituídas por novos concorrentes.

Talvez o exemplo mais claro de como ilusório é o "controle" do mercado é um caso federal envolvendo uma rede de cinemas de Las Vegas, que

---

[175] *U.S. v. Syufy Enterprises*, 903 F.2d 659 (9th Cir. 1990) a 665.

exibiram 100% de todos os filmes de estreia naquela cidade. A rede foi processada através do Sherman Antitrust Act por "monopolizar" seu mercado. Entretanto, quando o caso chegou ao tribunal de apelação, uma segunda rede de cinema começou a exibir mais filmes de estreia do "monopolista" estatisticamente definido[176]. Obviamente, mesmo que com 100% de "controle", a definição estatística não tem efeito, porcentagens menores têm menos chances ainda.

Muitas das pressuposições implícitas de membros permanentes estão presentes em muitas discussões sobre "os ricos" e "os pobres". Contudo, pesquisas que acompanham indivíduos ao longo do tempo mostram que norte-americanos não permanecem em uma faixa de renda por toda a vida, nem mesmo por uma década[177]. Tanto os 20% do topo, geralmente chamados de "os ricos", quanto os 20% da base, que são chamados de "os pobres", representam um conjunto de indivíduos que varia constantemente. Um estudo sobre declaração de imposto de renda mostrou que mais de 4/5 dos indivíduos dos 20% com menor renda daqueles que declaram renda em 1979 não estavam mais nessa faixa em 1988. Por uma pequena fração alguns mais tinham chegado à faixa mais alta, em 1988, do que permaneceram na faixa mais pobre[178]. Primeiramente, indivíduos estão nove anos mais velhos após nove anos e podem muito bem ter acumulado experiência, habilidades, prioridade ou promoções durante o período. Outros estudos mostram padrões similares de mudança, apesar de os dados e as porcentagens diferirem um pouco.

Um estudo da Universidade de Michigan, por exemplo, descobriu que menos da metade das famílias estudadas de 1971 a 1978 permaneceram no mesmo quintil da faixa de renda durante todos esses anos[179]. Essa rotatividade de indivíduos em cada faixa pode muito bem explicar alguns dados estranhos dessas pessoas categorizadas como "os pobres". Quase metade dos estatisticamente definidos como "pobres" tem ar-condicionado, mais da metade possui carros e mais de vinte mil casas de "pobres" têm sua própria piscina

---

[176] Veja, p. ex., DUNCAN, Greg J. et al. *Years of Poverty, Years of Plenty: The Changing Economic Fortunes of American Workers and Families*. Ann Arbor: University of Michigan Press, 1984; *Income Mobility and Economic Opportunity*, relatório do representante Richard K. Armey, *Ranking Republican, Joint Economic Commitee*, jun/1992, p. 5.
[177] *Income Mobility and Economic Opportunity*, p. 5.
[178] DUNCAN, Greg J., *Years of Poverty, Years of Plenty*, p. 3, 13, 41.
[179] Robert Rector, "Poverty in U.S. Exaggerated by Census", *Wall Street Journal*, 25/set/1990, p. A18.

aquecida ou Jacuzzi. Talvez ainda mais revelador, os estatisticamente definidos como "pobres" gastam uma média de US$ 1,94 por cada dólar de renda que recebem[180]. Claramente, algo estranho está acontecendo.

Assim como as pessoas das faixas mais baixas sobem, as pessoas das mais altas descem, ainda que temporariamente. Alguém no mundo dos negócios ou em profissões que estão tendo um ano financeiramente ruim pode ter uma renda naquele ano que se enquadra em uma faixa menor. Isso não significa que esses indivíduos são pobres — exceto por definição estatística. Tais pessoas têm uma probabilidade pequena de se desfazerem de todas as coisas que estão no estilo de vida da classe média, a qual eles continuarão a viver nos anos seguintes, quando sua renda retornar ao patamar anterior à queda. Ainda assim, a visão dos ungidos existe nos termos "os pobres" e "os ricos" — e qualquer estatística que pareça se encaixar na visão predominante de tais categorias será usada para este propósito.

Em concordância com essa visão, a mídia utilizou muito os dados da Congressional Budget Office, que pareciam sugerir que os ricos estavam ficando mais ricos e os pobres estavam ficando mais pobres durante a administração do presidente Reagan. Esta era claramente uma estatística "*Aha!*", em sintonia com o que os ungidos acreditavam, ou gostariam de acreditar. Mesmo colocando de lado a grande questão sobre se cada indivíduo nessas categorias era o mesmo durante os oito anos com Reagan, as definições estatísticas usadas minimizam sistematicamente o nível econômico daqueles nas faixas mais baixas e maximizam o nível econômico daqueles nas faixas mais altas. Por exemplo, mais de US$ 150 bilhões em auxílios governamentais a pessoas de baixa renda não são incluídos nessas estatísticas — o equivalente a mais de US$ 11 mil dólares por família[181]. Na outra ponta da escala de renda, os dados oficiais contam ganhos de capital de uma maneira que praticamente garante mostrar um aumento, mesmo quando há perda, e para exagerar qualquer ganho que aconteça.

A título de exemplo, se alguém investe US$ 10 mil dólares e o preço dobra durante os anos enquanto esse investimento está ativo, portanto, se ele é vendido por menos de US$ 20 mil dólares em seu valor mais alto, é de fato

---

[180] *Ibid.*
[181] Carolyn Lochhead. "How Hungry? How Many? *Insight*, 27/jun/1988, p. 8-9.

uma perda em termos reais. Entretanto, se o investimento original permanece o mesmo em valores reais ao dobrar seu valor monetário conforme a faixa de preço dobra, a estatística oficial o mostrará como um "ganho" de US$ 10 mil — e fará a correção pela inflação dividindo isso por dois para ter um ganho de US$ 5 mil em renda real. Com definições como essa, não é à toa que os ricos estão ficando mais ricos e os pobres estão ficando mais pobres, pelo menos no papel. A sempre vai superar B, se você ignorar o suficiente de B e exagerar A.

Uma das ramificações da preocupação com os "ricos e "pobres" é outra catástrofe em termos de definição — "fome na América". Aqui, muitos grupos de defesa trouxeram diversos tipos de estatística, criados para atrair a atenção da mídia e alarmar o suficiente para criarem políticas públicas que favoreçam o que quer que eles estejam apoiando. As definições por trás de suas estatísticas raramente são submetidas a escrutínio. Um ativista da fome, por exemplo, determinou quantas pessoas passavam fome calculando quantas era oficialmente elegíveis para receber *food stamps* (uma espécie de Bolsa Alimentação oferecido pelo governo para a compra de cestas básicas por famílias com renda muito baixa ou sem renda) e subtraindo aqueles que realmente recebiam essa ajuda de alimentação. O resultado era os que "passam fome", por definição. Usando este método, o ativista estimou que milhões de norte-americanos passavam fome e produziu documentos mostrando os cento e cinquenta condados que "mais passam fome" nos Estados Unidos da América.

Destes condados listados, o mais "faminto" de todos era na verdade uma comunidade de ranchos e fazendas, onde a maior parte dos fazendeiros e rancheiros plantavam sua própria comida, onde trabalhadores de fazendas e ranchos recebiam moradia por seus empregadores e onde apenas duas pessoas no condado inteiro participavam do programa de *food stamps*[182]. Como algumas pessoas nesse condado tinham baixa renda há alguns anos, eles eram elegíveis para receber a ajuda, mas como se alimentavam de suas próprias plantações, não se inscreveram no programa — portanto, sendo estatisticamente consideradas pessoas que "passam fome". Novamente, estudos feitos como seres humanos de carne e osso revelaram resultados radicalmente diferentes daqueles produzidos por definições estatísticas genéricas. Quando o De-

---

[182] Robert E. Rector, "Hunger and Malnutrition Among American Children", *Backgrounder* n° 843, 12/ago/1991, The Heritage Foundation, p. 2.

partamento de Agricultura dos Estados Unidos da América e os Centros de Controle de Doenças (Centers for Disease Control, CDC) examinaram pessoas de uma variedade de faixas de renda, não encontraram nenhuma evidência de desnutrição entre pessoas no nível de pobreza, como também nenhuma diferença significativa na ingestão de vitaminas, minerais e outros nutrientes de uma faixa de renda a outra. A única exceção foi a que mulheres de renda mais baixa tinham uma probabilidade um pouquinho maior de serem obesas[183].

Notavelmente, tais fatos tiveram pouco efeito sobre o desejo da mídia de acreditar que os ricos ficavam mais ricos, enquanto os pobres ficavam mais pobres, e que a fome espreitava os menos afortunados. Em uma transmissão do *Evening News*, da CBS, no dia 27 de março de 1991, falou-se:

> Um número surpreendente de crianças norte-americanas corre perigo de morrer de fome [...] uma em cada oito crianças norte-americanas passará fome hoje à noite[184].

Dan Rather não estava sozinho ao fazer tais afirmações. A *Newsweek*, a Associated Press e o *The Boston Globe* estavam entre aqueles que ecoaram a estatística do uma-em-cada-oito. Afirmações alarmantes de que uma em cada oito crianças passam fome na América todas as noites são como erva-de-gato para a mídia. Um estatístico profissional pode cair na gargalhada ao examinar as definições e métodos utilizados para gerar tais números. Contudo, não é motivo de riso para os ativistas e políticos que querem empurrar sua visão e não deve ser motivo de riso para uma sociedade que está sendo feita de otária.

Um dos métodos comuns de conseguir dados estatísticos alarmantes é o de listar uma sequência de coisas prejudiciais; as coisas mais pesadas são colocadas na frente para conseguir mais atenção e as coisas mais leves no final para fornecer os números. Um modelo hipotético desse tipo de raciocínio pode acontecer da seguinte maneira: você sabia que treze milhões de esposas norte-americanas foram vítimas de assassinato, tortura, desmoralização ou desconforto nas mãos de maridos canhotos? Assassinar ou torturar suas esposas pode ser tão raro entre os maridos canhotos quanto entre os destros, mas

---

[183] "Media Eat Up Hunger Study", *Media Watch*, abr/1991, p. 1.
[184] *Ibid.*

se o casamento entre os canhotos não é feito de felicidade pura e sem defeitos, então, suas esposas devem ter passado algum tipo de desconforto pelos mal-entendidos comuns do casamento. O número pode ser ainda maior do que treze milhões. Dessarte, pode-se demonizar uma categoria inteira de homens com estatísticas que mostrem catástrofes em suas definições. Enquanto esse exemplo particular é hipotético, o padrão é real. Seja com assédio sexual, abuso de crianças, ou inúmeros outros males sociais, os ativistas são capazes de gerar estatísticas alarmantes pelo simples processo de listar horrores que captam a atenção no início de uma lista de fenômenos e, no final dela, listando as coisas insignificantes que de fato fazem o volume de suas estatísticas. Uma enquete de Louis Harris, por exemplo, mostrou que 37% das mulheres casadas são "abusadas emocionalmente" e que quatro milhões são "abusadas fisicamente". Os dois casos incluem assuntos muito sérios — mas também incluem no quesito "abuso emocional" um marido sair irritado do cômodo e dentro de "abuso físico" o ato de segurar a sua esposa[185]. Ainda assim, essas estatísticas fornecem uma base para que pessoas como a colunista do *The New York Times*, Anna Quindlen, possam falar sobre o "risco das esposas de serem espancadas até tirar sangue" pelos seus maridos[186]. Estudos de violência verdadeiramente séria encontram números menores do que 1/10 daqueles empurrados pela mídia, na política e entre feministas radicais na academia[187].

Algumas vezes as definições são razoáveis o suficiente por si sós, mas as agregações, sempre em mudança, de indivíduos que se enquadram em categorias definidas distorcem as conclusões trazidas pelas estatísticas. Por exemplo, sempre alterando a agregação de indivíduos que constituem os "ricos" e os "pobres" — e em todas as faixas de renda entre os dois — nos traz sérias dúvidas sobre o conceito inteiro de "classes", da forma que é utilizado na academia e na mídia. Observadores externos podem, é claro, classificar qualquer pessoa da maneira que escolherem, criando assim uma "classe", mas se sua análise finge ter alguma relevância ao funcionamento do mundo real, logo, aquelas "classes" devem ter alguma semelhança com as pessoas de carne e osso na sociedade.

---

[185] SOMMERS, Christina Hoff. *Who Stole Feminism: How Women Have Betrayed Women*. Nova York: Simon & Schuster, 1994, p. 196.
[186] Anna Quindlen, "Game Time", *New York Times*, 25/jun/1994, p. A15.
[187] SOMMERS, Christina Hoff. *Who Stole Feminism: How Women Have Betrayed Women*, p. 189-92.

Qual seria o sentido de classificar como deficiente um homem porque ele está em uma cadeira de rodas hoje, se espera-se que ele vá andar daqui um mês e competir em corridas antes do ano acabar? Ainda assim, os norte-americanos recebem os rótulos das "classes" com base em sua posição, sempre em mudança, nas faixas de renda. Se a maior parte dos norte-americanos não fica na mesma faixa de renda sequer por uma década, suas repetidas mudanças de "classe" tornam as classes em si um conceito nebuloso. Mesmo assim, a *intelligentsia* está acostumada, se não viciada, em ver o mundo através de classes, assim como constantemente falam das ações deliberadas de uma "sociedade" personificada quando tentam explicar os resultados de interações sistêmicas entre milhões de indivíduos.

Algumas pessoas de fato permanecem em uma faixa particular de renda e em um meio social específico, assim como algumas pessoas permanecem em cadeiras de rodas por toda a vida. Entretanto, estatísticas generalizadas que contam os permanentes e os efêmeros como o mesmo — como assim fazem muitas estatísticas sociais, dado o elevado custo de estudar indivíduos específicos em determinado período — têm grande potencial para levar ao engano. Além disso, aqueles sempre em busca de estatísticas "*Aha!*" muitas vezes se apossam desses números duvidosos quando tais estatísticas parecem confirmar a visão dos ungidos.

O simples fato de que todos estão sempre envelhecendo significa que as muitas estatísticas necessariamente refletem uma agregação de pessoas em constante mudança. Isso é especialmente verdade nas estatísticas de "distribuição de renda" e "concentração" de riqueza. Jovens adultos geralmente ganham menos do que pessoas de meia-idade. É difícil considerar esse um fato surpreendente, muito menos, assustador. Mesmo assim, essa simples realidade é frequentemente ignorada por aqueles que automaticamente tratam as estatísticas das diferenças de renda e riqueza como diferenças entre classes, ao invés das diferenças entre faixas de renda. Contudo, há muito que é comum o padrão de que jovens indivíduos têm uma renda média menor e que as pessoas atingem o auge de sua renda após seus 40 anos ou 50 anos de idade. Em 1991, por exemplo, as pessoas entre 45 anos e 54 anos ganharam 47% mais do que aqueles entre 25 anos e 34 anos. A única faixa etária em que 1/5 ou mais pessoas ganharam, de forma consistente, o dobro da renda média nacional de 1964, 1969, 1974, 1979, 1984 e 1989 foram aqueles de 45 a 54 anos de idade. Em 1989, 28% das pessoas nesta faixa etária tiveram renda superior ao dobro da média nacional, comparado a apenas 13% das pessoas com idade entre 25 e 44 anos[188]. Ao se olhar por outro ângulo, pouco mais de 60% das pessoas entre os 5% com maior renda em 1992 tinham 45 anos de idade ou mais[189]. Esse é um fenômeno etário que os ungidos insistem em falar a respeito como se fosse um fenômeno de classes.

No tópico de riqueza acumulada, a disparidade é ainda maior — nada surpreendente, de novo, já que pessoas mais velhas vêm acumulando por mais tempo. Em 1988, o patrimônio líquido dos lares liderados por alguém entre 55 e 64 anos teve uma média dez vezes maior à daqueles liderados por alguém abaixo de 35 anos[190]. Apesar da enorme influência da idade na renda e riqueza, disparidades estatísticas muitas vezes são igualadas a desigualdades morais quando se discute diferenças econômicas. Entretanto, o fato de que um filho em seus 20 anos de idade ganha menos que seu pai, que tem mais de 40 anos, não chega perto de ser uma "desigualdade" a ser "corrigida" pelos ungidos — especialmente, porque é provável que o filho ganhe tanto quanto o pai quando chegar aos 40 anos, dado o aumento geral de renda ao longo do tempo na economia norte-americana. Apenas ignorando os fatores etários que as estatísticas de renda e riqueza podem ser automaticamente interpretadas como diferenças entre as classes.

Também se ignora, na maioria das discussões sobre estatísticas de renda de *famílias* ou *lares* — ambos favoritos daqueles que afirmam vastas desigualdades — o simples fato de que famílias com as maiores rendas têm mais pessoas do que aquelas com menores rendas. Lares com renda de US$ 75 mil dólares, ou mais, têm mais 50% das pessoas que há nos lares que ganham menos de US$ 15 mil dólares[191]. De fato, esta é uma das razões deles estarem em diferentes faixas de renda, já que são pessoas que geram renda e, consequentemente, mais salários geralmente significam uma renda maior.

---

[188] U.S. Bureau of the Census, *Current Population Reports*, Série P-60, n° 177. Washington, D.C.: U.S. Government Printing Office, 1991, p. 19.
[189] U.S. Bureau of the Census, *Current Population Reports*, Série P-60, n° 184. Washington, D.C.: U.S. Government Printing Office, 1993, p. 7.
[190] U.S. Bureau of the Census, *Current Population Reports*, Série P-60, n° 179. Washington, D.C.: U.S. Government Printing Office, 19912, p. 27.
[191] U.S. Bureau of the Census, *Current Population Reports*, Série P-60, n° 184. Washington, D.C.: U.S. Government Printing Office, 1993, p. 5.

Há mais do que o dobro de assalariados em lares com renda de US$ 75 mil dólares, ou mais, do que comparado com os lares em que ganham menos de US$ 15 mil dólares[192]. As pessoas em famílias nos 20% com maior renda compõem 29% de todas as pessoas que trabalham cinquenta semanas por ano, ou mais, enquanto as famílias nos 20% com menor renda têm apenas 7% de tais trabalhadores[193].

Um declínio no tamanho de famílias e lares ao longo do tempo[194] significa que tendências intertemporais em rendas familiares podem ser enganosas, assim como comparações entre grupos, já que o tamanho de famílias em um lar difere de um grupo a outro, assim como ao longo do tempo[195]. Apesar da renda média dos norte-americanos não ser muito maior em 1992 do que em 1969[196], a renda *por pessoa* aumentou de US$ 3.007 dólares em 1969 para US$ 15.033 dólares em 1992 — um crescimento de renda de mais de cinco vezes, enquanto o índice de preço aumentou menos de quatro vezes[197], indicando um aumento, por volta, de 40% em renda real *per capita*. O fato de que mais indivíduos podiam pagar suas próprias moradias em 1992 do que em 1969 era um sinal de aumento de prosperidade, não estagnação.

Para os negros, cujos lares e famílias tiveram uma rápida diminuição no tamanho, as comparações de renda familiar ou de lar são particularmente enganosas, seja ao comparar seus próprios progressos ao longo do tempo, ou suas rendas relativas às dos brancos. Por exemplo, a renda real, por lar, de negros aumentou apenas 7% de 1967 a 1988, mas a renda por pessoa aumentou 81% ao longo do mesmo período. Levando em consideração um lar, a renda média dos negros foi menor do que a dos brancos mais

---

[192] *Ibid.*
[193] *Ibid.*, p. 49.
[194] U.S. Bureau of the Census, *Current Population Reports*, Série P-60, nº 181. Washington, D.C.: U.S. Government Printing Office, 1992, p. 14; U.S. Bureau of the Census, *Current Population Reports*, Série P-20, nº 477. Washington, D.C.: U.S. Government Printing Office, 1993, p. A-1.
[195] U.S. Bureau of the Census, *Current Population Reports*, Série P-60, nº 181. Washington, D.C.: U.S. Government Printing Office, 1992, p. 14; U.S. Bureau of the Census, *Current Population Reports*, Série P-20, nº 477. Washington, D.C.: U.S. Government Printing Office, 1993, p. A-1.
[196] *Ibid.*, p. xvi, B-2, U.S. Bureau of the Census, *Current Population Reports*, Série P-60, nº 167. Washington, D.C.: U.S. Government Printing Office, 1992, p. 68.
[197] Compare U.S. Bureau of the Census, *Current Population Reports*, Série P-60, nº 167. Washington, D.C.: U.S. Government Printing Office, 1992, p. 9, 68.

ao final do período do que no início, mas, analisando por indivíduo, os negros estavam ganhando percentualmente muito mais do que os brancos em 1988[198].

Desnecessário dizer, os ungidos preferem citar as estatísticas de família ou lares, alegando "estagnação econômica", o "desaparecimento da classe média" e outras catástrofes retóricas variadas. "Para todos, menos o 20% do topo", disse um editorial do *The New York Times*, "a renda está estagnada". Além do mais, esse fato alegado foi "amplamente confirmado" por "políticos, economistas e sociólogos". O fato de que tantas pessoas repetiram o mesmo refrão — sem se importar em checar os dados do censo disponíveis que diziam o contrário —diz mais sobre eles do que sobre renda. Inclusive, nem todo uso de dados de renda familiar pode ser atribuído à inocência estatística. O colunista do *The New York Times*, Tom Wicker, sabia como usar estatística de renda *per capita* quando ele desejou mostrar o sucesso da administração Johnson e estatísticas de renda familiar quando quis mostrar o fracasso das administrações Reagan e Bush[199].

Quanto aos 20% no topo, com frequência chamados de "os ricos", aqueles usando estatísticas de "distribuição de renda" raramente dizem quanto dinheiro de verdade está envolvido quando falam sobre os "ricos", seja em termos de renda ou riqueza. Na renda, pouco mais de US$ 58 mil dólares por ano foi o suficiente para colocar uma família nos 20% do topo em 1992 e pouco menos de US$ 100 mil dólares foi o suficiente para entrar nos 5% do topo[200]. Já que um lar pode conter um indivíduo ou uma família grande, até mesmo o segundo número pode refletir múltiplos salários de pessoas modestamente prósperas. Foge-se um pouco da linha quando os comentaristas na mídia com renda na casa dos seis ou sete dígitos se referem aos lares nos 20% do topo, que ganham US$ 58 mil dólares por ano, como "os ricos".

Estatísticas sobre riqueza mostram somas igualmente modestas entre os 20% do topo. Em 1988, um patrimônio líquido de US$ 112 mil dólares era o suficiente para colocar um indivíduo nos 20% do topo dos detentores de riqueza. Isso não se refere a US$ 112 mil dólares na conta, mas o montante da

---

[198] Louis Uchitelle, "Trapped in the Impoverished Middle Class. *New York Times*, 17/nov/1991, p. F1. Veja um refrão semelhante em Tom Wicker, "Let 'Em Eat Swiss Cheese", *New York Times*, 2/set/1968, p. A27.
[199] Compare Tom Wicker, "LBJ's Great Society", *New York Times*, 7/mai/1990, p. A15; Tom Wicker, "Let 'Em Eat Cheese", *New York Times*, 2/set/1988, p. A27.
[200] U.S. Bureau of the Census, *Current Population Reports*, Série P-60, n° 184, p. 7.

soma total de itens de valor, tais como o carro e a casa, além do dinheiro no banco. O valor da residência de um indivíduo é, de fato, o maior item no patrimônio, constituindo 43% nacionalmente. Mesmo se contarmos apenas o 5% de indivíduos no topo como "ricos", uma pessoa estatisticamente "rica" com uma renda de US$ 100 mil dólares, dois filhos na faculdade e uma hipoteca para pagar, com o governo federal e estadual tomando quase metade de sua renda, talvez tenha dificuldade em se manter financeiramente. E se ele perder seu emprego, pode significar desastre. É claro que existem pessoas genuinamente ricas, assim como existem pessoas genuinamente pobres — mas elas têm pouca semelhança com as categorias estatísticas às quais seus nomes fazem referência.

Aqueles que usam estatísticas existentes para defender políticas governamentais criadas para produzir maior igualdade de renda e riqueza, raramente param para considerar quanta "desigualdade" *estatística* existiria mesmo em um mundo 100% igualitário. Ainda que todos os seres humanos em toda a sociedade tivessem rendas absolutamente idênticas em uma certa idade, as disparidades estatísticas ("desigualdades") em renda e riqueza continuariam imensas.

Usando um simples exemplo hipotético; imagine que cada indivíduo com 20 anos comece sua carreira profissional com uma renda anual de US$ 10 mil dólares e — por uma maior simplicidade na aritmética — permanece nessa faixa até chegar à idade de 30 anos, quando ele recebe um aumento de US$ 10 mil dólares, e que tal aumento se repete a cada década até ele fazer 60 anos, com sua renda revertendo para zero quando ele se aposentar aos 70 anos. Para manter uma igualdade perfeita em cada idade, vamos assumir que todos esses indivíduos seguem os mesmos padrões de economia. Cada um deles tem as mesmas noções sobre quais são suas necessidades básicas para "subsistência" (nesse caso, US$ 5 mil dólares) e que eles economizarão 10% de tudo que ganharem acima disso, usando o resto para melhorar seu padrão de vida atual, conforme sua renda cresce com o tempo. Que tipo de estatísticas de renda e riqueza iriam emergir dessa situação de *igualdade perfeita* em renda, riqueza e hábitos de economia? Olhando a sociedade como um todo, deveria haver uma extraordinária quantidade de desigualdade estatística, conforme demonstrado na tabela a seguir:

CAPÍTULO III | SEGUINDO OS NÚMEROS

IDADE	RENDA ANUAL	"SUBSISTÊNCIA"	ECONOMIA ANUAL	ECONOMIA DE VIDA
20	US$ 10.000	US$ 5.000	US$ 500	0
30	20.000	5.000	1.500	US$ 5.000
40	30.000	5.000	2.500	20.000
50	40.000	5.000	3.500	45.000
60	50.000	5.000	4.500	80.000
70	0	5.000	0	125.000

Observação: economias são contadas no dia em que cada indivíduo chega à idade mostrada na coluna Idade. Desta forma, a pessoa que acabou de fazer 20 anos e entra no mercado de trabalho não possui economias, mesmo que a frequência com que economiza parte de sua renda seja de US$ 500 dólares por ano. Por outro lado, a pessoa que acabou de fazer 70 anos e se aposenta terá US$ 125 mil dólares em economias acumuladas de ganhos anteriores, mesmo que sua renda atual seja zero.

Note as disparidades estatísticas ("desigualdades") existentes, mesmo em um mundo hipotético de igualdade perfeita durante toda a vida. Em um momento específico — que é como a maior parte dos dados estatísticos são coletados — os 17% no topo daqueles que possuem renda têm uma renda cinco vezes maior do que os 17% com menor renda e os 17% do topo daqueles com economias tem vinte e cinco vezes mais dinheiro guardado do que os 17% em menos economias, mesmo sem contar aqueles que têm zero em cada categoria. Se esses dados fossem agregados e examinados nos termos de "classe", descobriríamos que 17% das pessoas possuem 45% de todas as economias acumuladas em toda a sociedade. Obviamente, há ampla matéria-prima aqui para alvoroço, indignação moral e a disseminação de "soluções" pelos ungidos[201].

No mundo real também, mesmo sem viés ideológico ou manipulação, a estatística pode facilmente levar ao engano. Por exemplo, dados do censo de 1990 mostraram que Stanford, Califórnia, teve uma das maiores taxas de po-

---

[201] Essas disparidades estatísticas seriam ainda maiores se levássemos em consideração o fato de que as pessoas morrem, de modo que todas essas faixas etárias não seriam do mesmo tamanho, mesmo com uma taxa de natalidade constante. Se as pessoas morrerem antes de atingirem seus picos de rendimentos, isso tenderá a aumentar as desigualdadesde renda e riqueza. A herança também tenderia a aumentar as desigualdades, se os idosos deixassem grande parte de sua riqueza para seus cônjuges na mesma faixa etária, com seus filhos recebendo a herança de ambos os pais quando esses filhos estiverem entrando em seus próprios anos de pico de aprendizagem.

breza entre mais de cem comunidades na grande região conhecida como a área de San Francisco Bay. Apesar de a comunidade de Stanford coincidir com o *campus* da Universidade de Stanford, onde muitos membros da faculdade moram, ela teve uma taxa de pobreza maior do que East Palo Alto, uma comunidade predominantemente composta de minorias de baixa renda não muito longe dali[202]. Stanford é a segunda universidade mais rica do país, seus membros estão entre os mais bem pagos e seus principais administradores têm salários de seis dígitos. Como pode Stanford ter mais pobreza do que uma comunidade de guetos com condições precárias?

A resposta é que o número de alunos excede o número de professores por uma vasta margem — e apesar de que estudantes em cursos de graduação e morando em dormitórios não são contados pelo censo, mas estudantes fazendo pós-graduação e morando em seus próprios apartamentos são sim contados.

Por volta de metade dos alunos de Stanford são alunos dos cursos de pós-graduação e muitos deles são casados e têm filhos. As rendas em dinheiro de suas bolsas de estudo muitas vezes estão abaixo da faixa oficial de pobreza para uma família. Não só seu período de "pobreza" como alunos de pós-graduação terminará em alguns anos, levando-os a ocupações profissionais, com salários de nível profissional, mesmo durante este período de "pobreza" eles têm mais chances de estarem muito melhor de vida do que os residentes em East Palo Alto. Alunos de pós-graduação de Stanford moram em habitações de aluguel subsidiado, localizados a uma curta distância de seu trabalho e suas atividades de lazer — muitas destas oferecidas gratuitamente ou a um preço subsidiado. Pessoas em East Palo Alto devem pagar os custos de transporte para irem trabalhar, eventos esportivos ou outras atividades de lazer e pagarem tudo que o mercado cobra, do aluguel aos jornais. Em Stanford, três jornais do *campus* estão disponíveis gratuitamente, assim como quadras de tênis, piscinas e ônibus. Filmes, palestras, jogos de futebol americano e os melhores hospitais estão disponíveis com preços abaixo do mercado. De nenhuma maneira faz sentido haver mais pobreza em Stanford do que em East Palo Alto. Contudo, estatisticamente, há. Isso não é um produto de enganação, mas as armadilhas inerentes à estatística, pioradas pelas atitudes de aceitação ingênua de números como representações de realidades humanas.

---

[202] John Flinn, "Census Shows Stanford Among Area's Poorest". *San Francisco Examiner*, 21/jun/1992, p. B3.

CORRELAÇÃO *VERSUS* CAUSALIDADE

Uma das primeiras coisas ensinadas nos livros de introdução à estatística é que correlação não é causalidade. É também uma das primeiras coisas esquecidas. Se há considerável correlação entre A e B, isso pode significar que:

1. A causa B;
2. B causa A;
3. Tanto A e B são resultados de C, ou outra combinação de fatores;
4. É uma coincidência.

Aqueles com a visão dos ungidos quase sistematicamente escolhem um dos dois primeiros padrões de causalidade, a direção particular da causalidade depende de qual é mais consistente com essa visão — não qual é mais consistente com os fatos empíricos. Como parte daquela visão, explicações que isentam o indivíduo de responsabilidade pessoal por circunstâncias infelizes em sua vida são favorecidas de forma consistente ao invés de explicações nas quais as próprias ações do indivíduo são um ingrediente principal em resultados lamentáveis. Dessarte, ao fazer a correlação entre a falta de cuidados pré-natais e as altas taxas de mortalidade infantil, a mídia culpou a sociedade pelo fracasso em oferecer cuidados pré-natais suficientes para mulheres pobres[203], em vez de culpar os fracassos daquelas mulheres de se comportar de forma responsável — seja buscando cuidado pré-natal, evitando drogas e álcool durante a gravidez, ou muitas outras evidências de falta de responsabilidade dos pais. O fato de que não há correlação entre a falta de cuidados pré-natais e altas taxas de mortalidade infantil em grupos que tradicionalmente cuidam mais de seus filhos é simplesmente ignorado.

Um estudo, que realizou comparações em uma comunidade negra em Washington, descobriu que havia de fato uma correlação entre cuidados pré-natais e o peso menor entre recém-nascidos — no entanto, as mães que não buscaram cuidados pré-natais, também eram fumantes em uma proporção

---

[203] "More Babies Are Dying", *New York Times*, 9/ago/1990, p. A22; "Infants Death", *Washington Post*, 13/mar/1990, p. A24.

duas vezes maior do que as outras e bebiam álcool seis vezes mais[204]. Em outras palavras, as mesmas atitudes e comportamentos que colocam em perigo o bem-estar das crianças de uma maneira, também os colocavam em risco de outras maneiras. Não buscar cuidados pré-natais era um sintoma, não a causa. Utilizando nosso esquema acima, C causou tanto A quanto B. Entretanto, como esse estudo vai completamente contra a visão dos ungidos, ele foi quase que completamente ignorado pela mídia nacional.

    De forma similar, o fato de que crime e pobreza estão correlacionados é automaticamente interpretado que pobreza causa crime, não que atitudes ou comportamentos similares podem contribuir tanto para a pobreza quanto para o crime. Por muito tempo se presumiu de forma automática entre reformistas que as favelas eram um "berçário do crime". Em outras palavras, a correlação entre moradia de baixa qualidade e alto índice de criminalidade era interpretado como que o primeiro tenha causado o segundo — não que ambos refletiam padrões de comportamento e atitude similares. Contudo, a visão dos ungidos sobreviveu mesmo depois que massivos programas de habitação oferecidos pelo governo fizeram com que esses conjuntos habitacionais novinhos rapidamente se corrompessem e virassem novas favelas e centros de crime crescente. De forma similar, enorme aumento nos gastos do governo com crianças nos anos 1960 foi acompanhado de notas baixas em exames, o dobro de suicídio de adolescentes e taxas de homicídio e o dobro da proporção de mães solteiras[205]. Mesmo assim, durante os anos 1980, tais patologias sociais eram atribuídas a cortes em programas sociais sob a nova administração Reagan[206] — a "negligência", como disse Marian Wright Edelman, do Children's Defense Fund[207]. O fato de que os mesmos tipos de deterioração estavam acontecendo por uma década (os anos 1960), quando o gasto do governo em programas para crianças estava rapidamente se intensificando, como também durante uma década (os anos 1980) quando não houve aumento, simplesmente não importou para aque-

---

[204] Nicholas Eberstadt, "Parents and the District's Endangered Children". *Washington Times*, 23/fev/1994, p. A19.
[205] Victor R. Fuchs e Diane M. Reklis, "America's Children: Economic Perspectives and Policy Options", *Science*, Vol. 255, 3/jan/1992, p. 45.
[206] Calvin Tomkins, "A Sense of Urgency", *New Yorker*, 27/mar/1989, p. 74.
[207] Marian Wright Edelman, "The Status of Children and Our National Future", *Stanford Law and Policy Review*, primavera de 1989, p. 26.

les cujo "investimento" em programas sociais eram tidos de forma axiomática, como se fossem a resposta mágica.

No geral, quando uma correlação vai diretamente contra a visão dos ungidos — número de revoltas drasticamente inferior durante administrações que eram opostas à abordagem da "guerra à pobreza" —, ela é simplesmente ignorada por aqueles que buscam a estatística *"Aha!"*. O constante crescimento do índice de doenças venéreas também é ignorado de forma similar, muitos anos depois, quando a "educação sexual" se tornou inserida demais para se culpar a ignorância, com exceção daqueles que têm a visão dos ungidos axiomática, ao invés de uma hipótese.

Enquanto *Capítulo 2* mostrou inúmeros exemplos de políticas dos ungidos sendo seguidas por condições drasticamente piores, não é necessário alegar aqui que as estatísticas provam que essas várias políticas — a "guerra à pobreza", educação sexual, mudanças nos procedimentos criminalistas — causaram os desastres que se seguiram. Seria suficiente demonstrar que os benefícios prometidos nunca se materializaram. Um histórico consistente de fracasso só é realçado pelo fato adicional de que as coisas pioraram. De maneira concebível, outros fatores podem estar por trás destes desastres. Entretanto, utilizar repetidamente afirmações infundadas de que outros fatores foram responsáveis, gera a dúvida se estes outros fatores não se tornaram outro *deus ex machina* [solução mirabolante], vindo do desespero para resgatar as previsões que começaram com tanta certeza e tamanho desdém por qualquer visão alternativa. Além do mais, aqueles com visões alternativas com frequência previram os desastres que se materializaram.

DIFERENÇAS "RACIAIS"

Como já foi observado em vários exemplos, muitas diferenças entre raças são frequentemente atribuídas de forma automática à raça ou ao racismo. No passado, aqueles que acreditavam na inferioridade genética de algumas raças eram propensos a ver resultados diferentes como evidência de um dom e habilidades naturais diferentes. Hoje, o *non sequitur*[208] mais comum é o

---
[208] Ver nota 159.

de que tais diferenças refletem percepções preconceituosas e tratamento discriminatório. Uma terceira possibilidade — a de que há proporções diferentes de pessoas com certas atitudes e atributos em grupos diferentes — recebeu atenção muito menor, apesar de ser consistente com uma considerável quantidade de dados de países por todo o mundo. Uma destas diferenças, a mais óbvia, é a de que existem proporções diferentes de cada grupo em diferentes faixas etárias. Além do mais, diferenças de renda entre as faixas etárias se comparam a diferenças de renda entre as raças. É claro que isso não significa que a diferença em idade explica tudo, mas também sugere porque pressupor, automaticamente, que o racismo explique disparidades raciais não pode ser algo aceito sem críticas.

Diferentes grupos raciais e étnicos variam não só nas proporções em que se enquadram em qual faixa etária, mas variam também nas proporções em que entram em várias outras condições sociais e conjugais — e estes, por sua vez, também geram profundos efeitos em tudo, da renda à mortalidade infantil ou a opiniões políticas. Em 1969, homens negros, que vieram de casas em que se liam jornais e revistas e havia cartões de membro de bibliotecas, tinham a mesma renda que brancos oriundos de casas similares e com o mesmo tempo de anos de educação[209]. Nos anos 1970, famílias com marido e mulher negros, fora do Sul norte-americano, ganhavam tanto quando famílias com marido e mulher brancos também fora do Sul[210]. Em 1981, no país inteiro, famílias com marido e mulher negros, ambos com graduação e trabalhando, ganhavam um pouco *mais* do que famílias brancas com as mesmas características[211].

Com diferentes proporções de população branca e negra vivendo em família e diferentes proporções vindas de lares onde se lia bastante, a igualdade econômica dentro de tais subconjuntos não teve uma diferença significativa nas disparidades raciais de renda em geral. Entretanto, tais fatos trazem a questão do quanto dessa disparidade de renda é devida a discriminação ou racismo vindos do empregador.

---

[209] FREEMAN, Richard B. *Black Elite*. Nova York: McGraw-Hill, 1976, *capítulo 4*.
[210] U.S. Bureau of the Census, *Current Population Reports*, Série P-23, nº 80. Washington, D.C.: U.S. Government Printing Office, s./d., p. 44.
[211] U.S. Bureau of the Census, *Current Population Reports*, Série P-20, nº 366. Washington, D.C.: U.S. Government Printing Office, 1981, p. 182, 184.

CAPÍTULO III | SEGUINDO OS NÚMEROS

Para um racista, o fato de que um negro em particular venha de uma família com marido e mulher, ou tenha cadastro na biblioteca, não faz qualquer diferença, mesmo se o racista tentar descobrir essas coisas. A igualdade de renda dentro destas subcategorias de negros sugere que o racismo é um fator menor nas diferenças gerais do que se supunha — e que valores culturais e diferenças comportamentais são mais importantes.

Outros estudos reforçam a conclusão de que proporções variadas de pessoas, com valores particulares e comportamento de um grupo em outro, trazem diferenças significativas em resultados econômicos e sociais. Apesar da taxa de pobreza entre os negros ser, no geral, maior do que a dos brancos, no geral, as taxas de pobreza entre famílias lideradas por casais negros têm sido, de forma consistente, menores do que as famílias brancas lideradas por mulheres — estas últimas vivem em pobreza numa proporção duas vezes maior do que as famílias de negros lideradas por casais[212]. Quanto à mortalidade infantil ocorre o mesmo; apesar dos negros, no geral, terem duas vezes a taxa de mortalidade infantil dos brancos, no geral, mulheres negras casadas com apenas a educação escolar têm taxas de mortalidade infantil menores do que mães brancas solteiras com ensino superior[213]. Resumindo, a raça faz menos diferença do que se os pais são casados ou não. As Murphy Browns da vida real estão em situação econômica pior do que se fossem mulheres negras casadas e com menos educação, e seus filhos têm uma chance maior de morrer na infância.

Mesmo se tratando de atitudes quanto a questões políticas, diferenças familiares são maiores do que diferenças raciais, de acordo com uma pesquisa de 1992. Casais negros casados com filhos eram mais contrários ao casamento entre homossexuais e à legalização da maconha do que casados brancos[214]. Após inspeção meticulosa, muitas das diferenças "raciais" baseadas em dados estatísticos brutos demonstram-se diferenças entre pessoas com valores e estilos de vida diferentes, que têm proporções diferentes de população racial. Quando os valores e estilos de vida são similares, os resultados sociais e econô-

---

[212] U.S. Bureau of the Census, *Current Population Reports*, Série P-23, n° 181. Washington, D.C.: U.S. Government Printing Office, 1992, p. 32.
[213] Nicholas Eberstadt, "America's Infant Mortality Puzzle", *The Public Interest*, Fall 1991, p. 38.
[214] "Reader's Digest Poll Reveals Family Gap – Powerful Hidden Force in Presidential Politics", release para imprensa, *Reader's Digest*, 10/jun/1991, p. 2-3. Fred Barnes, "The Family Gap", *Reader's Digest*, jul/1991, p. 52.

micos tendem a ser similares. Contudo, admitir isto implicaria em destruir toda uma estrutura de pressuposições por trás de programas sociais massivos — e destruiria com ele toda uma visão social prevalente entre elites políticas e intelectuais. Tais inspeções meticulosas recebem pouca atenção na mídia, na política ou na academia, locais em que os dados estatísticos brutos continuam a ser citados como apoio à visão dos ungidos.

O "DESAPARECIMENTO" DAS FAMÍLIAS TRADICIONAIS

Entre os muitos "fatos" não examinados repetidos por toda a mídia está o de que (1) "metade de todos os casamentos terminam em divórcio" e (2) a família tradicional com dois pais criando seus filhos agora é a exceção, ao invés da regra. Ambos os "fatos" são errados e refletem a ignorância da estatística, em conjunto com uma aceitação inocente das ideias que estão em consonância com a visão dos ungidos.

Tendências de Casamento

O jornalista do *The Washington Post*, Haynes Johnson (1931-2013), a governadora do Texas, Ann Richards (1933-2006) e a autora feminista Barbara Ehrenreich são apenas alguns dos muitos a repetir a afirmação de que metade de todos os casamentos terminam em divórcio[215]. Em determinado ano, o número de divórcios pode mesmo ser metade do número de casamentos daquele ano, mas não é uma comparação razoável. Os casamentos contados são apenas aqueles que acontecem no ano examinado, enquanto os divórcios daquele ano são de casamentos que aconteceram durante um período de décadas. Dizer que metade de todos os casamentos terminam em divórcio, baseando-se nestas estatísticas, seria como dizer que metade da população morreu ano passado, se o número de mortes fosse metade do número de nascimentos. Assim como a maioria das pessoas não nasceu, nem morreu, no ano passado, a maior parte dos casamentos não começou ou terminou no ano

---

[215] Ann W. Richards, "Girls, Pull Your Freight", *New York Times*, 25/jun/1994, p. A15.

CAPÍTULO III | SEGUINDO OS NÚMEROS

passado. Mesmo assim, ao se basearem em tais dados estatísticos brutos, os ungidos não só trazem um ar de superioridade, como exigem o direito de alterar políticas públicas.

De acordo com dados do censo de 1992, 11% de todos os adultos que já foram casados estavam atualmente divorciados. Se 50% é um exagero dos números de divórcio, esses 11% não incluem pessoas que se divorciaram, mas que se casaram novamente, ou aqueles que nunca se casaram. Entretanto, essas estatísticas do censo são relevantes à afirmação de que casamentos tradicionais estão desaparecendo, já que um segundo casamento ainda é um casamento. O número de casais casados supera o número de casais não casados numa proporção de cinquenta e quatro milhões para três milhões[216]. A maior parte das pessoas que nunca se casou tinha menos de 25 anos. Estatísticas de casamento, que contam todos acima da idade de 15 anos, obviamente incluem muitas pessoas que ninguém esperaria estar casado. No entanto, até que cheguem à meia-idade, a grande maioria já terá sido casada. Na faixa etária dos 45 aos 54 anos de idade, por exemplo, a quantidade de pessoas que foram casadas e atualmente moram com seu cônjuge superou aqueles que nunca se casaram numa proporção de quinze a um[217]. Isso nem sequer leva em consideração aquelas pessoas que se casaram, mas agora estão separadas, viúvas ou divorciadas. Casamentos tradicionais se tornaram um anacronismo apenas na visão dos ungidos. As pessoas estão se casando mais tardiamente — por volta de cinco anos de diferença, se comparado com 1890[218]—, mas eles ainda estão se casando.

Dentro dessas tendências gerais há diferenças substanciais entre grupos raciais que não devem ser ignoradas. Entretanto, o que também não deve ser ignorado é o quão relativamente recentes são essas diferenças raciais. Em todo censo decenal, de 1920 a 1960, nestes incluídos, pelo menos, 60% de todos os homens negros de 15 anos, ou mais, estavam casados. Além disso, a diferença entre homens negros e brancos, neste quesito, nunca foi maior que 5% durante todo esse período. Ainda assim, em 1980, menos da metade de todos os homens negros nessa faixa etária estavam casados — e essa lacuna

---

[216] U.S. Bureau of the Census, "Marital Status and Living Arrangements", Current Popularion Reports, Série P-20, nº 468, Washington, D.C.: U.S. Government Printing Office, 1992, p. vii.
[217] *Ibid.*, p. xvi.
[218] *Ibid.*, p. 1.

entre os homens negros e brancos era de 17%[219]. Em 1992, a lacuna aumentou para 21%[220]. Como outras tendências sociais negativas — no crime, dependência de auxílio, doenças venéreas e notas em exames escolares, por exemplo — essa tendência representa uma inversão de uma tendência positiva anterior. Do censo de 1890 até o censo de 1950, houve um aumento na proporção de homens e mulheres casados, tanto entre negros quanto brancos[221].

Famílias do tipo "Ozzie e Harriet"

Um membro do Institute for Human Development, na Universidade da Califórnia, em Berkeley, expressou uma visão difundida entre a *intelligentsia* quando ela disse:

> Depois de três décadas de agitação social, as características de uma nova família estão começando a aparecer. Tem mais diversidade, é mais frágil, mais fluida do que no passado[222].

Isso foi tido como a representação da "morte da família do tipo Ozzie e Harriet"[223][224].

Enquanto a proporção de filhos morando com ambos os pais vem caindo ao longo das décadas, ainda assim, uma estatística de uma pesquisa do censo de 1992 mostrou que mais de dois-terços — aliás, 71% — de todas as pessoas com menos de 18 anos ainda estavam morando com os pais. Menos de 1% moravam com pessoas que não eram parentes. Em certos segmentos da população, especialmente em guetos urbanos, a situação era drasticamente

---

[219] *Ibid.*, p. xii.
[220] WALKER, Henry A. "Black-White Differences in Marriage and Family Patterns", *Feminism, Children and New Families*. Sanford M. Dornbusch e Myra H. Strober (eds.). Nova York: Guilford Press, 1988, p. 92.
[221] U.S. Bureau of the Census, "Marital Status and Living Arrangements: March 1992". Current Population Report, Série P-20, n° 468, p. 1-2,
[222] *Ibid.*, p. 93.
[223] *The Adventures of Ozzie and Harriet* foi um *sitcom* norte-americano [série de comédia com enfoque no cotidiano real dos indivíduos] que dramatizava o dia a dia da família Nelson. A série foi exibida pela ABC em meados da década de 1950, rede na qual obteve relativo sucesso nacional. (N. E.)
[224] Arlene Skolnick, "The American Family", *Focus on Children: The Beat of the Future*, Relatório de mídia de 1992 na Columbia University Graduate School of Journalism (sem editora, sem data), p. 60.

CAPÍTULO III | SEGUINDO OS NÚMEROS

diferente. Em toda a nação, uma maioria — 54% — de todas as crianças negras estava morando apenas com suas mães em 1992. Entretanto, isso não era um "legado da escravidão" como alguns alegaram. Em 1970, a maioria das crianças negras ainda vivia com ambos os pais[225]. O declínio acentuado em casamentos entre os homens negros nas décadas recentes obviamente teve seu impacto em crianças negras sendo criadas sem um pai.

Se a maioria das crianças norte-americanas ainda está morando com ambos os pais, como pode ser que a família tradicional, ou Ozzie e Harriet, esteja "desaparecendo"? Como muitos equívocos estatísticos, este aqui depende da confusão de uma imagem instantânea com um processo em andamento. Como os seres humanos passam por um ciclo de vida, a maior parte das famílias tradicionais — de fato, os próprios Ozzie e Harriet — seria contada estatisticamente como não sendo uma família tradicional. Antes de Ozzie conhecer Harriet e, até mesmo, depois que se casarem, eles não seriam contados na categoria "Família com casal em casamento com filhos com menos de dezoito anos" do censo até o nascimento de seu primeiro filho. Nos anos seguintes, depois que os filhos já cresceram e foram embora, eles novamente não estariam naquela categoria da estatística. Além disso, na velhice, quando um cônjuge morre antes o outro, obviamente não seria mais considerado um casamento. O que isso significa é que inúmeras pessoas que tiveram o mais tradicional exemplo de casamento e filhos *não* seriam contadas na categoria popularmente conhecida como "família tradicional" de pais e filhos em vários momentos de suas vidas. Dependendo da duração de suas vidas e do período que têm filhos, alguns indivíduos nas mais tradicionais famílias seriam considerados como se *não* estivessem nestas famílias pela maior parte de suas vidas adultas.

O fato de a maior parte dos jovens de 16 anos não terem se casado ainda e de casais não morarem para sempre com seus filhos e, inclusive, o fato de que todo viúvo ou viúva idosos não se casam novamente, não significa que a família tradicional está sendo repudiada — exceto talvez por alguns dos ungidos.

A família é inerentemente um obstáculo aos esquemas de controle central de processos sociais. Por este motivo, os ungidos necessariamente pre-

---

[225] *Ibid.*

cisam estar sempre em rota de colisão contra a família. Não é uma questão de alguma ira subjetiva contra as famílias por parte deles. Os ungidos podem inclusive estar dispostos a banhar as famílias com a generosidade do governo, assim como fazem com outras entidades sociais. Entretanto, a preservação da família como uma *unidade autônoma de tomada de decisão* é incompatível com ceder as suas decisões a terceiros, que está no coração da visão dos ungidos.

Isso não é uma peculiaridade de nossos tempos ou da sociedade norte-americana. O primeiro rascunho do *Manifesto Comunista* (1848), de Friedrich Engels (1820-1895) incluía um ataque deliberado aos laços familiares como parte da visão política marxista[226], apesar de Marx (1818-1883) ser politicamente astuto o suficiente para não incluir essa parte na versão final. Tampouco essa guerra contra a autonomia da família foi confinada aos extremistas. Os sistemas modernos de bem-estar da Suécia tornaram ilegal os pais baterem em seus próprios filhos e, nos Estados Unidos da América, uma variedade de "apoiadores das crianças" fizeram pressão por uma variedade de intervenções governamentais na criação dos filhos[227] — indo além dos casos de negligência ou abuso, que já eram ilegais. Na Nova Zelândia, uma campanha inteira de propagandas assustadoras durante os anos 1980 promoveu a alegação de que um em cada oito pais abusava sexualmente de suas próprias filhas quando, na verdade, as pesquisas mostraram que isso acontecia com menos de um a cada cem pais[228].

Assim como em muitas outras áreas, a ascendência da visão da família que agora prevalece entre os ungidos começou nos anos 1960. Um artigo de 1966, na *Journal of Social Issues* resumiu a visão racionalista de que a família era apenas uma entre vários estilos de vida alternativos e uma "preferência social" arbitrária que definia "ilegitimidade" como um problema social:

> A preferência da sociedade por procriação apenas dentro do casamento, ou alguma forma de relacionamento socialmente reconhecido e regulado entre os sexos, é reforçado por leis e costumes que legitimam o coito, assim como nasci-

---

[226] MARX, Karl e ENGELS, Friedrich, *Collected Works*. Nova York: Internationl Publishers, Vol. VI, p. 354.
[227] Veja, p. ex., Hillary Rodham, "Children Under the Law", *Harvard Education Review*, Vol. 43, n° 4, nov/1973, p. 487-514; Larry Rother, "11-Year-Old-Seeks Right to 'Divorce Parents'", *New York Times*, 8/jul/1992, p. A10.
[228] Emily Flynn, "Child Abuse: The Facts", *NZ Listener*. Nova Zelândia, 13/ago/1988, p. 17.

mentos, e denotam alguma responsabilidade pela criação dos filhos. É dentro deste contexto que julgamentos de valor podem ser tidos como a causa inicial e formal de problemas sociais. Sem os julgamentos de valor que inicialmente tiveram efeito, e agora continuam a apoiar a justificação de coitos e nascimentos, a paternidade ilícita não seria tida como um problema. Aliás, por definição, não existiria[229].

Dessarte, a "publicidade desproporcional e preocupação pública sobre mães adolescentes solteiras"[230] é simplesmente uma questão de como as pessoas escolhem olhar para as coisas. Como no caso de discussões anteriores do aumento das taxas de criminalidade, foi sugerido que uma "contagem mais inclusiva e melhorada de nascimentos não-brancos fora do casamento" pode ter causado uma mudança estatística sem uma mudança real[231]. Em resumo, tudo dependia de como escolhemos enxergar as coisas, ao invés de depender da realidade problemática. A gravidez na adolescência era apenas um problema socialmente definido nessa visão, enquanto "o problema mais genérico de *gravidez indesejada*"[232] era o que precisava ser resolvido. Aqui a "necessidade de intervenção"[233] foram tomadas como axiomáticas e "não tem sentido continuar a debater se os jovens devem receber educação sexual"[234], pois isso também era axiomático e inevitável, sendo que só os canais que essa educação teria que podiam ser discutidos racionalmente. De forma similar, uma publicação posterior dos Centros de Controle de Doenças (CDC) declarou que "o estado civil de uma mãe não confere risco ou proteção ao bebê; ao invés disso, os principais benefícios do casamento à sobrevivência do bebê são apoio econômico e social"[235]. Essa ideia racionalista ignorava o que é tão comumente ignorado, que tipos diferentes de pessoas têm valores e comportamentos diferentes — e que estes valores e comportamentos têm enorme impacto nos re-

---

[229] Clark E. Vincent, "Teen-Age Unweed Mothers in American Society", *Journal of Social Issues*, abr/1966, p. 22.
[230] *Ibid.*, p. 25.
[231] *Ibid.*, p. 27.
[232] *Ibid.*, p. 23.
[233] *Ibid.*, p. 29.
[234] *Ibid.*, p. 32.
[235] Citado em Nicholas Eberstadt, "America's Infant Mortality Puzzle", *The Public Interest*, primavera de 1991, p. 37.

sultados. Contudo, dizer isso seria entrar no reino proibido da responsabilidade pessoal e distanciar-se da visão de uma "sociedade" ignorante que precisa ser reformada pelos ungidos, que rejeitam "um consenso romântico sobre a família"[236], como disse Hillary Rodham (futuramente, Hillary Clinton).

---

[236] Hillary Rodham, "Children Under the Law", *Harvard Education Review*, Vol. 43, n° 4, nov/1973, p. 513.

[CAPÍTULO IV]

[Capítulo IV]
A Irrelevância das Evidências

> *Fatos são coisas teimosas; e quaisquer que sejam nossos desejos,*
> *nossas inclinações ou os ditames de nossas paixões, eles não podem*
> *alterar o estado dos fatos e das evidências [...]*
> — John Adams (1735-1826)[237]

Evidências factuais e argumentos lógicos frequentemente não são apenas escassos, como são ignorados em muitas discussões daqueles com a visão dos ungidos. Muito do que é dito pelos ungidos na forma aparente de argumentação, descobre-se ser nada do tipo. Frequentemente, a estrutura lógica de um argumento é substituída por retórica preventiva ou, quando se argumenta, sua validez permanece sem checagem das evidências, mesmo quando tal evidência é abundante. A evidência é particularmente abundante no caso de afirmações sobre a história, mas ainda assim continuamente os ungidos se mostram comprovadamente enganados sobre o passado, sobre o presente ou o futuro — e extremamente confiantes.

---

[237] *John Adams: A Biography in His Own Words*, James Bishop Peabody (ed.). Nova York: *Newsweek*, 1973, p. 121-122.

PROFETAS *TEFLON*

Um dos feitos mais surpreendentes daqueles com a visão dos ungidos foi a proteção de suas reputações frente a repetidas previsões que claramente não se provaram verdadeiras. Os exemplos são todos abundantes. Alguns dos mais obviamente falsos, porém são profetas *teflon*, inclui indivíduos como John Kenneth Galbraith (1908-2006) e Paul Ehrlich (1854-1915) e profetas institucionais como o Clube de Roma e o Instituto Worldwatch. Em cada caso, a certeza absoluta de suas previsões só perde para o absoluto fracasso da cooperação do mundo real — e pela absoluta invulnerabilidade de suas reputações.

John Kenneth Galbraith

O mais conhecido dos muitos livros do professor Galbraith é *A Sociedade da Abundância* (1958), que popularizou um adjetivo anteriormente misterioso. Um dos temas centrais deste livro foi a crescente prosperidade em tempos relativamente recentes que baniu da agenda política e de interesse público questões sobre a distribuição da renda.

De acordo com o professor Galbraith, "poucas coisas são mais evidentes na história social moderna do que o declínio no interesse na desigualdade como questão econômica"[238]. Este "declínio no interesse na desigualdade" não foi causado por medidas redistributivas igualitárias de sucesso, de acordo com Galbraith, mas foi na verdade um fator da ausência de tais medidas[239]. A desigualdade simplesmente havia "deixado de ser um problema"[240]. Galbraith não concordava com esta tendência e de fato citou algumas estatísticas equivocadas sobre renda *familiar*[241] para demonstrar um problema social. Entretanto, a "pobreza na base da pirâmide de renda" simplesmente "segue despercebida",

---

[238] GALBRAITH, John Kenneth. *The Affluent Society*. Cambridge, Mass.: Riverside Press, 1958, p. 82. Em português encontramos a seguinte edição: GALBRAITH, John Kenneth. *A Sociedade da Abundância*. Lisboa: Sa da Costa, 1963. (N. E.)
[239] *Ibid.*, p. 84.
[240] *Ibid.*, p. 85.
[241] *Ibid.*, p. 84, 86.

CAPÍTULO IV | A IRRELEVÂNCIA DAS EVIDÊNCIAS

enquanto "o aumento na produção agregada" se tornou "uma alternativa à redistribuição" e "desigualdade está caindo com urgência"[242].

Desde 1958, quando isso foi escrito, seguiram-se décadas de algumas das mais intensas preocupações com desigualdade e distribuição de renda na história da república. Da tribuna política ao púlpito, da mídia em massa para publicações da academia e das salas do Congresso às câmaras da Suprema Corte, "igualdade" foi o grito da época.

Outro tema que apareceu no livro *A Sociedade da Abundância*, e foi ampliado em um livro posterior de Galbraith, *O Novo Estado Industrial* (1967), é o de que grandes corporações se tornaram imunes ao mercado. "O risco da vida corporativa moderna é de fato a presunção inofensiva do executivo corporativo moderno", de acordo com Galbraith, já que "nenhuma grande corporação dos Estados Unidos da América, que também possui uma enorme indústria, fracassou ou passou seriamente pelo risco de insolvência há muitos anos"[243]. A General Motors é "grande o suficiente para controlar seus mercados"[244] de acordo com Galbraith — porém não segundo a Toyota, a Honda e outras montadoras japonesas que tomaram partes consideráveis daquele mercado nos anos que se seguiram a essa afirmação. No início dos anos 1990, a Honda produziu o carro mais bem vendido nos Estados Unidos da América e a Toyota produziu mais carros no Japão do que a General Motors nos EUA.

Desde que os vastos pronunciamentos de Galbraith sobre a invulnerabilidade corporativa foram escritos, a revista mais vendida do país, *Life*, parou com sua publicação e foi ressuscitada depois como uma sombra do que foi antes. A rede de lojas de varejo W. T. Grant, antes pioneira na indústria, deixou de existir — assim como a Graflex Corporation, que havia dominado o mercado de câmeras para a imprensa por décadas. A Pan American foi talvez a mais conhecida das companhias aéreas que faliu. Jornais respeitados foram eliminados em cidades por todo o país. A fabricante de automóveis Chrysler Corporation foi salva da extinção somente com a ajuda do governo. Apesar de Galbraith ter afirmado com confiança em *O Novo Estado Industrial* sobre a "po-

---

[242] *Ibid.*, p. 97.
[243] *Ibid.*, p. 103.
[244] GALBRAITH, John Kenneth. *The New Industrial State*. Boston: Houghton Mifflin, 1967, p.76. Em português encontramos a seguinte edição: GALBRAITH, John Kenneth. *O Novo Estado Industrial*. 2ª Edição, São Paulo: Pionera Novos Umbrais, 1983.

sição inexpugnável da gestão de corporações de sucesso[245]", aquisições corporativas e mudanças corporativas se espalharam por toda a economia norte-americana, com cabeças rolando em suítes corporativas por todo o país. Por outro lado, apesar de Galbraith zombar da ideia de um empreendedor solitário iniciar uma nova empresa pioneira[246], Steve Jobs (1955-2011) criou a Apple Computers e Bill Gates criou a Microsoft Corporation, ambas subindo até a lista das maiores quinhentas empresas da revista *Fortune* no período de uma década, com os dois homens se tornando multibilionários. Esses não foram também casos isolados de sorte. Quase metade das firmas na *Fortune 500*, em 1980, dez anos depois não estavam mais lá[247].

Nada disso teve qualquer impacto na reputação de Galbraith, em sua autoconfiança ou na venda de seus livros. Pois ninguém era mais sintonizado com a visão dos ungidos, ou mais desdenhoso da "sabedoria convencional" — outro termo que ele popularizou como a denotação dos valores e crenças tradicionais. Se há alguma moral única para a história de Galbraith, seria a de que se alguém é "politicamente correto", estar factualmente incorreto não importa. No entanto, ele é apenas um dos muitos exemplos do mesmo princípio.

Paul Ehrlich

Enquanto John Kenneth Galbraith pode ser mais conhecido daqueles que estão sempre errados, mas nunca em dúvida, Paul Ehrlich é talvez mais notável por estar errado pelas maiores margens, na maior variedade de assuntos — e por manter sua reputação imaculada mesmo assim. O prólogo do seu livro mais conhecido, *The Population Bomb*, publicado pela primeira vez em 1968, começa com as seguintes palavras:

> A batalha para alimentar toda a humanidade acabou. Nos anos 1970 e 1980 centenas de milhões de pessoas irão morrer de fome mesmo frente a programas atualmente ativos[248].

---

[245] *Ibid.*, p. 58.
[246] *Ibid.*
[247] BARTLEY, Ronert L. *The Seven Fat Years: And How to Do It Again*. Nova York: Free Press, 1992, p. 140.
[248] EHRLICH, Paul. *The Population Bomb* (revisto). Rivercity, Mass.: Rivercity Press, 1975, p. xi.

CAPÍTULO IV | A IRRELEVÂNCIA DAS EVIDÊNCIAS

Agora que os anos 1970 e 1980 já vieram e foram embora, fica claro que nada parecido com a previsão de Ehrlich aconteceu. Além disso, alguns casos de fome local apareceram esporadicamente, mas não tiveram nenhuma relação com o aumento populacional e sim com perturbações dos sistemas locais de distribuição alimentar, geralmente causados por uma guerra ou outros desastres criados pelo homem. Assim como com muitas outras previsões de catástrofe — "fome e ecocatástrofe" nas palavras do professor Ehrlich[249] — há, no final de tudo, uma luta por poder pela qual a visão dos ungidos é imposta às massas. De acordo com Ehrlich, nós precisamos "tomar ação imediata" por mais "controle populacional" — "felizmente através de mudanças em nossos sistemas de valor, mas compulsoriamente se métodos voluntários falharem"[250]. A ironia suprema é que essa campanha de histeria sobre a população veio em um momento em que o crescimento populacional estava em declínio[251], tanto no mundo industrial como fora dele[252], quando produtores de brinquedos, fraldas e papinhas de bebê foram diversificando para outras áreas[253] e quando as maternidades dos hospitais foram fechadas ou utilizadas por outros pacientes para poderem preencher os leitos vazios[254].

The Population Bomb é um exemplo clássico de um livro feito para assustar de outra maneira — com uma extrapolação desenfreada. Como disse Ehrlich, "a população terá que parar de crescer mais cedo ou mais tarde[255]", ou uma variedade de cenários catastróficos se seguirá. Da mesma forma, se a temperatura tiver aumentado em dez graus hoje desde o amanhecer, uma extrapolação vai demonstrar que todos seremos torrados antes do fim do mês, se continuar assim. Extrapolações são o último refúgio de um argumento sem fundamento. No mundo real, tudo depende de onde estamos agora, a velocidade com que nos movemos, em qual direção e — o mais importante — qual é a natureza específica do processo que gera os números extrapolados. Obviamente, se o aumento na temperatura é causado pela rotação da terra que nos

---

[249] *Ibid.*
[250] *Ibid.*, p. xi-xii.
[251] "Appraisal of Current Trends in Business and Finance", *Wall Street Journal*, 28/dez/1970, p. 1.
[252] "The Population 'Explosion'", *Wall Street Journal*, 16/dez/1974, p. A14.
[253] Roy J. Harris Jr., "With Birth Rate Falling. Making of Infant Goods Decide to Diversify", *Wall Street Journal*, 4/jan/1972, p. 1.
[254] "Maternity Ward Closings Free Hospital Staff For Other Duties", *Wall Street Journal*, 23/abr/1974, p. 1.
[255] *Ibid.*, p. 6.

expõe à luz do sol, então, a continuação dessa rotação vai nos esconder da luz solar novamente e diminuir as temperaturas quando chegar a noite. Contudo, tanto o teste lógico quanto o empírico são evitados consistentemente pelos teóricos da "explosão da população".

Ao contrário da teoria deles sobre a diminuição da qualidade de vida com o crescimento populacional, a qualidade de vida estava subindo quando Malthus (1766-1834) escreveu pela primeira vez, duzentos anos atrás. Ela aumentou durante a sua vida e tem crescido desde então. Aqueles que acreditam na explosão populacional não conseguem dar o exemplo de um único país onde a qualidade de vida era maior quando sua população era metade do que é hoje. Ao invés disso, eles precisam se utilizar de extrapolações e retóricas assustadoras sobre "não teremos espaço nem para sentar" e coisas do tipo. Na realidade, toda a população mundial hoje poderia morar no estado do Texas, em moradias lineares unifamiliares — quatro pessoas por casa — e com um jardim médio em volta de cada casa[256]. Além disso, o continente menos povoado — África — é também o mais pobre. O Japão tem mais do que o dobro da densidade populacional das nações africanas e mais de dez vezes a densidade populacional da África Subsaariana como um todo[257]. Na Europa medieval as partes mais pobres do continente — notavelmente a Europa Oriental e os Balcãs — também eram pouco povoadas. Um grande fluxo de entrada de alemães, flamengos e outros europeus ocidentais limpou e desenvolveu grande parte da terra fértil, porém vazia, da Europa Oriental, elevando o nível econômico da região[258]. Para as nações do mundo, não há correlação entre a densidade populacional e o nível econômico. Enquanto há custos associados às aglomerações, há outros custos enormes relativos ao fornecimento de eletricidade, água encanada, esgoto e outros serviços e infraestrutura em uma área pouco povoada, onde o custo por pessoa é muito maior do que em uma área mais densamente povoada.

---

[256] O cálculo pode ser encontrado em SOWELL, Thomas, *The Economics and Politics of Race*. Nova York: Morrow, 1982, p. 209.
[257] U.S. Bureau of the Census, *World Population Profile: 1991*. Washington, D.C.: U.S. Government Printing Office, 1991, p. A33, A34.
[258] Veja, p. ex., SEDLAR, Jean W. *East Central Europe in the Middle Ages, 1000-1500*. Seattle: University of Washington Press, 1994, p. 90, 98-99; Peter Gunst, "Agrarian Systems of Central and Eastern Europe", *The Origins of Backwardness in Eastern Europe: Economics and Politics From the Middle Ages Until the Early Twentieth Century*, Daniel Chitor (ed.). Berkeley: University of California Press, 1989, p. 53-54, 63-64.

CAPÍTULO IV | A IRRELEVÂNCIA DAS EVIDÊNCIAS

Há algum limite de quantas pessoas podem viver no planeta? Provavelmente. Entretanto, para enxergar como esta pergunta é enganosa e sem sentido, considere o medo do jovem John Stuart Mill (1806-1873) de que um número finito de notas musicais significava que havia algum tipo de limite absoluto para a quantidade de músicas possíveis[259]. Apesar da melancolia do jovem Mill quanto a essa questão, naquele período nem Tchaikovsky (1840-1893) e nem Brahms (1833-1897) haviam sequer nascido, assim como o *jazz* não havia sido inventado. Também não havia nenhum indício de que ficaríamos sem novas músicas mais de um século depois.

"Centenas de milhões" passando fome não é a única previsão que Ehrlich errou por muito. Ele estava igualmente certo, igualmente enganado e igualmente imaculado com suas previsões sobre a exaustão de recursos naturais. Em 1980, o professor de economia Julian Simon (1932-1998) desafiou qualquer um a apostar se vários recursos naturais se tornariam ou não mais caros com o passar do tempo — o que aconteceria se estivessem de fato se tornando mais escassos. O professor Simon ofereceu que escolhessem quaisquer recursos naturais e qualquer período de tempo para testar a teoria de que os recursos estavam se tornando mais escassos e se aproximando de se esgotar completamente. Em outubro de 1980, Ehrlich e outros que previam o esgotamento dos recursos naturais apostaram mil dólares de que um certo grupo de recursos naturais ficaria mais caro dez anos após feita a aposta. O grupo de Ehrlich escolheu cobre, estanho, níquel, tungstênio e cromo como os recursos naturais cujos preços combinados (em termos reais) estariam mais altos após uma década de continuada extração da terra. Na realidade, não só os preços combinados diminuíram, *todos os recursos selecionados por Ehrlich e seus colegas tiveram seus preços reduzidos*[260].

Como pode uma década de extração desses minerais não levar a uma escassez e, consequentemente, a um preço mais elevado? Porque a oferta e a procura são baseadas em *reservas conhecidas* e estas podem também aumentar ou diminuir. Por exemplo, as reservas conhecidas de petróleo no mundo eram duas vezes maiores em 1993 do que eram em 1969, apesar do uso massivo de

---

[259] STUART MILL, John. *Autobiography of John Stuart Mill*. Nova York: Columbia University Press, 1994, p. 102.
[260] John Tierney, "Betting the Planet". *New York Times*, 2/dez/1990, Sessão VI, p. 74, 81.

petróleo pelo mundo durante as décadas entre estas datas[261]. Um dos erros fatais na visão dos ungidos é a pressuposição implícita de que o conhecimento é muito mais extenso e menos custoso do que realmente é. Em algum sentido abstrato, há, sim, uma quantidade fixa de qualquer recurso natural na terra e utilizá-los obviamente faz essa quantidade diminuir. No entanto, ninguém sabe qual é essa quantidade fixa e, já que o processo de descobrimento é dispendioso, nunca valerá a pena pagar para descobrir a quantidade total. Dependendo de inúmeros fatores econômicos, tais como a taxa de juros sobre o dinheiro emprestado para financiar a exploração, há um limite variável para o quanto vale a pena pagar para descobrir mais em qualquer momento — não importa quantos séculos de reserva possa existir. Dividindo as reservas atualmente conhecidas pela taxa de uso anual, é sempre possível chegar a um quociente para alegar que em dez, quinze anos, ou algum outro período de tempo nós vamos "ficar sem" carvão, petróleo ou algum outro recurso natural.

Um exemplo clássico desse tipo de histeria por aritmética nos foi fornecido por Vance Packard (1914-1996), em seu *bestseller* de 1960, *Estratégia do Desperdício*:

> Quanto ao petróleo, os Estados Unidos da América estão claramente se aproximando do esgotamento. No ritmo de consumo atual — não o do futuro — os Estados Unidos da América provaram ter reservas de petróleo suficientes para atender as necessidades da nação por treze anos.

Quando isso foi publicado, as reservas conhecidas de petróleo nos Estados Unidos da América não chegavam a trinta e dois bilhões de barris. No final dos treze anos especificados, as reservas conhecidas eram mais de trinta e seis bilhões de barris. Ainda assim, a fórmula simples de histeria-por-quociente vem criando alarde — e livros no topo da lista dos mais vendidos — por mais de um século. Enquanto isso, reservas conhecidas de muitos recursos vitais têm aumentado, diminuindo seus preços.

---

[261] American Petroleum Institute. *Basic Petroleum Data Book: Petroleum Industrie Statistics*, Vol. XIII, n° 3. Washington, D.C.: American Petroleum Institute, 1993, Sessão II, Tabela 1, 1ª.

CAPÍTULO IV | A IRRELEVÂNCIA DAS EVIDÊNCIAS

UMA VARIEDADE DE MESSIAS EQUIVOCADOS

Ralph Nader

Talvez não haja nenhuma figura mais sacrossanta entre os ungidos contemporâneos do que Ralph Nader, normalmente tido como o primeiro "defensor do consumidor". Mesmo assim, uma das primeiras publicações de Nader, na revista *The Nation*, em 1959, revelou a mentalidade por trás dos direitos do consumidor quando disse "o consumidor deve ser protegido o tempo inteiro de sua própria indiscrição e vaidade"[262]. Mais uma vez, o papel dos ungidos foi o de impedir os outros de tomarem decisões pelo seu próprio bem.

O livro que tornou Ralph Nader conhecido — *Unsafe at Any Speed* (1965)[263], que denunciava o histórico de segurança de automóveis em geral e, em particular, do Chevrolet Corvair — também exibiu outra característica dos ungidos: ignorar o que compensa. A tese de Nader era de que a segurança nos automóveis estava sendo deliberadamente negligenciada pelos fabricantes de automóveis em favor de outras considerações, como estilo e custo. Ele então enumerou as deficiências na segurança de diversos carros, mas em especial do Corvair e mencionou diversos acidentes violentos que foram provavelmente causados por tais deficiências.

Uma rápida reflexão sobre as implicações de checar até onde algo compensa, vai perceber que, *inevitavelmente*, em determinado momento, a segurança terá de ser sacrificada em *qualquer* produto no sentido de que sacrifícios ilimitados de outras características — incluindo um preço acessível — em favor da segurança tornaria aquele produto mais seguro. Se o papel onde essas palavras estão escritas fosse à prova de fogo, isso poderia salvar alguém de uma queimadura em algum lugar, ou talvez, até mesmo, impedir que uma casa pegue fogo. De forma similar, os automóveis podem, é claro, ser feitos com a durabilidade de um tanque de guerra, a um preço suficientemente alto, ou seja, tornando-os inacessíveis para muitas ou a maioria das pessoas. Levar a

---

[262] Ralph Nader, "The Safe Car You Can't Buy". *The Nation 1865-1990: Selections From the Independent Magazine of Politics and Culture*, Katrina vanden Heuvel (ed.). Nova York: Thunder's Mouth Press, 1990, p. 238.
[263] NADER, Ralph. *Unsafe at Any Speed*. Nova York: Grossman Publishers, 1965, p. 36.

segurança em primeiro lugar a tais extremos em todos os milhões de produtos na economia levantaria os custos de forma geral e diminuiria a renda real e a qualidade de vida do público. Não é claro também se isso de fato aumentaria a segurança, no saldo líquido, já que rendas reais maiores diminuem a taxa de mortalidade, seja comparando ricos e pobres em uma determinada sociedade, ou comparando sociedades prósperas com aquelas assoladas pela pobreza, internacionalmente.

  Sacrificar a renda real para reduzir os possíveis perigos é uma troca de compensação que teria que ser justificada pelos seus méritos em cada caso particular — se estivermos pensando em termos dessa troca. No entanto, Nader desprezou o que chamou de "adoração desprezível daquela deusa-vadia, a redução de custos"[264]. A própria noção dessa troca de compensação foi ignorada como "hipocrisia da indústria automobilística"[265]. *Unsafe at Any Speed* é uma forma de propaganda clássica com sua habilidade de usar retórica desdenhosa e para distrair, com o objetivo de escapar da necessidade de enfrentar argumentos opostos com evidências e lógica. Por todo o livro, fabricantes de automóveis foram denunciados por coisas como "negligência" com a segurança[266], "irresponsabilidade industrial"[267] e "comportamento inescrupuloso"[268]. Para Nader, "características de segurança paradas nas prateleiras das empresas automobilísticas"[269] eram provas virtuais de que elas deveriam ser utilizadas. Considerações com o custo — incluindo o custo de alterar todo o *design* do carro para acomodar essas mudanças de segurança, assim como os custos diretos de características específicas por si sós — eram ignoradas por Nader. Às vezes, ele contava apenas o custo modesto de uma característica em particular, de forma isolada[270], mas outras vezes ele ignorava o impacto das mudanças de *design* que poderia tornar o carro menos atrativo ao consumidor. Para Nader, o engenheiro de *design* "fugia de seu dever profissional" ao considerar a "redução de custos e o estilo"[271]. Representantes das companhias automobilísticas que

---

[264] *Ibid.*, p. 26.
[265] *Ibid.*, p. 67.
[266] *Ibid.*, p. 5.
[267] *Ibid.*, p. 60.
[268] *Ibid.*, p. xi.
[269] *Ibid.*, p. 65-66, 73.
[270] *Ibid.*, p. 40.
[271] *Ibid.*, p. 70.

CAPÍTULO IV | A IRRELEVÂNCIA DAS EVIDÊNCIAS

apontaram que a indústria não pode produzir funções indesejadas pelos consumidores, ou que estes não estão dispostos a pagar, foram desdenhados por Nader por tratarem disso como "uma questão de gosto pessoal do consumidor ao invés de um estudo científico objetivo"[272].

Como muitos que invocam o nome e a magia da ciência para sobreporem as escolhas das pessoas, Nader ofereceu notavelmente poucos dados para apoiar suas alegações, seja na segurança geral dos automóveis ao longo do tempo, ou sobre a comparação dos automóveis norte-americanos com aqueles de outros países — incluindo países socialistas onde "ganância corporativa" não era um problema —, ou do Corvair sendo comparado com carros similares de seu tempo. O problema todo foi criado em termos categóricos ao invés de incrementais e comparativos.

Apesar do argumento de Nader de que as montadoras não prestavam atenção à segurança, as mortes envolvendo automóveis, a cada milhão de milhas, diminuiu ao longo dos anos, de 17,9 em 1925 a 5,5 em 1965, o ano que *Unsafe at Any Speed* foi publicado, e essa tendência continuou até chegar, cinco anos depois, em 4,9[273], após a legislação federal em segurança de automóveis, inspirada por Nader e seus seguidores. Os naderistas e as regulamentações federais de segurança que eles inspiraram são regularmente creditadas com subsequentes reduções em fatalidades em veículos[274], geralmente por aqueles que não têm noção, ou escolhem ignorar, a duradoura tendência de queda que já havia produzido uma redução de 2/3 em fatalidades por milhão de milhas antes de Nader sequer ter aparecido na cena. Além disso, as reduções anteriores de fatalidades automobilísticas ocorreram enquanto a velocidade média em estradas estava aumentando[275]. Resumindo, a era de ganância corporativa e o consumidor, tido como ignorante e indefeso, viram melhorias enormes na segurança, antes dos ungidos chegarem para o resgate.

Quanto ao Corvair, ele realmente tinha problemas de segurança em seu *design* com motor traseiro. Ele também tinha vantagens de segurança ad-

---

[272] U.S. Bureau of the Census, *Historical Statistics of the United States: Colonial Times to 1970*. Washington, D.C.: U.S. Government Printing Office, 1975. Parte 2, p. 719-20.
[273] Nader refere-se pessoalmente a essas políticas como "salvando estimadas 11.000 vidas nas estradas durante o ano de 1981". Ralph Nader e Mark Green, "Passing on the Legacy of Shane", *The Nation*, 2/abr/1990, p. 445.
[274] *Ibid.*, p. 718.
[275] Veja *Congressional Record: Senate*, 27/mar/1973, p 9748-74.

vindas do mesmo *design*, principalmente a melhor tração em superfícies escorregadias. A questão principal é se *no saldo líquido* era menos seguro do que os carros similares de seu tempo. Testes extensos realizados pelo Departamento de Transportes norte-americano (U.S. Department of Transportation) mostraram que não era. Um pesquisador acadêmico independente demonstrou também que, junto com a tendência do Corvair de ter certos tipos de acidentes, "ele tinha uma quantidade menor de acidentes do que a média de outras categorias"[276]. Em outras palavras, era uma troca.

Apesar de Nader ter apresentado o Corvair como um carro difícil de controlar[277], a avaliação de 1960 do Corvair, realizada pela Consumers Union, notou uma "tempestade de controvérsia" sobre a direção de carros com motor traseiro, mas concluiu que "compradores em potencial não precisam estar indevidamente preocupados"[278]. Uma mulher, que já foi piloto de corrida e escritora sobre carros, foi citada contra o Corvair no livro do Nader, *Unsafe at Any Speed*, entretanto, quando questionada pela comissão parlamentar do senador Abraham Ribicoff (1910-1998), ela respondeu que o Corvair que dirigia "era um dos melhores e mais confortáveis carros já produzidos para se dirigir que já experimentei". Além disso, ela continuou, o jeito que Nader citou o seu artigo "me levou a suspeitar que ele não sabia muito sobre carros"[279]. Outro perito em automóveis entrevistado pela comissão de Ribicoff, sob sugestão de um membro de uma das organizações de Nader, disse que não só ele achava que o Corvair era seguro de se dirigir, como ele tinha confiança o suficiente para comprar um para sua própria filha, cuja mão esquerda era paralisada por conta da poliomielite. Depois esta confiança foi justificada, quando um pneu estourou enquanto sua filha dirigia o Corvair a 128 quilômetros por hora e ela ainda assim conseguiu pará-lo de forma segura[280].

Qualquer que seja o resultado da batalha de fatos, Nader ganhou a batalha da mídia e a batalha da política. O alerta sobre o Corvair fez com que as vendas caíssem ao ponto de a General Motors parar de produzir o carro.

---

[276] TOLEDANO, Ralph de. *Hit and Run: The Rise – Or Fall? – Of Ralph Nader*. New Rochelle, N.Y.: Arlington House Publishers, 1975, p. 43.
[277] NADER, Ralph. *Unsafe at Any Speed*, capítulo 2.
[278] Conforme Ralph de Toledano, *Hit and Run*, p. 44.
[279] *Ibid.*
[280] *Ibid.*, p. 45.

CAPÍTULO IV | A IRRELEVÂNCIA DAS EVIDÊNCIAS

Esse alarme também promoveu mais intervenção federal no *design* e na produção de automóveis. E o episódio proporcionou o surgimento dos "defensores do consumidor" na cena nacional, que fizeram alegações similares sobre outros produtos e geraram mais legislação federal.

A técnica de muitos "defensores do consumidor" permaneceu aquela desenvolvida por Ralph Nader em *Unsafe at Any Speed*: sérias acusações, exemplos e citações seletivos, prosa exagerada, dispensa do *trade-off*[281] e uma atribuição de maldade ou comportamento irresponsável aos outros. "Médicos, advogados, engenheiros e outros especialistas falharam com sua ética profissional primeira"[282], acusou o livro de Nader, e a resposta foram decisões coletivizadas pela "sociedade"[283]. Seu artigo anterior na *The Nation* também acusou haver uma "imoralidade desenfreada entre a elite acadêmica" porque "os pesquisadores estão relutantes em se afastar de suas buscas experimentais e acadêmicas"[284]. Em outras palavras, é "imoral" discordar de Ralph Nader no papel de um acadêmico.

Um dos problemas enfrentados pelos "defensores do consumidor", no geral, é como fazer sumir as próprias preferências dos consumidores ao argumentar, já que a soberania do consumidor entra em conflito com a barriga de aluguel moral dos ungidos. Além disso, atacar o consumidor não é uma boa política. Aqui também *Unsafe at Any Speed* mostrou como a construção de frases pode ser mirabolante ao fazer as preferências dos consumidores desaparecerem das discussões, como um prelúdio ao desaparecimento de sua autonomia por meio de leis propostas pelos tais "defensores do consumidor". Ao argumentar que o Corvair seria mais seguro com uma pressão maior nos pneus, Nader condenou os engenheiros por terem "sucumbido ao grande imperativo — uma viagem suave"[285]. Claramente esse era o único imperativo do consumidor. A General Motors não ganharia um dólar a mais ou a menos com pressões diferentes nos pneus, a não ser que os consumidores preferissem um tipo

---

[281] *Trade*-off, em economia, significa a limitação associada à escolha entre dois bens desejáveis. Por exemplo, supondo que "lazer" e "dinheiro" sejam ambos desejados, para obter-se mais lazer é forçoso abdicar algum dinheiro (admitindo-se que o lazer ocupe o tempo que estaria dedicado ao trabalho remunerado). Assim, diz-se que existe um "trade-off" entre lazer e dinheiro. Ao se escolher um, abre-se mão do outro. (N. E.)
[282] NADER, Ralph. *Unsafe at Any Speed*, p. ix.
[283] *Ibid.*, p. viii.
[284] Ralph Nader, "The Safe Car You Can Buy", p. 238.
[285] NADER, Ralph. *Unsafe at Any Speed*, p. 25.

de viagem ou outra, mas Nader escolheu mostrar essa preferência do consumidor como "a obsessão dos fabricantes com carros que andam suavemente"[286]. Deslocar a responsabilidade do consumidor ao fabricante tem sido uma parte crucial na defesa do consumidor. "O automóvel norte-americano é produzido seguindo exclusivamente os padrões que os fabricantes decidem estabelecer", segundo Nader[287], porém aquilo que é decidido pelas montadoras, com milhões de dólares em risco, tem menos chances de refletir algum capricho pessoal do que aquilo que os consumidores estão dispostos a pagar.

O método Nader se resume a terceiros que devem ser responsáveis pelas escolhas do consumidor quanto ao sacrifício de um carro confortável para tornar a remota chance de perigo ainda mais remota. Considerando que o cansaço resultante de um carro desconfortável também pode afetar a segurança, de forma alguma fica claro justificar o sacrifício do conforto em prol de mais segurança.

De certa forma, entretanto, discussões de fatos e lógica são irrelevantes. Nader alcançou seus objetivos políticos, estabeleceu sua própria imagem e colocou seus alvos na defensiva. A imagem de Nader foi prontamente descrita por um biógrafo como "uma combinação das melhores qualidades de Lincoln de Illinois e Davi de I Samuel 17"[288]. Uma visão diferente de Nader foi apresentada pelo presidente de uma comissão parlamentar, citada na *Newsweek*: "Ralph é um *bully* e sabichão, consumido pela certeza e frequentemente no engano"[289]. Uma amostra de que Nader continua considerado imaculado é que essa citação teve que ser incluída anonimamente.

Controle e Descontrole do Preço da Gasolina

A confiança dos ungidos em sua própria "razão" articulada tem como contraponto a sua total falta de confiança nos processos sociais sistêmicos, ope-

---

[286] *Ibid.*, p. 317.
[287] *Ibid.*, p. 42.
[288] McCARRY, Charles. *Citizen Nader*. Nova York: Saturday Review Press, 1972, p. 13.
[289] Rich Thomas, "Safe at This Speed? *Newsweek*, 22/ago/1994, p. 40.

CAPÍTULO IV | A IRRELEVÂNCIA DAS EVIDÊNCIAS

rando sem sua orientação e intervenção[290]. Dessarte, a operação de um livre mercado é suspeita aos seus olhos, não importa o quanto funcione, e o controle do governo sobre atividades econômicas parece ser racional, não importa o quanto fracasse. Com tanto ressentimento quanto nas filas da gasolina dos anos 1970, que tinha o preço controlado pelo governo, havia inúmeras previsões de um grande aumento nos preços do combustível se esses controles fossem removidos. Por exemplo, o deputado John Dingell (1926-2019) considerou "óbvio que a gasolina pudesse chegar, ao menos, a US$ 2 dólares por galão após o descontrole". O mesmo pensava o senador Howard Metzenbaum (1917-2008). Lester Brown, do Instituto Worldwatch declarou que a "gasolina vai custar US$ 2 dólares por galão por alguns anos e US$ 3 dólares por galão durante a duração de vida do veículo". O senador Dale Bumpers (1925-2016), de forma similar, previu, "a gasolina vai chegar a US$ 3 dólares o galão em breve"[291].

Aqueles que não acreditavam nisso e dependiam do livre mercado receberam críticas infladas de ar de superioridade. Por exemplo, o *The New York Times* comentou sobre as opiniões de Ronald Reagan:

> Ronald Reagan menosprezou questões de energia durante a campanha, insistindo que a escassez pode ser superada liberando as empresas privadas. Porém, nem mesmo seus mais fervorosos apoiadores no setor de energia compartilham esse otimismo. Praticamente todas as previsões informam declínio na produção de petróleo doméstico e escassez de combustível durante a próxima década[292].

---

[290] Não é suficiente para o ungido ser capaz de estabelecer metas sociais. Eles também devem ser capazes de prescrever agora que essas metas devem ser cumpridas. A redução da poluição do ar, por exemplo, pode ser realizada de várias maneiras, inclusive permitindo que os poluidores reduzam a poluição em quantidades prescritas, mas de qualquer maneira que encontrem, devem ser eficazes. No entanto, os ungidos raramente consideram tais políticas aceitáveis, qualquer que seja sua eficácia demonstrada, e preferem microgerenciar o próprio processo. Um programa, por exemplo, permite que as empresas comprem carros antigos – uma grande fonte de poluição do ar – e os destruam, creditando a quantidade de poluição que reduzem à quantidade de poluição que devem reduzir em suas próprias operações. Como costuma ser mais barato fazer isso do que fazer uma redução correspondente instalando dispositivos de limpeza em chaminés, uma empresa petrolífera comprou milhares de carros antigos e os destruiu. Mesmo assim, um porta-voz do Sierra Club se opôs a esse programa. Ele não permitia nenhum papel para o ungido. Veja Sharon Begley e Mary Hagee, "Cold Cash for Old Clunkers", *Newsweek*, 6/abr/1992, p. 61.
[291] Citado em Werner Meyer, "Snake Oil Salesmen", *Policy Review*, verão de 1986, p. 74-76, *passim*.
[292] "Can a Conservative Conserve Oil?", *New York Times*, 14/nov/1980, p. A31.

De forma similar, o presidente Jimmy Carter disse:

> Há uma oferta cada vez menor de fontes de energia. Os preços subirão no futuro, não importa quem seja o presidente, não importa qual partido ocupe a administração em Washington, não importa o que façamos[293].

O presidente Carter culpou as massas ignorantes por não enfrentarem a situação através da visão dos ungidos. "O povo norte-americano", ele disse, "recusou-se de forma absoluta a aceitar um simples fato. Temos uma crise energética [...]. Teremos menos petróleo para queimar e vamos ter que pagar mais por ele"[294]. O colunista do *The New York Times*, Tom Wicker, anunciou as afirmações de Carter como "verdades inquestionáveis"[295].

Ignorando os ungidos, nisso como em outras coisas, o recém-eleito presidente Ronald Reagan emitiu uma ordem executiva durante seu primeiro mês no poder, pondo fim ao controle dos preços do petróleo. Dentro de quatro meses, o preço médio de um galão de gasolina sem chumbo caiu de US$ 1,41 dólares para US$ 0,86 centavos de dólar[296]. O custo das refinarias para comprar o petróleo bruto caiu de mais de US$ 30 dólares por barril, em 1981, para menos da metade disso em março de 1986[297]. Ao contrário das previsões de escassez de petróleo ou gasolina feitas por James Schlesinger (1929-2014), secretário de energia do presidente Carter, pelo senador Bumpers e outros[298], as reservas de petróleo bruto conhecidas no mundo eram 41% maiores no final da década dos anos 1980 do que no início da mesma[299]. Nos anos finais da administração de Reagan, o preço baixo da gasolina fez dela um alvo especial para impostos, que forçaram de forma artificial seu preço na bomba, apesar de, mesmo assim, não ser tanto quanto era previsto no período em que encer-

---

[293] Werner Meyer, "Snake Oil Salesmen", *Policy Review*, p. 75.
[294] Tom Wicker, "A Mere Beginning", *New York Times*, 29/mai/1979, p. A23.
[295] *Ibid.*
[296] Werner Meyer, "Snake Oil Salesmen", *Policy Review*, p. 74.
[297] American Petroleum Institute, *Basic Petroleum Data Book*. Vol XIII, n° 3, set/1993, Seção VI, Tabela 3. Washington, D.C.: American Petroleum Institute, 1993.
[298] "Resolving the Energy Problem: Interview with James R. Schlesinger, Secretary of Energy", *U.S. News and World Report*, 10/jul/1978, p. 26; Dale Bumpers, "Ration Gasoline Now? Yes", *U.S. News and World Report*, 9/jul/1979, p. 19; "What's Ahead for You at the Gas Pump: Interview with Charles W. Duncan, Jr., Secretary of Energy, *U.S. News and World Report*, 25/fev/1980, p. 75.
[299] American Petroleum Institute, Basic Petroleum Data Book, Vol. XIII, n° 3, set/1993, seção 4, Tabela I.

raram o controle, uma década antes. O custo real da gasolina em si — após impostos e ajuste pela inflação — chegou, em 1993, aos seus valores mais baixos da história[300].

Jamais será possível saber o quanto da histeria sobre remover o controle do preço do petróleo foi devido a uma falta de entendimento sobre economia, ou quanto foi uma tática cínica para assustar. Entretanto, muitos daqueles que insistiam por mais controle do governo sobre os preços há muito eram apoiadores de outras extensões de poder governamental. Entre estes estava o senador Edward Kennedy (1932-2009), que disse: "Nós devemos adotar um sistema de racionamento de gasolina imediatamente" de "uma maneira que exige um justo sacrifício de todos os norte-americanos"[301]. Desnecessário dizer que os ungidos são quem definiria o que era "justo" aos outros, enquanto aumentavam seu próprio poder ao invés de deixar o mercado de trabalho reduzir o sacrifício de todos com preços menores.

O Clube de Roma

Talvez uma das mais erradas previsões nos tempos recentes foi a do "Clube de Roma" de que o crescimento econômico ia parar de repente, em todo o mundo, durante a última parte do século XX. Tanto a produção industrial *per capita* quanto a comida *per capita* diminuiriam, junto com um longo declínio nos recursos naturais disponíveis[302]. Neste modelo, a "taxa de mortalidade subiria abruptamente por conta da poluição e falta de alimentos"[303]. Como muitas previsões econômicas errôneas, ela foi apoiada com todo tipo de gráfico, tabelas e modelos matemáticos. Ela também dependeu de extrapolações — e em passar o ônus da prova aos outros: "Ao postular qualquer resultado diferente daquele demonstrado na tabela 3, deve-se especificar quais destes fatores têm chances de mudar, por quanto e quando"[304]. Em outras palavras,

---

[300] "Gas is Cheap, But Taxes Are Rising". *Consumer Research*, ago/1994, p. 28-29.
[301] "Transcript of Kennedy's Speech at Georgetown University on Campaign Issues", *New York Times*, 29/jan/1980, p. A12.
[302] MEADOWS, Donella H. et al., *The Limits to Growth: A Report for the Club of Rome's Project on the Predicament of Makind*. Nova York: Universe Books, 1973, p. 124.
[303] *Ibid.*, p. 126.
[304] *Ibid.*, p. 44.

você não pode dizer que o imperador não está vestindo roupas até que tenha organizado um guarda-roupas alternativo inteiro.

Para demonstrar o deplorável estado das roupas atuais, foi utilizado o irrevogável argumento de finitude que enganou John Stuart Mill sobre música e Paul Ehrlich sobre população:

> Pode haver muita discordância sobre a afirmação de que o crescimento populacional e de capital deve parar *logo*. Porém, praticamente ninguém vai argumentar que o crescimento material neste planeta pode continuar para sempre[305].

Limites abstratos absolutos não são o problema, nem em teoria e nem na prática. O objetivo do relatório do Clube de Roma foi o de conseguir poder coercitivo coletivo *agora* para poder enfrentar uma catástrofe próxima. Eles estavam discutindo possibilidades como "parar o crescimento populacional em 1975 e crescimento de capital industrial em 1985"[306]. Eles queriam que a "sociedade" escolhesse[307] — ou seja, tomada de decisão coletiva, através de representantes como eles, em um "fórum internacional onde estadistas, legisladores e cientistas" decidiriam o que precisava ser feito[308]. Tais "medidas internacionais combinadas e planejamento no longo prazo em conjunto seriam necessários em uma escala e escopo sem precedentes"[309]. Esse chamado por um supersocialismo em uma escala global usou o batido argumento de que a alternativa para um "estado de equilíbrio racional e resistente, alcançado através de medidas planejadas" era deixar tudo ao "acaso ou catástrofe"[310]. O relatório avisava: "Decidir não fazer nada é decidir aumentar o risco de colapso"[311]. Essa clara dicotomia entre tomada de decisão coletiva e fazer "nada" foge da própria possibilidade de ajustes sistêmicos por meio do funcionamento normal dos preços e outros fatores sociais, assim como estavam de fato reduzindo a taxa de natalidade ao redor do mundo, mesmo com todo esse alarde.

---
[305] *Ibid.*, p. 153.
[306] *Ibid.*, p. 162.
[307] *Ibid.*, p. 181-82.
[308] *Ibid.*, p. 196-97.
[309] *Ibid.*, p. 194.
[310] *Ibid.*, p. 195.
[311] *Ibid.*, p. 183.

CAPÍTULO IV | A IRRELEVÂNCIA DAS EVIDÊNCIAS

Como a maioria das profecias de desastre, o relatório do Clube de Roma tinha um objetivo e uma visão — a visão de uma elite ungida, requisitada com urgência para controlar os, de outra forma, fatais defeitos dos seres humanos inferiores. Muito depois do relatório do Clube de Roma ter se tornado apenas uma nota de rodapé na longa história das retóricas exageradas e arrogância acadêmica, o padrão de sua argumentação, incluindo a demonstração promíscua de símbolos "científicos" — apropriadamente caracterizada por Gunnar Myrdal (1898-1987) como um "quase-aprendizado"[312] — ficará para sempre como um padrão clássico de histeria organizada a serviço da visão dos ungidos. Além disso, esta não foi uma ação isolada de um certo grupo de pessoas. O que tornou o relatório do Clube de Roma importante politicamente foi sua harmonia com as visões e opiniões difundidas entre os ungidos. O economista Robert Lekachman (1920-1989), por exemplo, declarou: "A era do crescimento chegou ao fim e a era da limitação está diante de nós"[313] — tudo isso na véspera do mais longo e pacífico crescimento da história.

HISTÓRIA FICTÍCIA

Qualquer um pode errar sobre o futuro. Frequentemente as variáveis são tão numerosas e suas interações tão complexas, que o único erro verdadeiro é, primeiramente, o de tentar prever. Errar sobre o passado é totalmente diferente. Neste caso, o padrão dos ungidos de estarem com frequência errados, mas nunca em dúvida, não pode ser explicado pela dificuldade de interpretar numerosos fatores causais, porque os resultados finais já são conhecidos e registrados. O fato de os registros não serem checados é apenas outro indício da grande confiança que aqueles com a visão dos ungidos têm — e a falta de fundamento dessa confiança.

Entre as áreas onde os ungidos contemporâneos tiveram grandes pressuposições sobre o passado, baseando-se mais em sua visão ao invés do registro verdadeiro do passado, há duas nas quais seus dados contradizem suas pressu-

---

[312] Citado em EFRON, Edith. *The Apocalyptics: Cancer and the Big Lie*. Nova York: Simon & Schuster, 1984.
[313] Citado em BARTLEY, Robert L. *The Seven Fat Years: And How to Do It Again*. Nova York: Free Press, 1992, p. 175.

posições de forma clara e óbvia. Uma tem sido a prática de atribuir patologias sociais, como no caso das famílias desfeitas nas comunidades negras a um "legado da escravidão". Outra é a prática de atribuir o enorme endividamento nacional e outras dificuldades econômicas de anos recentes às políticas da administração Reagan do passado. Há também o uso mais generalizado da história para desconsiderar as preocupações atuais que não são importantes para os ungidos, dizendo que outras pessoas demonstraram preocupações similares no passado — ficando implícito que essas falas anteriores não tinham fundamento.

O "Legado da Escravidão"

Nada vira mais o jogo para os críticos de patologias sociais na comunidade negra quanto invocar a dolorosa história da escravidão. Entretanto, o fato de a escravidão ter deixado legados difíceis não significa que qualquer experiência difícil entre os negros hoje pode automaticamente ser atribuída à escravidão. O câncer é realmente fatal, mas toda fatalidade não pode ser atribuída ao câncer — e, certamente, não depois que uma autópsia comprovou que a morte foi devido a um ataque cardíaco ou ferimentos de bala.

Um dos problemas principais da comunidade negra moderna, o qual muitos outros problemas seguem, é a ruptura familiar, ou o fracasso em formar uma família antes de tudo. Desde 1992, mais da metade de todos os negros adultos nunca havia se casado, sem contar os 16% adicionais que haviam se divorciado ou ficado viúvos. Para contrastar, apenas 21% de adultos brancos nunca havia se casado[314]. Mais da metade de todas as crianças negras — 57% — moravam com apenas um dos pais e outros 7,5% não morava com nenhum dos pais[315]. Assim, apenas pouco mais de 1/3 das crianças negras viviam em um lar tradicional com ambos os pais. A vasta maioria daquelas crianças negras, que moravam apenas com um dos pais, vivia com suas mães, e mais da metade dessas mães não era casada[316]. A situação comum e trágica da mãe

---
[314] U.S. Bureau of the Census, *Current Population Reports*, Série P-20, nº 468. Washington, D.C.: U.S. Government Printing Office, 1992, p. vi.
[315] *Ibid.*, p. xii.
[316] Veja *ibid.*, p. 27.

CAPÍTULO IV | A IRRELEVÂNCIA DAS EVIDÊNCIAS

adolescente — "crianças tendo crianças". De cento e noventa mil crianças negras cujos pais ainda eram adolescentes, apenas cinco mil moravam com ambos os pais[317]. Isso, é claro, não incluindo todas aquelas crianças cujas mães eram adolescentes quando nasceram, mas, sim, aquelas cujas mães tinham 20 anos ou mais quando o Census Bureau (uma espécie de IBGE) coletou os dados estatísticos. Em resumo, ele subestima a extensão da questão de mães adolescentes e as consequências que permanecem muito tempo após a mãe fazer 20 anos de idade.

Crianças tendo crianças é uma situação fatal, seja do ponto de vista de saúde física — já que bebês com mães adolescentes são mais propensos a deficiências médicas — ou do ponto de vista da inabilidade ou falta de interesse nas mães adolescentes em criar aquelas crianças com conhecimento, habilidade e os valores necessários para se tornarem adultas produtivas e respeitadoras da lei. Como muitas dessas adolescentes são alunas do ensino médio que abandonaram os estudos e também lhes falta disciplina, conhecimento e maturidade necessárias para criar um filho, não se pode esperar que sejam capazes de dar à criança o que elas mesmas não têm. A tragédia da situação é óbvia demais para necessitar ser mais elaborada.

Assim como em outras áreas onde violações das normas societais levaram a desastres, a primeira ordem de negócios dos ungidos é a de virar o jogo contra a sociedade, que deve se sentir culpada pelo que reclama. Culpar "um legado da escravidão" pelos altos índices de gravidez em adolescentes solteiros entre os negros e a abdicação da responsabilidade por parte dos pais das crianças claramente cumpre essa função. Se isso de fato é verdade já é outra questão — uma que extraordinariamente recebe pouca atenção.

Cem anos atrás, quando os negros tinham apenas uma geração livre da escravidão, descobrimos que os dados do censo da época mostram uma pequena porcentagem *maior* de adultos negros se casando do que de adultos brancos. Isso continuou assim em todos os censos de 1890 a 1940[318]. Antes de 1890, essa questão não era incluída no censo, mas registros históricos e observações modernas da Era da Reconstrução demonstram tentativas desespera-

---

[317] *Ibid.*, p. 37.
[318] Henry A. Walker, "Black-White Differences in Marriage and Family Patterns", *Feminism, Children and New Families*. Sanford M. Dornbusch e Myra H. Strober (eds.). Nova York: Guilford Press, 1988, p. 91.

das de homens e mulheres negros de encontrar seus parceiros, filhos ou outros membros familiares desaparecidos — tentativas que continuaram por anos e até mesmo décadas após a Guerra Civil[319]. A escravidão havia separado as pessoas, mas não havia destruído os sentimentos familiares que uns tinham pelos outros, muito menos seu desejo de formar famílias depois que se libertaram. Em 1950, 72% de todos os homens negros e 81% de todas as mulheres negras estavam casados[320]. Contudo, o censo de 1960 mostrou os primeiros sinais em um declínio que acelerou nos anos mais recentes — assim como muitas outras quedas sociais começaram nos anos 1960. Esta nova tendência, que começou um século após a Emancipação, não pode ser explicada como "legado da escravidão" e pode ser explicada de forma mais racional como o legado das políticas sociais promovidas pelos ungidos, especialmente porque políticas sociais similares levaram a altos índices de gravidez fora do casamento na Suécia, onde nem raças, nem escravidão, poderiam ser responsabilizadas.

Analisando com mais atenção a história de famílias destruídas e lares liderados por mulheres nos Estados Unidos da América, descobrimos que ambos têm sido, há muito, mais prevalentes entre os negros do que os brancos, apesar de as diferenças não terem sido sempre tão drásticas quanto são hoje. O número mais elevado de famílias disfuncionais entre os negros no passado se deve, em parte, a taxas de mortalidade mais elevadas entre os negros, deixando mais viúvos e viúvas, mas houve também mais separações[321]. Nada disso foi único aos negros, entretanto. Os irlandeses passaram por uma história social similar nas cidades norte-americanas do século XIX. Contudo, as casas chefiadas por mulheres de períodos anteriores, fosse entre os negros ou brancos, raramente eram chefiadas por garotas adolescentes. Em 1940, entre as mulheres negras que chefiavam suas próprias casas, 52% tinha 45 anos de idade ou mais. Além disso, apenas 14% de todas as crianças negras nascia de mulheres solteiras naqueles tempos[322]. Toda a situação era radicalmente diferente de hoje. Quaisquer que tenham sido os fatores que causaram as mudanças, esses eram claramente fatores do século XX e não "um legado da escravidão".

---

[319] Veja, p. ex., SOWELL, Thomas. *Ethnic America: A History*. Nova York: Basic Books, 1981, p. 198.
[320] *Ibid.*, p. 92.
[321] *Ibid.*, p. 97-99.
[322] *Ibid.*, p. 98.

CAPÍTULO IV | A IRRELEVÂNCIA DAS EVIDÊNCIAS

A Administração Reagan

Poucas histórias foram reescritas tão completamente e tão rápido quanto a história da administração Reagan. Através de inúmeros canais dos ungidos — a mídia, a academia e discursos — veio a nova história revisada da administração Reagan, mostrando que suas reduções nos impostos no início dos anos 1980 — "corte de imposto aos ricos" era a frase popular — trouxe *déficit* federal recorde. Ainda assim, essa história revisionista dos anos 1980 é facilmente refutada com estatísticas amplamente disponíveis das receitas fiscais, despesas e *déficits* do governo federal durante os oito anos da administração Reagan. No ano anterior a Ronald Reagan se tornar presidente, o governo federal viu US$ 517 bilhões de dólares em receita fiscal, o maior valor já registrado até então. O registro de receita fiscal e despesas durante os anos do presidente Reagan, de 1981 até 1988, é mostrado na tabela a seguir.

ANO	RECEITA (bilhões)	DESPESAS (bilhões)	DÉFICIT (bilhões)
1981	U$ 599	U$ 678	U$ 79
1982	618	746	128
1983	601	808	208
1984	666	851	185
1985	734	946	212
1986	769	990	212
1987	854	1.004	149
1988	909	1.064	155

Fonte: *Budget of the United States Government: Historical Tables.* Washington, D.C.: U.S. Government Printing Office, 1994, p. 14. (O arredondamento pode fazer com que haja uma discrepância de um nos números do *déficit*).

Contrariando a noção de que os *déficits* foram resultado de uma redução da receita fiscal pelo governo federal[323], essa receita na verdade chegou a níveis recordes durante a administração Reagan. Em todos os anos desta administração pode-se ver o governo federal arrecadar mais dinheiro do que em qualquer ano das administrações anteriores na história. No último ano da administração Reagan, em 1988, o governo federal arrecadou US$ 391 bilhões de dólares a *mais* do que em qualquer ano da administração Carter — em porcentagens, o governo arrecadou 76% a mais naquele ano do que jamais havia coletado em qualquer ano de qualquer outra presidência[324]. A ideia de que redução de impostos — para os ricos ou não — foi responsável pelo *déficit* desaparecer frente a essas estatísticas tão facilmente obtidas. O aumento dos gastos simplesmente foi maior do que o volume de receita fiscal, mesmo que centenas de bilhões de dólares a mais estavam chegando a Washington, mais do que nunca. Contudo, é claro que é sempre possível se gastar demais, não importa a quantia.

A ideia em si de "corte de impostos" reflete ambiguidades verbais do tipo tão explorada pelos competentes com as palavras entre os ungidos. Com exceção de um ano, a *receita fiscal* nunca caiu durante os dois mandatos de Reagan (e, mesmo neste ano, a receita foi maior do que jamais foi em qualquer outra administração). O que diminuiu foi a *taxa de imposto*. Quanto aos "ricos", mesmo se aceitarmos a definição popular de pessoas atualmente acima de uma certa faixa de renda, aqueles que têm a maior renda pagaram quantias maiores de dinheiro depois da diminuição da *taxa de imposto* do que antes. Eles inclusive pagaram uma porcentagem maior de todos os impostos pagos no país, de acordo com um relatório do House Ways and Means Committee, controlado pelos democratas[325]. O que incomodou os progressistas foi que "os ricos" pagaram uma porcentagem menor de suas crescentes rendas do que antes. Entretanto, qualquer que seja a metafísica de "ser justo", o revisionismo histórico pode ser comparado a dados concretos — e sempre fracassa.

---

[323] "Starved of tax revenues and confronted with a growing budget deficit", foi a caracterização de Robert Reich do governo federal durante a administração Reagan. Robert B. Reich, "Clintonomics 101", *New Republic*, 31/ago/1992, p. 26.
[324] Veja *Budget of the United States Government: Historical Tables*. Washington, D.C.: U.S. Government Printing Office, 1994, p. 14.
[325] Citado em BARTLEY, Robert L. *The Seven Fat Years*, p. 173.

CAPÍTULO IV | A IRRELEVÂNCIA DAS EVIDÊNCIAS

A noção de que a "redução de impostos para os ricos" causou o aumento na dívida nacional corresponde à noção de que "cortes no orçamento de programas sociais" foram responsáveis por muitas patologias sociais, incluindo o aumento de moradores de rua. Entretanto, como apontou o estudioso progressista Christopher Jencks, o gasto público federal com moradia aumentou durante os anos da administração Reagan. O que diminuiu foram as apropriações — a autorização legal do alocamento de despesas futuras[326]. Em outras palavras, diminuíram o dinheiro hipotético, mas aumentaram o dinheiro vivo. Como é dinheiro vivo que paga por moradia, o problema tinha suas raízes em outros fatores que não o gasto em moradia pelo governo.

Enquanto houver alguns programas sociais que de fato foram reduzidos na administração Reagan, a maior parte dos "cortes em programas sociais" foi redução em gastos projetados futuros. Ou seja, se o programa X estava gastando US$ 100 milhões de dólares um ano antes da administração Reagan iniciar, e estava buscando expandir para US$ 150 milhões de dólares ao ano, uma expansão de US$ 135 milhões de dólares seria chamada de um "corte" de US$ 15 milhões de dólares, mesmo que o programa tenha recebido US$ 35 milhões de dólares a mais do que jamais havia recebido antes. Isso está muito mais para novilíngua[327] de Washington do que qualquer coisa que as pessoas considerariam "cortes".

Para muitos dos ungidos, declarar que as políticas administrativas, econômicas, sociais e de relações exteriores estavam erradas, era malignas ou, até mesmo, perigosas, nunca foi o suficiente. Foi necessário ridicularizá-las como o resultado de um presidente completamente estúpido — um "adorável burro", como assim foi chamado pelo estadista democrata Clark Clifford (1906-1998). Essa difamação de Ronald Reagan iniciou antes mesmo de ele se tornar presidente e foi uma das razões porque suas chances de se tornar inclusive um candidato republicano, ainda mais presidente, foram consideradas nulas. Como um membro da equipe editorial do *The Washing Post*, Meg Greenfield (1930-1999), lembrou-se do clima entre aqueles em Washington em 1980:

---

[326] JENCKS, Christopher. *The Homeless*. Cambridge, Mass.: Harvard University Press, 1994, p. 96-98.
[327] Língua criada por George Orwell (1903-1950) para o seu romance *1984*. (N. E.)

Era fato conhecido entre outros candidatos e a maior parte da liderança do Partido Republicano, sem mencionar praticamente todos os políticos democratas, que Reagan era: velho demais, extremista demais, insignificante demais e nem um pouco inteligente para ganhar a nomeação. Os democratas, aliás, quando não estavam gargalhando dele, desejavam fervorosamente que ele fosse o candidato. Quando ele ganhou a convenção partidária em Detroit, pessoas que eu conhecia na Casa Branca de Carter estavam em êxtase[328].

Essa avaliação de Reagan perdurou, mesmo depois que ele derrotou o presidente Carter com margens enormes nas eleições de 1980. Essa visão dele permaneceu inalterada quando ele conseguiu a aprovação de legislações importantes pelo Congresso — a "revolução Reagan" —apesar da oposição daqueles que o desdenhavam, apesar do fato de que os republicanos nunca foram uma maioria em ambas as Câmaras legislativas durante o primeiro mandato de Reagan e não eram maioria em nenhuma das duas durante o segundo mandato. Em uma dissertação de 1987, cheia de referências arrogantes ao "Ronnie", Gore Vidal (1925-2012) usou, para demonstrar como o presidente Reagan não tinha noção da realidade, a seguinte fala dele: "Eu acredito que comunismo é mais um capítulo triste e bizarro na história humana, cujas últimas páginas estão sendo escritas ainda hoje"[329]. O súbito colapso subsequente do comunismo no bloco soviético foi previsto por poucos entre os ungidos que ridicularizaram Reagan.

O objetivo aqui não é fazer uma reavaliação da administração Reagan — uma tarefa que pode ser deixada para historiadores do futuro —, mas sim examinar o papel das evidências para os ungidos. Aqui, assim como em toda parte, os critérios que eles utilizaram não foram critérios pragmáticos de sucesso, seja nas pesquisas, na política de Washington, ou no cenário internacional. O critério soberano foi a concordância com a visão dos ungidos e Ronald Reagan tinha que falhar nesse teste, porque nenhum presidente, em meio século, foi tão aquém daquela visão. As possíveis escolhas entre os ungidos eram de abandonar uma visão querida ou retratar Ronald Reagan

---

[328] JOHNSON, Haynes. *Sleepwalking Through History*. Nova York: Anchor Books, 1992, p. 447; Meg Greenfield, "Misplaying Gingrinch", *Newsweek*, 19/dez/1994, p. 78.
[329] Citado, com as últimas oito palavras em itálico, em VIDAL, Gore, *United States: Essays 1952-1992*. Nova York: Random House, 1992, p. 1003.

CAPÍTULO IV | A IRRELEVÂNCIA DAS EVIDÊNCIAS

como um idiota trapalhão, mesmo que isso significasse tratar provas concretas como irrelevantes.

Menosprezando a História

Reclamações sobre a diminuição na qualidade de vida da geração mais jovem, sobre o aumento na criminalidade, ou sobre inúmeros outros problemas foram ridicularizados pelos ungidos, citando pessoas que demonstraram preocupações similares e previsões terríveis no passado. Não só essa tática tira a responsabilidade dos ungidos de debater os méritos específicos da questão em particular, como também reforça a ideia de um público irracional, cujas visões não precisam ser levadas a sério.

Aqueles que reclamaram sobre o aumento da criminalidade que seguiram a expansão jurídica dos tais "direitos" dos criminosos na década de 1960 foram ridicularizados por meio de citações de pessoas que reclamaram anteriormente sobre mimar demais os criminosos e que previram terríveis consequências. Reclamações sobre a diminuição do padrão comportamental dos mais jovens são ainda mais antigas na história — dos tempos dos romanos, por exemplo — e assim são ainda mais úteis para menosprezar tais queixas hoje. Raramente se considera necessário apresentar qualquer evidência de que (1) essas queixas não tinham fundamento, ou de que (2) o fato de que a delinquência não ter nos levado às horrendas condições previstas não foi devido àqueles avisos e as ações que seguiram para impedir o desastre e para contornar a situação. Um exemplo histórico pode ilustrar esse ponto — e, apesar de um exemplo raramente ser fator decisivo para todo um conjunto de problemas, é uma demonstração notável dos perigos de se chegar a conclusões devastadoras sem evidência.

Na América do início do século XIX, havia muito alarde do público sobre bêbados, violência e crime. Além disso, evidências empíricas sugerem que esses alardes eram bem fundamentados. Como resultado, campanhas massivas contra esses males sociais foram lançadas por diversas organizações, em níveis locais e nacionais. Esses incluíam um movimento de moderação que atravessou a nação, junto com o renascimento das religiões e a criação da Associação Cristã de Moços, com uma mensagem moral acompanhando suas atividades atléticas e outras. Departamentos policiais organizados e uniformizados foram criados em cidades grandes, substituindo outros métodos perigosos de aplicação das leis. Os empregadores começaram a exigir candidatos por evidências de frequentarem as igrejas. Organizações voluntárias começaram a levar jovens em situação de rua para famílias de fazendeiros. Em resumo, houve um esforço generalizado em diversas áreas para enfrentar a degeneração social[330]. Além disso, esses esforços valeram a pena. O consumo *per capita* do álcool começou a diminuir em 1830 e, em 1850, havia caído para 1/5 do que era em 1829[331]. Um declínio na criminalidade iniciou na metade do século XIX e continuou até o início do século XX[332].

Enquanto sempre existiram "muitos fatores" envolvidos, um dos mais óbvios sendo a mudança na composição etária da população, essa só foi responsável por uma pequena fração da diminuição da criminalidade[333]. De forma mais fundamental, do ponto de vista da avaliação das histórias menosprezadas, havia um problema bem real para começo de conversa, esforços realmente sérios para lidar com isso e um progresso bem real após esses esforços. Não foi simplesmente uma obscurecida histeria sem fundamentos para os ungidos menosprezarem.

A era na qual houve diminuição na criminalidade, alcoolismo e outras depravações foi, é claro, a era de "moralidade vitoriana", tão desdenhada pelos ungidos modernos. Seu histórico, entretanto, se prova favorável ao histórico da oposição.

DEBATENDO SEM ARGUMENTOS

Há muitas táticas de debate que substituem argumentação com substância para que se faça um estudo compreensivo a respeito. No entanto, meia dúzia de substitutos comuns podem ilustrar muito bem. São elas (1) a dicotomia do "complexo" e do "simplista"; (2) a retórica do tudo-ou-nada; (3) enter-

---

[330] WILSON, James Q. e HERRNSTEIN, Richard. *Crime and Human Nature*. Nova York: Simon & Schuster, 1985, p. 430-33.
[331] *Ibid.*, p. 433.
[332] *Ibid.*, p. 428.
[333] *Ibid.*, p. 426-28.

CAPÍTULO IV | A IRRELEVÂNCIA DAS EVIDÊNCIAS

rar os detalhes específicos em generalizações inócuas; (4) alterar para o ponto de vista presumido de outra pessoa, em vez de fundamentar suas próprias afirmações com evidência ou lógica; (5) declarar "direitos"; e (6) realizar afirmações vagas com um ar de certeza e sofisticação.

O Complexo "Complexo"

Um dos chavões mais recorrentes do ungido contemporâneo é "complexo", geralmente dito com um senso de superioridade contra aqueles que discordam — estes últimos sendo taxados de "simplistas".

O mundo real é, obviamente, mais complexo do que qualquer frase que alguém possa criar sobre ele, seja uma afirmação feita em três palavras ou em três volumes. Uma descrição exaustiva de um relógio, por exemplo, incluindo seus mecanismos internos, as várias fontes dos materiais das quais ele foi produzido, assim como os princípios da física que determinam como o relógio conta as horas, sem mencionar as complicações conceituais na noção do tempo em si — uma batalha de Albert Einstein e Stephen Hawking, entre outros —, preencheria volumes, se não estantes inteiras — além das complicações econômicas envolvendo o financiamento, produção e distribuição global de relógios em economias diferentes. Entretanto, apesar de tudo isso, a maioria de nós não encontraria nada de errado com a simples afirmação de que o Joe está usando um relógio, para que ele soubesse que horas parar de trabalhar e ir para casa. Essa afirmação não teria sua fundamentação questionada por ser "simplista".

Já que uma descrição de verdade seria exaustivamente infinita, temos que necessariamente aceitar descrições menos fatigantes o tempo todo. O que é de fato simplório é usar fatos de forma *seletiva* para ignorar conclusões intragáveis, sem ter que oferecer lógica ou evidência, fora a simples afirmação de que essas conclusões são "simplistas" de forma geral ou, mais especificamente, porque deixaram de fora algum elemento particular. Demonstrar que o elemento esquecido altera as conclusões relevantes de algum modo fundamental é a verdadeira tarefa — uma tarefa com frequência evitada meramente utilizando a palavra "simplista".

Algumas vezes há uma pressuposição oculta de que fenômenos sociais complexos não podem ter causas simples. Ainda assim, muitas dessas pessoas que pensam assim não têm dificuldade em aceitar uma teoria de um meteoro gigante atingindo a Terra — um evento muito simples, porém catastrófico —, o que poderia ter ramificações que incluem nuvens de poeira obscurecendo o sol, o que levaria à queda de temperatura por todo o planeta e a expansão da calota de gelo polar, resultando em migrações e extinções de espécies inteiras.

Com os fenômenos sociais também, um simples ato pode resultar em repercussões complicadas. Uma lei federal que simplesmente diga que nenhuma taxa de juros poderá ultrapassar 4% ao ano nos EUA traria repercussões incrivelmente complicadas, do mercado de ações à indústria de construção, da exploração do petróleo à disponibilidade de cartões de crédito. Diversos cargos, firmas, indústrias seriam devastados. O crime organizado, com seus agiotas, prosperaria. Movimentos massivos de capital internacional desestabilizariam o comércio e o pagamento entre as nações, abalando economias em todo o mundo e criando tensão nas relações entre alianças regionais e globais. Todas essas complicações — e mais — seriam resultantes de uma lei escrita com uma curta frase, simples o suficiente para ser compreendida por qualquer criança de 10 anos.

Fenômenos complexos podem, portanto, ter também causas complexas. Contudo, o dogma *a priori* de que não podem ter causas simples é do complexo "complexo". É mais uma maneira de aparentar estar argumentando sem argumentos de fato. É também mais um exemplo da presunção de sabedoria e/ou virtude superior que está no centro da visão dos ungidos. De maneira tática, esse dogma os permite negar, puramente *a priori*, que todas as suas sensíveis intervenções nos sistemas legais, econômicos ou sociais podem ter sido responsáveis pelas muitas consequências contraprodutivas que com tanta sequência se seguem.

Apesar das tentativas de ignorar conclusões desagradáveis, alegando que elas são "simplificadas demais", nada é simplificado de forma *exagerada* a não ser que esteja errado — e errado especificamente para o item em questão. O antigo modelo ptolomaico do Universo há muito foi tido como incorreto, em favor do modelo copernicano, mais sofisticado, mas o modelo ptolomaico continua a ser usado por astrônomos modernos para computar a hora e a duração de eclipses — e o faz com precisão de frações de segundo. Os pontos onde o modelo ptolomaico está errado simplesmente não afetam esses tipos de cálculo. Já que suas suposições são mais simples do que aquelas do modelo

CAPÍTULO IV | A IRRELEVÂNCIA DAS EVIDÊNCIAS

copernicano, são mais fáceis de usar nos cálculos, sem sacrificar a precisão. Para outros propósitos, como enviar uma nave para Marte ou Vênus, o modelo ptolomaico do Universo deve ceder a vez para o modelo copernicano — porque este traz informações mais precisas *para aquele propósito*.

Como todas as teorias de fenômenos complexos devem ser simplificadas, para que seja possível completá-las no período da análise, questionar se uma teoria em particular é simplificada *em exagero* é, no final das contas, um questionamento empírico, indagando se a teoria leva a conclusões demonstradamente falsas para o propósito escolhido. Demonstrar que as conclusões são falsas — não as suposições, que são sempre falsas, pelo menos no sentido de serem incompletas — é uma precondição para determinar se uma teoria foi simplificada demais. Meramente chamar, *a priori*, uma análise de "simplificada demais" é colocar a carroça na frente dos bois, por fugir da responsabilidade demonstrando primeiro a falsidade de suas conclusões.

Se houver centenas de fatores envolvidos em algum fenômeno — seja físico ou social — e alguém afirma que pode realizar previsões sobre aquele fenômeno com um certo nível de precisão, usando apenas três daqueles fatores, então, perguntar se isso é loucura ou genial é basicamente questionar se essa pessoa consegue mesmo. Não é questão de parecer mesmo plausível. A teoria do mercantilismo pode parecer mais plausível do que a teoria da relatividade de Einstein (1879-1955), mas esta foi verificada — por exemplo, em Hiroshima e Nagasaki — enquanto o mercantilismo falhou repetidamente ao longo dos séculos, apesar de ainda viver politicamente graças à sua plausibilidade.

O motivo mais fundamental para não se basear na plausibilidade é: o que parece plausível é uma função de nossas suposições existentes, logo não pode ser um teste dessas suposições. Fugir de argumentos contrários com base *a priori* de que são "simplistas" é proteger a visão predominante de *feedback*.

Uma apreciação das muitas complexidades envolvidas em solucionar problemas controversos pode sugerir que a existência de conclusões alternativas (ou opostas) é algo que se pode razoavelmente esperar de indivíduos inteligentes e informados, que interpretaram as evidências complicadas de forma diferente, ou que pesam os fatores complexos ou as probabilidades desconcertantes de maneira diferente. Desta perspectiva, complexidade sugere tolerância intelectual ou ideológica. Mesmo assim, essa é raramente a conclusão dos ungidos. Apesar de sua ênfase na complexidade, o problema quase nunca é considerado *tão* complexo assim. Só é complexo o suficiente para que indivíduos inteligentes e compassivos claramente estejam de um lado, enquanto aqueles no outro lado são considerados deficientes de, pelo menos, uma dessas qualidades. Essa atitude foi exemplificada nas opiniões de Anthony Lewis (1927-2013), colunista do *The New York Times*, sobre uma questão muito debatida — e de fato complexa[334]—, a pena de morte. A pena capital vai perdurar, ele disse, "até que, talvez, algum dia, a razão domine a emoção primitiva"[335]. Tem como ser mais autocongratulatório do que isso? De forma similar, o juiz Harry Blackmun (1908-1999) escreveu em uma de suas opiniões da Suprema Corte: "Temo pelas trevas enquanto quatro juízes aguardam ansiosamente o único voto necessário para extinguir a luz"[336]. Em outras palavras, seus colegas que tinham opinião diferente dele representavam as forças das trevas. De forma parecida, e em um conjunto diferente de questões, Ralph Nader declarou: "É tudo ou preto ou branco" e "nenhuma pessoa honesta pode discordar"[337].

Tudo ou Nada

A maioria das diferenças importantes na vida real são diferenças de níveis — mesmo quando essas são diferenças extremas, como aquela entre um camponês malnutrido, dono apenas dos trapos em seu corpo, e um marajá enfeitado com ouro e vivendo em um de seus muitos palácios. Mesmo assim, desenvolveu-se uma tática polêmica que permite com que qualquer afirmação, verdadeira ou não, ser completamente negada, simplesmente porque ela não é 100% verdadeira em todas as circunstâncias. A frase mais óbvia e simples — que o céu é azul, por exemplo — pode ser negada, usando esta tática, porque o céu não é azul *sempre*. Ele é avermelhado no pôr-do-sol, escuro à meia-noite e cinza em dias nublados. Assim, é "simplista" dizer que o oceano

---

[334] Algumas das complexidades a respeito do debate sobre a pena de morte são discutidas em SOWELL, Thomas, *Knowledge and Decision*. Nova York: Basic Books, 1980, p. 283-88.
[335] Anthony Lewis, "Life and Death", *New York Times*, 23/abr/1992, p. A19.
[336] *Planned Parenthood v. Casey*, 112 S. Ct. 2791 (1992) at 2844.
[337] *Ibid.*

CAPÍTULO IV | A IRRELEVÂNCIA DAS EVIDÊNCIAS

é água, porque há diversos tipos de minerais dissolvidos no oceano, que também contém peixes, vida vegetal e submarinos, entre outras coisas.

Essa tática de trivializar é utilizada por muitos, de forma seletiva, para negar o que quer que se precise negar, não importa o quão verdadeiro seja. Mesmo nos tempos de Stalin, distinguir entre o mundo comunista e o mundo livre trazia rejeições dessa qualidade, baseadas em desigualdades específicas, injustiças ou restrições encontradas no tal "mundo livre", como a *intelligentsia* frequentemente afirma, impedindo assim que fosse considerado 100% livre, democrático e justo. Essa tática persistiu durante toda uma era, durante a qual milhões de seres humanos na Europa e Ásia fugiram de suas terras natais, muitas vezes deixando para trás seus pertences mundanos e encerrando os laços pessoais de toda uma vida, às vezes tomando riscos desesperados com suas próprias vidas e as vidas de seus filhos — tudo por uma tentativa de alcançar o "dito 'mundo livre'". Essa tática verbal continuou, ainda que as próprias nações comunistas tenham optado por submeter-se a convulsões políticas e ao caos econômico somente para se parecerem mais com o "dito 'mundo livre'".

Esse pensamento de tudo ou nada permite aos ungidos dizer que coisas como crime, abuso infantil e alcoolismo ocorrem em *todas* as classes, que *todos* os segmentos da sociedade são suscetíveis à Aids, e além de ofuscar as enormes diferenças consequentes em todas essas áreas. A retórica do tudo ou nada também serviu como substituta para argumentos em outros contextos. Tentativas de resistir à crescente politização de tribunais, faculdades e outras instituições também foram alvo de rejeições e chacota similares, com base no fato de que estas instituições *já* são políticas, portanto, é "hipocrisia" protestar agora contra a sua politização, meramente por causa da maior presença de ideias políticas com as quais discordamos[338]. Essa argumentativa de tudo ou nada se tornou a resposta padrão para qualquer resistência à crescente politização de qualquer instituição ou organização.

Obviamente, se não há completa anarquia, deve haver alguma estrutura política e as instituições presentes em uma sociedade devem estar ligadas a essas estruturas de alguma forma, nem que seja ao obedecer às leis do país. Nenhuma instituição em qualquer sociedade poderia ser apolítica no sentido

---

[338] Para um exemplo desse tipo de raciocínio, veja Jay Parini, "Academic Conservatives Who Decry 'Politization' Show Staggering Naivete About Their Own Biases", *Chronicle of Higher Education*, 7/dez/1988, p. B1.

de ser hermeticamente isolada da autoridade do governo. Ainda assim, séculos de luta e derramamento de sangue fizeram parte dos esforços para criar zonas de autonomia, limites constitucionais a governos e tradições institucionais, tudo para proteger indivíduos e organizações do impacto total das atividades políticas e poder governamental. A separação entre igreja e estado, a inviolabilidade da relação médico-paciente, a vitaliciedade de juízes federais e a dispensa do testemunho entre cônjuges nos tribunais são apenas alguns exemplos dessas tentativas de isolar o poder do governo e do processo político.

Não obstante, a retórica do tudo ou nada é usada para negar que qualquer instituição seja apolítica, justificando assim coisas como transformar as salas de aulas em centros de propaganda e juízes ignorando a lei escrita e substituindo-a por suas próprias teorias sociais na base de suas decisões judiciais. No mínimo, se poderia debater os méritos ou consequências específicas de tais ações, ao invés de encerrar o assunto previamente ao utilizar argumentos banais de que as instituições ou tribunais *já* são "políticos" — de alguma forma. Diferenças extremas de níveis são compreendidas frequentemente como diferenças de tipo, quando nos referimos a um marajá como "rico" e um camponês faminto como "pobre", mesmo que cada um possua algo e nenhum deles possua tudo.

Uma variação especial da tática tudo ou nada é o que pode ser chamado de "agnosticismo tático". O professor de direito Ronald Dworkin (1931-2013), por exemplo, foi contra a aplicação de leis contra a incitação de protestos violentos porque "não temos nenhuma compreensão firme do processo no qual uma demonstração degenera-se em um protesto violento"[339]. Aparentemente a sociedade deve permanecer paralisada até que se tenha prova definitiva, o que, é claro, ninguém tem na maioria das decisões pessoais ou sociais.

As táticas de tudo ou nada são quase que infinitamente adaptáveis como substitutos de argumentação e evidência em uma grande variedade de questões. Por exemplo, qualquer proposta política rejeitada pelos ungidos pode ser ignorada como "não existe nenhuma panaceia". Já que nada é uma panaceia, essa caracterização está sempre correta, ignorando-se os méritos ou deméritos da política ou suas alternativas. Essa frase categórica simplesmente

---

[339] DWORKIN, Ronald. *Taking Rights Seriously*. Cambridge, Mass.: Harvard University Press, 1980, p. 202. Em português encontramos a seguinte edição: DWORKIN, Ronald. *Levando os Direitos a Sério*. 3ª Ed. São Paulo: WMF Martins Fontes, 2010. (N. E.)

CAPÍTULO IV | A IRRELEVÂNCIA DAS EVIDÊNCIAS

é uma substituta para a lógica ou evidência daqueles méritos ou deméritos. Por outro lado, quando uma política promovida pelos ungidos acaba criando mais problemas do que soluções (se é que soluciona algo), as tentativas de mostrar como a situação anterior era muito melhor quase que certamente serão dispensadas, argumentando-se que os oponentes têm nostalgia pelos "tempos áureos" que, na realidade, nunca existiram. Por essas épocas de ouro serem tão raras quanto panaceias, esse truísmo serve novamente para se antecipar qualquer argumento real sobre os méritos ou deméritos de políticas alternativas.

A falácia do tudo ou nada também é usada para lidar com analogias usadas a favor ou contra a visão dos ungidos. Como todas as coisas são diferentes, fora suas similaridades, e são iguais com exceção das diferenças, qualquer analogia (adequada ou não) pode ser rejeitada por aqueles que julgam como objeção suficiente o fato das coisas analisadas não serem "mesmo" iguais. Pela mesma razão, quaisquer analogias escolhidas (não importa o quão distorcidas) podem ser defendidas com base na questão de que as partes daquela analogia envolvem os mesmos princípios "implícitos" ou "essenciais". Gelo e vapor são a mesma coisa, quimicamente falando, porém, é claro que não são fisicamente a mesma coisa. Assim como é possível criar ou negar uma analogia entre gelo e vapor, qualquer outra analogia pode ser criada ou negada de maneira seletiva. De maneira similar, pode-se dizer que houve o "sucesso" de algo — como Lincoln Steffen (1866-1936) disse de forma um pouco prematura sobre a União Soviética —, ou que houve o fracasso — como disseram os críticos das políticas da administração Reagan —, porque *tudo* funciona se as expectativas são baixas o suficiente e tudo fracassa frente expectativas altas o bastante. Tais afirmações não são argumentos. Elas são *táticas* substituindo argumentos — e são aceitas apenas por concordarem com a visão predominante.

Uma variação especial do princípio do tudo ou nada é a ideia de que, ou se sabe *exatamente* o que uma certa afirmação significa, ou se pode iniciar uma aventura na reinterpretação das palavras. Na literatura, isso é chamado de "desconstrução" e no Direito é chamado de "ativismo judicial". Ativistas judiciais, por exemplo, dão grande ênfase ao fato de que a Constituição dos Estados Unidos da América não ser "precisa" ou "exata" em algumas partes[340]. No final, nada é exato — nem mesmo as medidas físicas,

---

[340] BICKEL, Alexander M. *The Least Dangerous Branch*. Indianapolis: Bobbs-Merrill, 1962, p. 36.

pois os instrumentos não podem ser considerados 100% precisos. No mundo real, entretanto, essa dificuldade teórica é solucionada na prática através do estabelecimento de limites de tolerância, que variam com o propósito em questão. Um instrumento de precisão óptica que está desalinhado doze centímetros pode não prestar mais para uso, enquanto um míssil nuclear, que atinge um ponto a oito quilômetros de distância do alvo, teve basicamente o mesmo efeito que teria caso tivesse atingido o centro exato de seu alvo. Entretanto, na visão dos ungidos, a ausência da precisão se torna uma autorização para que se use a imaginação em seu lugar. Na realidade, a questão não é o que *exatamente* a Constituição quer dizer com "punição cruel e incomum", mas sim se a pena de morte, por exemplo, está inclusa ou não. Precisão é uma pista falsa.

Argumentos de tudo ou nada não são apenas erros intelectuais. São táticas que blindam os ungidos contra os limites impostos por argumentos contrários, evidências contraditórias, ou — no caso de ativismo judicial — dos limites da Constituição. Mais importante que tudo, eles são livres do *feedback* de uma realidade que não coopera.

Generalizações Inofensivas

Mais uma técnica para argumentar sem realmente utilizar argumentos é a de esconder os detalhes das preferências políticas de alguém em uma vasta generalização, tão difundida que não pode efetivamente se opor a ela. Por exemplo, muitas pessoas dizem que elas são a favor da "mudança" — deixando implícito ou afirmando que aqueles que se opõem àquelas mudanças específicas são *contra* a mudança. Ainda assim, ninguém é contra "mudanças" no sentido genérico da palavra.

Os conservadores mais convictos exigem uma variedade de mudanças que diferem em seus detalhes específicos, ao invés de variarem em número ou magnitude, das mudanças defendidas por aqueles considerados progressistas ou radicais. Milton Friedman (1912-2006) escreveu um livro chamado *Tirania do Status Quo* (1984) e as mudanças políticas dos anos 1980 foram chamadas de a "Revolução Reagan". Edmund Burke (1729-1797), o santo padroeiro do conservadorismo, disse: "Um Estado sem os meios para a mudança é um Es-

CAPÍTULO IV | A IRRELEVÂNCIA DAS EVIDÊNCIAS

tado sem os meios para sua conservação"[341]. A mudança em si simplesmente não é um assunto polêmico. Ainda assim, uma prática comum entre os ungidos é a de se declararem enfaticamente, piamente e de forma desafiadora a favor da "mudança". Dessarte, aqueles que se opõem especificamente às suas mudanças são tidos como pessoas contra a mudança no geral. É como se pessoas contra a equação $2 + 2 = 7$ fossem tidos como pessoas contra a matemática. Tais táticas podem, entretanto, ser mais efetivas politicamente do que tentar defender a equação baseando-se em seus próprios méritos.

A mudança engloba tudo, do genocídio à Segunda Vinda de Cristo. Limitar o termo a uma mudança benéfica — "progresso" — não é ser mais específico. Deixando de lado se os resultados antecipados acontecerão mesmo com as políticas apoiadas, frequentemente há sérias diferenças de opinião sobre se dado resultado empírico é de fato moralmente ou socialmente desejável. Todos são a favor de um resultado benéfico, eles simplesmente o definem em termos radicalmente diferentes. *Todos* são "progressistas" do seu próprio ponto de vista. O fato de os ungidos acreditarem que esse rótulo os diferencia das outras pessoas é apenas mais um dos sintomas de seu narcisismo inocente.

Nos círculos acadêmicos, a generalização igualmente vasta é considerada "diversidade", o que geralmente se trata de uma visão política bem restrita, como se aqueles que repetem infinitamente a palavra "diversidade" não tivessem nem ideia de que a diversidade em si é diversa e tem muitas dimensões além daquela com a qual eles estão preocupados. Apoiadores da diversidade no sentido de raça ou gênero são frequentemente hostis à diversidade ideológica, quando ela inclui valores e ideias tradicionais ou "conservadoras".

"Inovador" é mais uma das generalizações usadas no lugar de argumentos, assim como "fazendo a diferença" é promovido como algo desejável, sem nenhum argumento específico. Entretanto, o Holocausto era "inovador" e Hitler "fez a diferença". Os ungidos, é claro, querem dizer que suas inovações em particular serão benéficas e que suas políticas irão fazer a diferença no sentido de trazer melhora. Contudo, é precisamente isso que precisa ser argumentado ao invés de desviar da responsabilidade de produzir evidências ou lógica utilizando palavras preventivas.

---

[341] BURKE, Edmund. *Reflections on the Revolution in France*. Nova York, Everyman's Library, 1967, p. 19-20. Em português destacamos a seguinte edição: BURKE, Edmund. *Reflexões sobre a revolução na França*. São Paulo: Edipro, 2014. (N. E.)

O Ponto de Vista Ambulante

Muitas vezes as controvérsias políticas começam na forma de um argumento em uma conversa, examinando suposições opostas, razão, lógica ou evidências — e então, mudam de repente para a apresentação de conclusões confusas de um dos lados. Esta tática é mais uma maneira dos ungidos parecerem que estão argumentando, sem a responsabilidade de realmente produzirem ou defenderem algum argumento.

Durante as revoltas estudantis dos anos 1960, por exemplo, o colunista Tom Wicker, respondendo àqueles que denunciavam que a razão e a civilidade estavam sendo violadas nos *campi* universitários, escreveu: "desde sempre, conforme hoje os alunos veem coisas, a 'razão e civilidade' meramente escondem a hipocrisia e o cinismo, e seu objetivo é o de 'atravessar a máscara com um ataque'". Quanto à tomada de um prédio pelos alunos em Harvard, Wicker disse:

> "Quem realmente abandonou a 'razão e a civilidade'?", os alunos perguntaram: os alunos que tomaram o prédio para protestar a retenção de R.O.T.C. pela Harvard Corporation, ou os administradores que chamaram a polícia para expulsar os protestantes com o que foi amplamente considerado violência excessiva?[342]

Esse truque de mágica verbal não apenas permitiu que Wicker apresentasse justificativas sem precisar se justificar, mas também permitiu transformar uma minoria vocal e violenta em representantes para todos os alunos:

> Alunos de todas as partes acreditam que um *"establishment"* — político, social, econômico, militar — manipula a sociedade para seus objetivos próprios, de tal forma que a o poder do povo é apenas um mito. A guerra continua, o racismo continua, a pobreza permanece, apesar das pregações familiares de norte-americanos sobre paz, democracia, prosperidade e o governo da razão[343].

---

[342] Tom Wicker, "What Are the Real Issues?" *Current*, jun/1969, p. 5.
[343] *Ibid*.

CAPÍTULO IV | A IRRELEVÂNCIA DAS EVIDÊNCIAS

Se Wicker tivesse ficado sozinho em dizer que o fracasso da sociedade norte-americana — como todas as outras sociedades no planeta — em solucionar todos os seus problemas é uma justificativa para a violência, seria esperado que ele apresentasse alguma lógica ou evidência. Ao invés disso, ele conseguiu mudar o ponto de vista de "alunos de todas as partes" e caracterizá-los como "juventude idealista"[344]. No geral, dizer que "para alguns observadores"[345] parece que isso ou aquilo é verdade não tem nenhum sentido como justificativa, porque obviamente não haveria nenhum problema a não ser que algum outro observador visse as coisas de outra forma.

Fugir da responsabilidade das suas conclusões ao mudar para o ponto de vista de outra pessoa é ilegítimo, pior ainda é quando um *suposto* ponto de vista, contradito pelo que aquelas pessoas em quem você confia de fato disseram. No início das revoltas de Los Angeles de 1992, por exemplo, muitos dos ungidos justificaram a violência e destruição mudando para o suposto ponto de vista da "comunidade negra" — quando na verdade 58% dos negros entrevistados consideraram as revoltas "totalmente sem justificativa"[346]. Justificar atividades criminais alterando o ponto de vista presumido dos outros vai muito mais longe no tempo e espaço. Ramsey Clark, por exemplo, declarou: "Nada justifica mais a má conduta de um homem pobre, ao seu ver, do que a convicção de que os ricos o estão roubando através de preços excessivos e a venda de bens defeituosos"[347]. Nenhuma evidência, por menor que fosse, foi apresentada para mostrar que a típica pessoa pobre via as coisas desse "ponto de vista", ou mais propriamente, pelo ponto de vista de Ramsey Clark.

Mesmo em estudos acadêmicos, alterar seu ponto de vista substituiu a lógica e a evidência. Por exemplo, o historiador David Brion Davis (1927-2019) afirmou que "Emerson reconheceu os motivos econômicos da Emancipação britânica" dos escravos em seu império[348], assim livrando-o da formidável tarefa de explicar essa conclusão frente massiva evidência do contrário.

---

[344] *Ibid.*, p. 6.
[345] *Ibid.*
[346] Frank Clifford e David Ferrell, "Los Angeles Strongly Condemns King Verdicts, Riots", *Los Angeles Times*, 4/mai/1992, p. A4.
[347] CLARK, Ramsey. *Crime in America: Observations on Its Nature, Causes, Prevention and Control*. Nova York: Simon & Schuster, 1970, p. 37-38.
[348] DAVIS, David Brion. *The Problem of Slavery in Western Culture*. Ithaca, N.Y.: Cornell University Press, 1966, p. 27.

Palavras como "reconheceu" ou "admitiu", junto a falas selecionadas, mudam tanto o ponto de vista quanto o ônus da prova.

    Mudar o ponto de vista para o indivíduo, em uma questão que vai muito além daquela pessoa, toma a forma mais específica do que os especialistas em lógica chamam de "falácia da composição" — pressupor que aquilo que se aplica a uma parte também se aplica ao todo. Por exemplo, é verdade que uma pessoa no público de um estádio pode ver melhor o jogo se levantar-se, mas não será verdade que todos verão melhor se todos se levantarem. Aqueles que focam nos efeitos de qualquer política governamental ou decisão jurídica em indivíduos ou grupos em particular muitas vezes cometem implicitamente a falácia da composição, já que a ideia de políticas governamentais e decisões jurídicas é que se apliquem de forma ampla e a muitas pessoas — e o que acontece como consequência àqueles que são ignorados não é menos importante do que o que acontece com aqueles que foram excluídos arbitrariamente por um observador.

    A colunista do *The New York Times*, Anna Quindlen, por exemplo, quanto às a críticas dos protestos de ativistas *gays* pedindo por mais dinheiro para a Aids, respondeu: "Se eu pudesse ajudar a dar uma segunda chance a alguém que eu amo, ou mesmo um ano extra de vida, o que as pessoas pensam a respeito não me preocuparia nem um pouco"[349]. Em outras palavras, os desejos do grupo escolhido arbitrariamente são os critérios utilizados, não as consequências de tal comportamento em outras pessoas, cujo dinheiro será utilizado para o benefício deles — ou as consequências na sociedade em permitir que atitudes de grupos violentos dominem as decisões sociais. De forma similar, Quindlen fez referência às cartas de outros leitores sobre outros assuntos, dizendo: "Obrigado por falarem a nossa verdade"[350]. Não importa o quão grandiosas ou vagamente poéticas essas palavras possam parecer, o fato é que a verdade não pode se tornar propriedade privada sem perder todo o seu significado. A verdade é venerada exatamente por seu valor de comunicação *interpessoal*. Se cada um de nós tem sua própria verdade, então, estaríamos em melhor situação (como também seria mais honesto) se parássemos de usar a

---

[349] QUINDLEN, Anna. *Thinking Out Loud: On the Personal, the Political, the Public and the Private*. Nova York: Random House, 1993, p. 252.
[350] *Ibid.*, p. 5.

palavra ou o conceito e reconhecer que não se pode mais confiar na palavra de ninguém. A insinuação mais sutil é a de que devemos ser mais "sensíveis" às "verdades" de alguns grupos específicos — ou seja, que devemos excluir, de forma arbitrária, alguns grupos por critérios diferentes, levando em consideração as modas da época ou a visão dos ungidos.

Rituais dos "Direitos"

Uma das maneiras mais notáveis — e populares — de aparentar estar argumentando sem realmente produzir qualquer argumento é a de dizer que algum grupo ou indivíduo tem o "direito" a alguma coisa que você quer que eles tenham. Tais afirmações podem ter vários significados diferentes. Por exemplo:

1. Alguma lei ou política autorizou esse "direito" que, de alguma forma, continua a ser negado, criando assim a necessidade de reafirmar sua existência;
2. Algum princípio moral aceito de forma geral tem como seu corolário que algumas (ou todas) pessoas mereçam o que aquele "direito" diz, apesar do fato que, se esse direito precisa ser reafirmado, sugere que outros demoraram a fazer essa conexão lógica;
3. A pessoa afirmando o "direito" em questão gostaria que algumas pessoas (ou todas) tivessem o que o direito implica, mesmo que não exista nenhuma autorização legal ou política para aquele direito e que não haja um consenso de que deva existir.

Nos dois primeiros casos, em que há alguma base preexistente para o "direito" reivindicado, essa base só precisa ser especificada e defendida. Ainda assim, isso requer um argumento. O terceiro significado se tornou o mais difundido, especialmente entre aqueles com a visão dos ungidos, e é usado largamente como substituto para argumentos. Tome, por exemplo, a seguinte afirmação: "Todo norte-americano tem o direito a moradia decente". Se tudo que está sendo dito é que alguns de nós (ou todos nós) preferimos ver todos os norte-americanos morando em locais que atendam ou superem algum critério que temos para "moradia decente", portanto, não há a necessidade para a palavra "direito", que não adiciona informações e pode ser confundida com autorização legal, ou argumento moral, nenhum dos quais está presente. Além disso, se formos bonzinhos o bastante para dizer que tais "direitos" meramente se reduzem ao que gostaríamos que fosse verdade, não há a necessidade de restringir a afirmação a norte-americanos ou a moradias que são meramente "decentes". Com certeza seríamos todos mais felizes vendo cada ser humano do planeta vivendo em *palácios* — um desejo que não tem nem menos, nem mais, argumentos do que o "direito" à moradia "decente".

Mesmo que seja um objetivo modesto, moradia "decente" não se cria sozinha, não mais do que palácios. Humildemente, alguém precisa construir uma casa, o que requer trabalho, habilidade, recursos materiais e riscos financeiros para aqueles cujos investimentos assinam a operação. Dizer que alguém tem o "direito" a qualquer tipo de moradia é dizer que os outros têm uma obrigação de empenhar todos estes esforços em favor dela, sem a obrigação de compensação recíproca. Direitos *advindos de* interferência do governo — "O Congresso não deverá fazer nenhuma lei", como está na Constituição sobre religião, liberdade de expressão etc. — podem ser gratuitos, mas o direito *a* alguma coisa significa que outra pessoa será obrigada a prestar serviço de forma involuntária, sem nenhuma obrigação correspondente de sua parte de se manter, de compensar outros, ou até de se portar de forma responsável ou decente. Aqui a linguagem de direitos iguais é recrutada para serviços de defesa de privilégios que nos dividem.

Mais importante ainda, de nossa perspectiva atual, tudo isso é feito sem nenhum argumento, mas meramente utilizando as palavras "direitos", que focam arbitrariamente nos beneficiados e ignora aqueles cujo tempo e recursos foram solicitados. Desta forma, por exemplo, Bill Clinton declarou, durante a campanha eleitoral de 1992, que a saúde era "um direito, não um privilégio"[351]— uma dicotomia bonita que elimina verbalmente toda a vasta gama de coisas pelas quais trabalhamos, precisamente porque não são nem direitos, nem privilégios. Para uma sociedade como um todo, nada é um direito — nem mesmo a pura subsistência, que deve ser produzida por esforços

---

[351] "Text of Address by Clinton Accepting the Democratic Nomination", *New York Times*, 17/jul/1992, p. A13.

CAPÍTULO IV | A IRRELEVÂNCIA DAS EVIDÊNCIAS

humanos. Segmentos específicos da sociedade podem, é claro, ser isolados das necessidades que afligem a sociedade como um todo, deixando outra pessoa amparar seu fardo, seja temporariamente ou permanentemente. Entretanto, não importa o quanto estes outros recuam na ideia verbal criada por palavras como "direitos", o processo inteiro é um de diferenciação de privilégios. Não que esse processo nunca deva ser feito, mas se deve argumentar bem quando esses privilégios são reivindicados e os argumentos necessários para tal são evitados usando-se palavras como "direitos".

A saúde é apenas uma das inúmeras coisas para as quais esse tipo de tática de evasão vem sendo usada. Moradia, faculdade e inúmeras coisas onerosas são declaradas "direitos". O colunista do *The New York Times*, Tom Wicker, englobou todos os bens econômicos declarando um "direito à renda"[352]. Alguns levaram essa lógica (ou a falta dela) para além dos bens materiais, com coisas como o direito ao "respeito mútuo" — na verdade, o fim do respeito, já que sua natureza é a de classificar indivíduos de acordo com algum conjunto de valores. Dizer que respeitamos de forma igual Adolf Hitler (1889-1945) e Madre Teresa (1910-1997) é dizer que o termo respeito perdeu seu significado.

A linguagem dos "direitos" tem outras ramificações. Direitos foram rapidamente caracterizados como "trunfos"[353] que ganham de outras considerações, incluindo os interesses de outras pessoas. Quando os ungidos anunciam direitos para um segmento em particular da população, eles estão escolhendo outros para serem suas mascotes — e estão também buscando o poder do Estado para ratificar e reforçar essas escolhas arbitrárias, tudo sem a necessidade de argumentar.

Proclamações Generalizadas

Talvez o exemplo mais puro de uma argumentação sem argumentos é dizer que algo é "inevitável". Esse é um argumento inerentemente irrefutável, desde que ainda haja tempo restante no futuro. Apenas na última fração de segundo da existência do universo alguém poderia refutar essa

---

[352] Tom Wicker, "The Right to Income", *New York Times*, 24/dez/1967, Seção 4, p. E9.
[353] Veja, p. ex., DWORKIN, Ronald. *Taking Rights Seriously*, p. xi.

afirmação — e talvez eles teriam outras coisas em suas mentes naquele momento.

Seja ao favorecer ou se opor a políticas específicas, há afirmações vagas desse tipo que substituem argumentos. E seja ao favorecer ou se opor a alguma política, elas podem existir no momento ou não. Em cada um desses quatro casos, há proclamações que substituíram argumentos, como ilustrado abaixo:

	EXISTENTE	NÃO EXISTENTE
A FAVOR	"Chegou para ficar"	"Inevitável"
CONTRA	"Antiquado"	"Não é realista"

É um sinal de nossos tempos que tais proclamações são tão aceitas no lugar de argumentos — mas apenas quando usadas para apoiar a visão predominante dos ungidos.

PENETRANDO A RETÓRICA

Talvez algumas sugestões sejam necessárias para se entender a retórica dos ungidos. Algumas das coisas discutidas em capítulos anteriores, assim como neste, ilustram alguns dos princípios gerais de senso comum, que também são frequentemente ignorados nas polêmicas:

1. Todas as afirmações são verdadeiras, se você é livre para redefinir os significados de seus termos;
2. Qualquer estatística pode ser extrapolada ao ponto de mostrarem desastre;
3. A pode sempre superar B se não contar o todo de B e/ou se A é exagerado;
4. Para cada perito, há um perito igual e oposto, mas para cada fato não há necessariamente um fato igual e oposto;
5. Toda política é um sucesso se medida através de critérios baixos o suficiente e um fracasso através de critérios altos o suficiente;

CAPÍTULO IV | A IRRELEVÂNCIA DAS EVIDÊNCIAS

6. Todas as coisas são iguais, com exceção de suas diferenças, e diferentes com exceção de suas similaridades;
7. A lei dos rendimentos decrescentes significa que mesmo o mais benéfico dos princípios se tornará prejudicial se levado longe o suficiente;
8. A maioria das variáveis podem mostrar uma tendência de subida ou de queda, dependendo do ano-base escolhido;
9. O mesmo conjunto de estatísticas pode produzir conclusões opostas em níveis diferentes de agregação;
10. Eventos improváveis são comuns em um país com mais de 1/4 de bilhão de pessoas;
11. Você pode sempre criar uma fração elevando uma variável e descendo outra, mas isso não estabelece relação causal entre elas, e o quociente resultante também não tem qualquer relação necessária a qualquer coisa do mundo real;
12. Muitos dos "abusos" de hoje eram "reformas" de ontem.

[CAPÍTULO V]

[CAPÍTULO V]
Os Ungidos *Versus* os Ignorantes

Todo homem, aonde quer que vá, é rodeado por uma nuvem de convicções confortáveis, que se movem com ele como moscas em um dia de verão.
— BERTRAND RUSSELL (1872-1970)[354]

Até agora notamos algumas das consequências e táticas daqueles com a visão predominante, mas ainda não compreendemos as pressuposições latentes específicas daquela visão. Que tipo de mundo existe na mente do ungido contemporâneo e que tipo de causalidade individual ou social ativa aquele mundo? A pergunta aqui não é sobre que tipo de mundo desejam criar, mas que tipo de mundo acreditam já existir.

A VISÃO SUBJACENTE

A visão dos ungidos pode se destacar com seu alívio mais proeminente ao ser contrastada com a visão oposta, uma visão cujo raciocínio inicia com a tragédia da condição humana. Por tragédia não entenda apenas infelicidade,

---
[354] RUSSELL, Bertrand. *Sceptical Essays*. Nova York: Norton, 1928, p. 28.

mas tragédia no sentido dos gregos antigos, um destino inevitável inerente à natureza das coisas, ao invés da infelicidade devido à indiferença e à perversidade. As duas visões diferem em seus respectivos conceitos da natureza do homem, da natureza do mundo e da natureza da causalidade, conhecimento, poder e justiça. Essas diferenças podem ser apresentadas de forma esquemática abaixo:

	A VISÃO TRÁGICA	A VISÃO DOS UNGIDOS
Capacidade humana	severa e inerentemente limitada para todos	vasta para os ungidos
Possibilidades sociais	trocas que deixam muitas "necessidades não atendidas"	soluções para os problemas
Causalidade social	sistêmica	deliberada
Liberdade	isenção do poder dos outros	habilidade de atingir objetivos
Justiça	regras processuais com características justas	chances ou resultados justos (igualados)
Conhecimento	consiste em grande parte das experiências inarticuladas dos muitos	consiste em grande parte da inteligência articulada dos poucos mais educados
Especialização	altamente desejada	altamente questionável
Motivação	incentivos	disposições
Custos processuais	cruciais	incidentais
Mecanismo de tomada de decisões preferido	processos sistêmicos que comunicam as experiências e preferências reveladas dos muitos	planos deliberados para utilizar os talentos especiais e visões mais avançadas dos poucos
Tipos de decisões preferidas	incrementais	categóricas

CAPÍTULO V | OS UNGIDOS VERSUS OS IGNORANTES

Essas diferenças não são causalidades aleatórias. São diferenças sistêmicas que seguem logicamente diferenças fundamentais de pressuposições tácitas, a começar com a suposição sobre a natureza dos seres humanos e a gama de possibilidades abertas a eles. Todas as diferenças específicas entre as duas visões acabam sendo diferenças sobre as limitações humanas e seus corolários. As definições mais ambiciosas de liberdade e justiça, por exemplo, na visão dos ungidos, são consistentes com a extensa tomada das capacidades humanas que eles assumem. Da mesma forma, a ênfase na especialização dada por aqueles com a visão trágica reflete suas ideias quanto a limitações inerentes da mente humana e os perigos correspondentes na tentativa de morder mais do que qualquer um pode mastigar. Não é meramente o fato de que o engenheiro não pode realizar uma cirurgia, o juiz, em suas decisões, não pode aventurar-se muito longe de sua *expertise* limitada da lei sem a possibilidade de criar desastres ao tentar se tornar um filósofo social que pode transformar a lei em um instrumento de alguma visão maior do mundo.

Os conflitos entre aqueles com a visão trágica e aqueles com a visão dos ungidos são praticamente inevitáveis. Claramente, aqueles que assumem um conjunto maior de opções provavelmente não sairão satisfeitos com os resultados derivados de um conjunto menor de opções. Dessarte, aqueles com a visão dos ungidos, que assumem um crescente conjunto de escolhas, encontram-se repetidamente em conflito com aqueles com a visão trágica, que consequentemente assumem um conjunto menor de escolhas. Enquanto esses conflitos permeiam as políticas ideológicas contemporâneas, eles não são peculiares a nossos tempos. Ambas as visões têm uma longa história, englobando muitos indivíduos de estatura histórica. Aqueles com a visão dos ungidos são particularmente propensos a achar que sua própria filosofia é nova e, desta forma, adaptada à sociedade contemporânea, mas seu esquema de pressuposições tem uma história de, pelo menos, dois séculos — assim como os esquemas daqueles com a visão trágica.

Ambas as visões também têm coerência interna. Aqueles que seguem as pressuposições de uma visão em particular no quesito da lei tendem a também segui-la no quesito econômico. Desta forma, o juiz David L. Bazelon, cujo papel e filosofia na expansão dos direitos dos criminosos já foi comentado no *Capítulo 2*, acreditava na esfera socioeconômica de que a "desigualdade entre riquezas em nossa sociedade abundante" era uma "hospedeira de iniquidades"³⁵⁵, de que o governo deveria fornecer ao povo "necessidades básicas como direitos", de que a renda, educação e cuidados médicos deveriam ser uma "questão de direito, não de bondade"³⁵⁶. Por outro lado, Adam Smith (1723-1790) não só tinha opiniões opostas ao juiz Bazelon sobre o papel do governo na economia, como também na aplicação da lei criminal. Para Smith, "a piedade aos culpados é crueldade para os inocentes"³⁵⁷. Uma coerência de visões similar é encontrada em diversas outras questões, com ativistas do meio ambiente e seus oponentes tomando posições opostas também quanto a defesa militar, por exemplo. Como um autor contemporâneo percebeu:

> O progressismo na América e no mundo tem grande fé na modificação do comportamento humano através de ajustes nas "condições sociais subjacentes" para fazer as pessoas desejarem a coisa certa ao invés da coisa errada. Em sua forma mais clara, essa é a resposta ao controle do crime pelos progressistas, que não estão muito interessados em sentenças mais duras, em melhores dispositivos de segurança, polícia melhor armada e equipada, mais prisões à prova de fuga — eles buscam mudar a sociedade ou os malfeitores, de tal forma que as pessoas não vão querer cometer crimes. Este também é a solução progressista para a maioria dos problemas de políticas externas — devemos nos comportar da melhor maneira e reordenar o mundo para que a vontade de guerrear seja reduzida e a humanidade possa viver em maior harmonia³⁵⁸.

Polícia, prisões etc., representam apenas trocas, enquanto criar uma sociedade em que impedir o crime de acontecer antes de qualquer coisa é a solução. Por isso, a primeira abordagem é consistente com a visão trágica, enquanto a outra está em sintonia com a visão dos ungidos. Não apenas hoje, como por mais de dois séculos, tanto o crime quando as guerras são vistos, por aqueles com a visão dos ungidos, como coisas a serem prevenidas com a mudança das disposições das pessoas, ao invés de serem confrontadas com capacidades retaliatórias que fornecem incentivos contra crimes ou guerra. A dissertação de William Godwin (1756-1836) de 1793, *Inquérito Acerca da Justiça*

---
[355] BAZELON, David L. *Questioning Authority: Justice and Criminal Law*. Nova York: Knopf, 1988, p. 196-97.
[356] *Ibid.*, p. 295.
[357] SMITH, Adam. *The Theory of Moral Sentiments*. Indianapolis: Liberty Classics, 1976, p. 170.
[358] BRUCE-BRIGGS, B. *The War Against the Automobile*. Nova York: E. P. Hutton, 1977, p. 125.

CAPÍTULO V | OS UNGIDOS VERSUS OS IGNORANTES

Política, continua sendo uma das mais sistemáticas elaborações da visão dos ungidos, e nela o crime e a guerra são abordados precisamente da mesma maneira que os progressistas dos anos 1960 e seus seguidores futuros. As inclinações e entendimentos são vistos pelos ungidos como a chave para o controle do crime, por exemplo: "É impossível que um homem cometesse um crime no momento que percebe toda a sua maldade"[359], de acordo com Godwin; assim como Ramsey Clark (1927-2021) disse no século XX que "pessoas saudáveis e racionais não machucarão os outros"[360]. Em ambos os casos, é uma falha da "sociedade" que causa o crime, com o criminoso sendo vítima das circunstâncias. Muitas similaridades podem ser encontradas em figuras do século XVIII, como Condorcet (1743-1794) e Holbach (1723-1789).

O mesmo ocorre com respeito à guerra. A maneira de um país evitar uma guerra, de acordo com Godwin, é se comportar com "neutralidade e inocuidade" para com outros países e evitar o tipo de "mal-entendido" que leva à guerra. Quase um século e meio depois, esta mesma teoria foi exposta e colocada em prática pelo primeiro-ministro britânico Neville Chamberlain (1869-1940)[361], que repetidamente acusou tais fatores subjetivos como o medo, as suspeitas e os mal-entendidos de terem culpa nas guerras[362]. E, portanto, foi ele também quem deu grande importância aos "contatos pessoais"[363] entre ele e outros líderes de nações como uma maneira de dissipar tais fatores negativos subjetivos. Assim como Godwin pensou que a neutralidade seria uma fonte de paz, Chamberlain também expôs uma política de "imparcialidade"[364] e a praticou na tentativa de "manter o equilíbrio entre os dois lados"[365] na Guerra Civil Espanhola, enquanto Hitler e Mussolini ajudavam os insurgentes de Franco, e se referiu à invasão da China pelo Japão como "esse conflito infeliz"[366] e, de forma similar, se referiu à "triste Região

---

[359] GODWIN, William. *Enquiry Concerning Political Justice and Its Influence on Morals and Happiness*. Toronto: University of Toronto Press, 1969, Vol. I, p. 276.
[360] CLARK, Ramsey. *Crime in America: Observations on Its Nature, Causes, Prevention and Control*. Nova York: Simon & Schuster, 1970, p. 220.
[361] CHAMBERLAIN, Neville. *In Search of Peace*. Nova York: G. P. Putnam's sons, 1939, p. 14, 34, 50, 52, 74, 97, 105-06, 133, 210, 234, 252.
[362] *Ibid.*, p. 34, 40, 120, 209-10, 216, 230, 240, 242, 250, 271.
[363] *Ibid.*, p. 44.
[364] *Ibid.*, p. 37.
[365] *Ibid.*, p. 27.
[366] *Ibid.*, p. 163.

dos Sudetos"[367], onde nazistas locais seguiam a campanha de subversão orquestrada por Hitler, o que Chamberlain condenou apenas como "extremismo de ambos os lados".

A questão importante aqui é que esses não foram simplesmente erros de julgamento isolados de Chamberlain. Tratava-se de corolários lógicos de um certo conjunto de suposições sobre o mundo, uma visão com coerência e *pedigree*, assim como a progênie intelectual que depois repetiria muitas das mesmas ideias e, inclusive, frases durante a longa história da "guerra fria". Muitos adeptos modernos à visão dos ungidos exigiram neutralidade frente às insurgências apoiadas pela União Soviética em todo o mundo, praticaram equivalência moral, resistiram à organização de defesas e ficaram eufóricos quanto aos "contatos pessoais" que agora eram chamados de "reuniões de cúpula". Meio século depois de Chamberlain, o colunista do *The New York Times*, Tom Wicker, atribuiu os conflitos entre soviéticos e norte-americanos ao fato de que "ambos os lados" tinham uma "hostilidade perigosa" uma para com o outro nos anos 1950[368].

A visão trágica, que incentiva mais a matéria do que o caráter, analisou a política externa e as guerras de maneira totalmente diferente. Nenhum documento representa a visão trágica do homem melhor do que *O Federalista* (1788), no qual John Jay (1745-1829) escreveu: "nações, no geral, guerrearão sempre que tiverem a possibilidade de ganhar alguma coisa"[369]. No contexto desta visão, o crucial não era prevenir "mal-entendidos", mas sim manter a dissuasão militar. Tanto nos anos 1930 quanto nos anos 1980, aqueles com essa visão trágica do mundo — Winston Churchill e Ronald Reagan sendo os exemplos mais famosos — demonstraram políticas externas radicalmente diferentes das expostas por aqueles com a visão dos ungidos. Agora nós sabemos, através da história, que as políticas externas baseadas na visão trágica eram diferentes tanto em suas pressuposições quanto em seus resultados finais.

---

[367] *Ibid.*, p. 204.
[368] Tom Wicker, "Plenty of Credit", *New York Times*, 5/dez/1989, p. A35.
[369] MADISON, James, HAMILTON, Alexander e JAY, John. *The Federalist Papers*. Nova York: New American Library, 1961, p. 46.

CAPÍTULO V | OS UNGIDOS VERSUS OS IGNORANTES

CONHECIMENTO E SABEDORIA DIFERENCIAIS

Uma das perguntas mais importantes sobre qualquer curso de ação proposta diz respeito a se sabemos como fazê-lo. A política A pode ser melhor do que a política B, mas isso não importa se simplesmente não soubermos como realizar a política A. Talvez fosse melhor reabilitar os criminosos, ao invés de puni-los, *se soubéssemos como fazê-lo*. Recompensar o mérito pode ser melhor do que recompensar os resultados, *se soubéssemos como fazê-lo*. Contudo, uma das diferenças cruciais entre aqueles com a visão trágica e aqueles com a visão dos ungidos está no que eles assumem sabermos fazer, respectivamente. Aqueles com a visão dos ungidos raramente são dissuadidos por qualquer dúvida sobre se alguém tem o conhecimento necessário para fazer o que eles pretendem. Como já vimos, quando o presidente Lyndon Johnson (1908-1973) falou sobre as condições que geram violência urbana, ele disse: "Todos nós sabemos quais são essas condições: ignorância, discriminação, favelas, pobreza, doenças, desemprego"[370].

De forma similar, quando o editorial do *The New York Times* demonstrou angústia quanto à alta na taxa de mortalidade infantil nos Estados Unidos da América, declarou: "A América já sabe como fazer diminuir essa taxa"[371]. Nessas e em outras inúmeras questões, o que importa para os ungidos não é o conhecimento, mas a compaixão, o compromisso e outros fatores subjetivos que supostamente os diferenciam de outras pessoas. O refrão dos ungidos é *nós já sabemos as respostas, não há necessidade para mais estudos,* e os tipos de dúvidas levantadas por aqueles com outras visões servem apenas para *protelar* e obstruir o progresso. As "soluções" estão por aí, esperando serem encontradas, como os ovos em uma caça aos ovos de Páscoa. Problemas intratáveis com trocas difíceis simplesmente não fazem parte da visão dos ungidos. Os problemas existem apenas porque as outras pessoas não são tão inteligentes ou não se importam tanto, ou não têm tanta imaginação ou coragem, quanto os ungidos. Um dos momentos de definição dos anos 1960 foi o congresso jurídico de 1965, quando os juízes da Suprema Corte Brennan e Warren caíram na gar-

---

[370] "Escerpts from Lyndon B. Johnson's Address to the Nation on Civil Disorders", 27/jul/1967". *Report of the National Advisory Commitee on Civil Disorders.* 1/mar/1968, p. 297; "Transcript of Johnson's TV Address on the Riots", *New York Times*, 28/jul/1968, p. A11.
[371] "More Babies Are Dying", *New York Times*, 9/ago/1990, p. A22.

galhada enquanto um professor de Direito despejava desprezo e ridicularizava as preocupações de um ex-comissário de polícia sobre os efeitos de uma recente decisão judicial no âmbito da segurança pública e aplicação da lei[372]. Eram os ungidos em sua clássica função de desprezar os ignorantes — e ignorar a própria possibilidade de que as consequências não-intencionais de decisões moralmente inspiradas poderiam piorar a situação no final das contas.

Muito mais importante do que políticas irresponsáveis específicas, mesmo aquelas com consequências fatais, como o enfraquecimento da lei criminal, é toda essa mentalidade nas quais ser onicompetente é implicitamente suposto e pressupõe-se que fenômenos sociais infelizes são moralmente injustificados, podendo ser remediados de forma intelectual e política. As limitações inerentes às circunstâncias e às pessoas são deixadas de lado, assim como abordagens políticas alternativas, que não oferecem nenhum papel para os ungidos. Não há ônus da prova para a visão deles, mas para as instituições existentes.

A noção de que a "sociedade" deve se justificar perante um comitê da "razão" pressupõe que há algum indivíduo ou grupo capaz de tal conhecimento enciclopédico e tamanho domínio dos princípios estruturas de tantas disciplinas, o que permite realizar julgamentos em um vasto espectro e em uma velocidade na qual todos esses julgamentos possam ser feitos em apenas uma vida. Aqueles com esquemas radicais para "reconstruir a sociedade" raramente param para perguntar se há alguém com conhecimento o suficiente para esta tarefa. Karl Menninger (1893-1990), por exemplo, disse:

> A missão imediata de nossos tempos parece ser a de planejar nossa organização econômica em termos dinâmicos e de acordo com uma estratégia que irá coordenar as tendências atuais de forma que elas não entrem mais em conflito. O problema político, então, é o de organizar os impulsos humanos de tal forma que eles irão direcionar suas energias aos pontos estratégicos corretos, comandando o processo total de desenvolvimento na direção desejada[373].

---

[372] Sidney E. Zion, "Attack on Court Heard by Warren", *New York Times*, 10/set/1965, p. 1*ff*.
[373] MENNINGER, Karl. *Man and Society in an Age of Reconstruction*. Londres: Routledge e Kegan Paul, 1940, p. 199-00.

CAPÍTULO V | OS UNGIDOS VERSUS OS IGNORANTES

Em outras palavras, o único problema é a falta de mobilização política e imaginação social, de forma que resultaria em uma solução cujas tendências atuais "não entrarão mais em conflito", ao invés de uma política de análise e troca cujos conflitos contínuos serão lidados da melhor maneira possível. Também não se dedicou nenhum tempo preocupando-se com a presunção de algumas pessoas em tentar prever as decisões de outros, estas sendo tratadas como meros "impulsos" que os ungidos precisam "organizar" e direcionar para o que definem como "os pontos estratégicos corretos". De fato, o processo inteiro ganhou uma analogia relacionada aos problemas na engenharia, com a criação de um *design* de outro tipo de humano sendo incluída nessa engenharia, como notou Menninger: "Nenhuma ordem econômica pode ser criada enquanto o tipo humano correspondente não surgir"[374]. Em resumo, não só precisa-se criar um novo mundo externo, como também as pessoas que o habitam precisam de novo *design*. Caso fosse apenas a fantasia de um único homem, não valeria a pena comentar. Entretanto, faz parte da visão dos ungidos, como também já existe há séculos. A ideia de criar o tipo de pessoa necessária para uma nova sociedade existe desde a publicação do *Inquérito Acerca da Justiça Política*, 1793, de William Godwin, no qual escreveu: "homens como poderiam ser feitos a partir de agora" através de um processo de "progresso da humanidade", o que ele achou ser "o mais simples possível"[375]. Dois séculos depois, a tarefa parece ser menos simples e expressões como "lavagem cerebral" e campos de "reeducação" ganharam tons assustadores ao longo da história, apesar de não impedir tentativas de doutrinação nas escolas e faculdades norte-americanas, lideradas por aqueles que ainda têm a visão dos ungidos até hoje.

Em contraste, aqueles com a visão trágica há muito questionam se alguém — eles inclusos — sabe o suficiente para tomar parte de experimentos sociais e políticos complexos. "Não podemos mudar a Natureza das coisas e do homem", Edmund Burke disse, "mas devemos agir neles da melhor maneira que pudermos"[376]. Adam Smith tomou uma posição muito similar, enxergando o problema mais geral como um conflito de visões entre as dou-

---

[374] *Ibid.*, p. 201.
[375] GODWIN, William. *Enquiry Concerning Political Justice and Its Influence on Morals and Happiness*. Toronto: University of Toronto Press, 1946, p. 123.
[376] BURKE, Edmund. *The Correspondence of Edmund Burke*. Albert Cobban e Robert A. Smith (eds.). Chicago: University of Chicago Press, 1967, Vol. VI, p. 392.

trinas, com um "plano ideal de governo" que "parece imaginar que podem reorganizar os diferentes membros de uma grande sociedade com tanta facilidade quanto reorganizar as peças em um tabuleiro de xadrez", e o reformista mais modesto que ajusta suas políticas aos "hábitos e preconceitos confirmados das pessoas" e que, quando não "consegue estabelecer o correto", não vai "desdenhar para melhorar os incorretos"[377]. Aqueles com a visão trágica podem partilhar do desejo de melhora social sem partilhar das suposições sobre quanto conhecimento e controle de ramificações sociais existem. Um resumo sucinto da visão trágica foi fornecido pelos historiadores Will Durant (1885-1981) e Ariel Durant (1898-1981):

> A cada cem novas ideias, noventa e nove ou mais provavelmente serão inferiores às respostas tradicionais que elas propõem substituir. Nenhum homem, não importa o quão brilhante ou bem informado, pode ter total e completa compreensão de forma a julgar com segurança os costumes ou instituições de sua sociedade, pois essa é a sabedoria de gerações após séculos de experimentos no laboratório da história[378].

O juiz da Suprema Corte Oliver Wendell Holmes (1841-1935) também enxergou sérias limitações na eficácia de noção bem-intencionadas ao dizer que "para melhorar as condições de vida e a raça é o principal — mas como diabos eu posso saber se não estou piorando mais em outro lugar?"[379] Realizar melhoras em alguma questão bem debaixo do nariz de alguém não é o suficiente em um mundo de opções limitadas e interações sistemáticas, onde os custos esquecidos da benevolência imediata têm impacto negativo em outro lugar. Holmes exemplificou a visão trágica da vida, baseando-se em uma visão trágica das limitações humanas. Ele falou com desdém da "vã tentativa de amar seu vizinho como a si mesmo"[380], da

---

[377] SMITH, Adam. *Theory of the Moral Sentiments*. Indianapolis: Liberty Classics, 1976, p. 380.
[378] DURANT, Will e Ariel. *The Lessons of History*. Nova York: Simon & Schuster, 1968, p. 35.
[379] Carta a Harold J. Laski, 12/ago/1916. *Holmes-Laski Letters: The Correspondence of Mr. Justice Holmes and Harold J. Laski, 1916-1935*, Mark DeWolfe Howe (ed.). Cambridge, Mass.: Harvard University Press, 1953, Vol. I, p. 12.
[380] Oliver Wendell Holmes, "Speech at a Dinner Given to Chief Justice Holmes by the Bar Association on Boston on March 7, 1900", *Oliver Wendell Holmes, Collected Legal Papers*. Nova York: Peter Smith, 1952, p. 247. Holmes era juiz da Suprema Corte de Massachussetts à época.

CAPÍTULO V | OS UNGIDOS VERSUS OS IGNORANTES

"nossa Legislação criada para ajudar outras pessoas"[381] e das tentativas de "impor leis à felicidade"[382].

Na visão trágica, sofrimentos individuais e males sociais são inerentes nas deficiências naturais de todos os seres humanos, sejam essas deficiências de conhecimento, sabedoria, moralidade ou coragem. Além disso, os recursos disponíveis são sempre inadequados para satisfazer os desejos de todas as pessoas. Assim, não há "soluções" na visão trágica, apenas trocas que ainda deixam muitos desejos não realizados e muita infelicidade no mundo. O que é necessário nessa visão é uma consciência prudente sobre como realizar as melhores trocas com as opções limitadas disponíveis e perceber que "necessidades não atendidas" necessariamente ainda vão existir — que tentar satisfazer completamente essas necessidades *seriatim*[383] apenas vai privar outras pessoas de outras coisas, de tal forma que uma sociedade que busca uma política como esta é como um cão atrás do próprio rabo. Dada esta visão, as soluções específicas para problemas específicos são bem menos importantes do que ter e manter os processos corretos para fazer trocas e corrigir os erros inevitáveis. Para aqueles com a visão trágica, a integridade dos processos é crucial — muito mais do que qualquer causa específica. Como Jean-François Revel (1924-2006) disse, em uma sociedade livre "não há uma única *causa*, apenas *métodos* justos"[384].

A visão dos ungidos começa com premissas completamente diferentes. Não há aqui a inata limitação dos seres humanos, a inerente limitação de recursos que cria infelicidade, mas sim o fato de que instituições sociais e políticas sociais não são tão bem formuladas quanto os ungidos teriam feito. Como disse John Stuart Mill, "a educação lamentável atual e os arranjos sociais lamentáveis são os únicos obstáculos verdadeiros" à felicidade generalizada[385]. A visão de Mill foi resumida de muitas maneiras na visão dos

---

[381] Mark DeWolfe Howe (ed.), *Holmes-Laski Letters*, Vol. I, p. 42.
[382] *Ibid.*, p. 49.
[383] *Seriatim* é um termo latino que, no mundo do direito, significa a reunião textual das análises individuais dos membros de um colegiado instituído. A intenção dessa prática é ofertar à sociedade uma decisão coesa e imparcial do juízo da corte, no entanto, fundamentada nas posições individuais de cada juiz componente do tribunal. (N. E.)
[384] REVEL, Jean-François. *The Flight from Truth: The Reigh of Deceit in the Age of Information*. Nova York: Random House, 1991, p. 142.
[385] MILL, John Stuart, "Utilitarism". *Collected Works of John Stuart Mill*, Vol. X: *Essays on Ethics, Religion and Society*. Toronto: University of Toronto Press, 1969, p. 215.

ungidos[386]. Quando ele falou sobre "os melhores e os mais inteligentes"[387], não havia nem um pouco da ironia que a frase "os mais inteligentes e os melhores" adquiriu em nossa época. Grandes feitos poderiam ser conquistados, disse Mill, "se os espíritos superiores se unissem uns aos outros" para o progresso social[388]. Ele pediu às universidades para "mandarem à sociedade uma sucessão de mentes, não criaturas de suas idades, mas capazes de serem aqueles que a recuperam e a aprimoram"[389].

Uma democracia pode superar a mediocridade, de acordo com Mill, apenas onde "os Muitos soberanos permitiram ser guiados (o que sempre foi feito, em seus melhores momentos) pelos conselhos e influência de Um ou de Alguns Poucos altamente dotados e instruídos"[390]. É desses últimos — as "mentes pensantes"[391], que se encontram "os intelectos mais cultivados do país", "aqueles avançados na sociedade, em pensamento e em sentimento" — que o progresso e bem-estar social dependem. Em resumo, *não* era o caso, nessa visão, que todos os seres humanos eram incapazes de liderar a sociedade em níveis consideravelmente superiores de compreensão, comportamento e bem-estar. Os "mais inteligentes e os melhores" — os ungidos — eram não só capazes de fazê-lo como era o seu dever. Quando não tinham o poder político para tal, então, era seu dever "manter viva a chama sagrada em algumas mentes quando somos incapazes de fazer mais", como Mill escreveu para um amigo[392].

A característica mais conhecida da visão dos ungidos é que acreditam faltar no tipo de progresso social que acreditam o poder e a vontade, não o conhecimento. Contudo, para aqueles com a visão trágica, o perigo está na vontade e poder sem conhecimento — e para muitos propósitos diferentes, o conhecimento é inerentemente insuficiente.

---

[386] Todavia, as inconsistências de Mill frequentemente o faziam contradizer suas afirmações com suas ressalvas. Veja, p. ex., SOWELL, Thomas, *A Conflict of Visions*, Nova York, Morrow, 1987, p. 111-12. Em português encontramos a seguinte edição: SOWELL, Thomas. *Conflito de visões*. São Paulo: É Realizações, 2011. Para inconsistências semelhantes nas discussões de Mill sobre questões técnicas econômicas, veja SOWELL, Thomas, *Say's Law: An Historical Analysis*. Princeton, N.J.: Princeton University Press, 1972, *capítulo 5*.
[387] MILL, John Stuart, "Civilization", *ibid.*, p. 128.
[388] MILL, John Stuart, "On Liberty", *ibid.*, p. 269. Em português encontramos a seguinte edição recente: MILL, John Stuart. *Sobre a Liberdade*, São Paulo: Vide Editorial, 2019. (N. E.)
[389] MILL, John Stuart, "Civilization", *ibid.*, p. 121.
[390] MILL, John Stuart, "De Tocqueville on Democracy in America", *ibid.*, p. 86.
[391] MILL, John Stuart, "On Liberty", *ibid.*, p. 222.
[392] Cartas a Alexander Bain, 6/ago/1859, *Collected Works of John Stuart Mill*, Vol XV: *The Later Letters of John Stuart Mill, 1849-1873*, Francis E. Mineka e Dwight N. Lindsey (eds.). Toronto: University of Toronto Press, 1972, p. 631.

CAPÍTULO V | OS UNGIDOS VERSUS OS IGNORANTES

Em sua pressa por serem mais inteligentes e nobres do que os outros, os ungidos compreenderam errado duas questões básicas. Eles parecem presumir (1) que eles têm mais conhecimento do que a média entre os membros dos ignorantes e (2) que esta é a comparação relevante. A comparação real, entretanto, não deve ser feita entre o conhecimento médio da elite educada *versus* a média do público geral, mas sim o conhecimento direto *total* criado por meio de processos sociais (a competitividade do mercado, distribuição social etc.), envolvendo milhões de pessoas, contra o conhecimento de segunda categoria de generalizações e por parte de um grupo menor de elite. Além disso, as tradições das gerações atuais e seus valores refinam as experiências de outras milhões do passado. Mesmo assim, os ungidos parecem compreender o problema como um de lógica silogística do passado *versus* a lógica silogística do presente, preferindo acreditar que as melhorias do conhecimento e da razão permitem que o primeiro seja repudiado.

Tolerância Diferencial

De forma muito mais honesta do que os ungidos de nossos tempos, Mill buscou uma *tolerância diferencial* para as elites intelectuais. "Costumes são criados a partir de circunstâncias costumeiras e personagens costumeiros", ele disse em *Sobre a Liberdade*[393]. A maioria dos "homens e mulheres que atualmente habitam as partes mais civilizadas do mundo" são apenas "espécimes famintas do que a natureza pode e irá produzir" em um futuro melhor[394]. De acordo com Mill, "deve-se encorajar, não impedir, os indivíduos excepcionais a agirem de maneira diferente das massas"[395]. Como ele escreveu em *Sobre a Liberdade*:

> Em nossa época, o mero exemplo de inconformismo, a mera recusa de se ajoelhar a um costume, é em si um serviço. Precisamente porque a tirania da opinião é tamanha, que repreende a excentricidade, é desejável para nos libertarmos daquela tirania que as pessoas sejam excêntricas. Excentricidade sempre

---
[393] MILL, John Stuart. "On Liberty", *ibid.*, Vol. XVIII, p. 262.
[394] *Ibid.*, p. 263.
[395] *Ibid.*, p. 269.

foi abundante quando e onde a força de caráter era abundante; e a quantidade de excentricidade em uma sociedade, de forma geral, proporcionou a genialidade, o vigor mental e a coragem moral que ela continha[396].

Sobre a Liberdade de Mill é frequentemente visto — de forma errônea — como um apelo por maior liberdade de todo governo, quando na verdade era um apelo por isentar os ungidos de críticas *sociais*. Ou seja, os ungidos devem julgar e influenciar os ignorantes, mas não o contrário. Mill acreditou que o governo na Inglaterra de seus tempos não era mais uma grande ameaça à liberdade[397]. Em *Sobre a Liberdade* ele era contra a "tirania social da maioria"[398] e o "despotismo dos costumes"[399]. Ele desejava que indivíduos tivessem a liberdade de fazer o que quisessem "sem detrimento de sua pessoa" aos olhos dos outros[400]. Hoje, isso se chama "não julgar" — e, com muita frequência na prática, também é um princípio aplicado de forma seletiva entre os ungidos e os ignorantes.

Barriga de Aluguel da Moral

Ecos das ideias de mão única de não julgar e de barriga de aluguel da moral de Mill estão presentes hoje, por exemplo, na afirmação de Ronald Dworkin de que "uma sociedade mais igualitária é uma sociedade melhor, mesmo que seus cidadãos prefiram a desigualdade"[401]. Os ungidos definirão o que é melhor para esses indivíduos. Além do mais, a exaltada visão deles mesmos, dos ungidos, é muitas vezes correspondida com inúmeras suposições sobre a irracionalidade ou imoralidade de pessoas comuns. Sem um grão de evidência ou hesitação, os ungidos falam do "caso de amor dos norte-americanos com os automóveis", quando existem muitos motivos racionais para preferir os carros a meios de transporte alternativos que são incessantemente exigidos ou impostos por uma

---

[396] *Ibid.*
[397] *Ibid.*, p. 228, 240.
[398] *Ibid.*, p. 219.
[399] *Ibid.*, p. 272.
[400] *Ibid.*, p. 270.
[401] DWORKIN, Ronald. *Taking Rights Seriously*. Cambridge, Mass.: Harvard University Press, 1980, p. 239.

CAPÍTULO V | OS UNGIDOS VERSUS OS IGNORANTES

opinião da elite[402]. A questão não é como as vantagens de meios alternativos de transporte funcionam. A questão é precisamente que *não há nenhum problema* como dizem os ungidos, pode-se simplesmente assumir que existe essa irracionalidade em massa. O que a Declaração de Independência chamou de "um respeito decente pela opinião da humanidade" não faz parte da visão dos ungidos, que depende de forma crucial em sabedorias e virtudes diferentes.

Dada esta perspectiva, processos sistêmicos que dependem das experiências diretas e preferências expostas de milhões de seres humanos, sejam elas expressas através dos preços no mercado ou através de autosseleção social de vários tipos, são todos tratados como incômodos a serem deixados de lado através de políticas públicas quando esses processos impedem que seja realizada a visão dos ungidos. Mesmo documentos formalizados e solenizados, como a Constituição dos Estados Unidos da América (1787), são tratados como mero obstáculos a serem superados através de interpretação flexível. As decisões das outras pessoas, não importa quais processos levaram a elas, são anuladas pelas decisões dos ungidos.

Mesmo que os seguidores dessa tradição muitas vezes defendam resultados sociais e econômicos mais igualitários, eles necessariamente buscam atingir esses resultados através da influência e poder desiguais e — especialmente no século XX — por meio de um aumento na concentração do poder no governo central, que então ganha o poder de redistribuir os recursos econômicos de maneira mais igualitária. Enquanto aqueles com a visão dos ungidos dão ênfase ao conhecimento e recursos disponíveis com o objetivo de promover os seus variados programas políticos, aqueles com a visão trágica da condição humana focam no fato de que esses recursos são tomados de outros usos ("não existe almoço grátis") e que o conhecimento e a sabedoria necessários para realizarem programas sociais ambiciosos excedem em muito o que qualquer ser humano jamais teve, como as consequências negativas indesejadas de tais programas repetidamente demonstram.

Na visão trágica, limitações humanas são morais e também intelectuais — e essas limitações também têm extenso espectro. Como disse Alexander Hamilton (1755-1804):

---

[402] Veja, p. ex., BRUCE-BRIGGS, R., *The War Against the Automobile*. Nova York: E. P. Hutton, 1977, p. 2-5, 24-29.

Observe as comunidades ricas e pobres; os educados e os sem educação. Em que lugar a virtude predomina? A diferença de fato consiste, não na quantidade, mas nos tipos de vícios que são incidem em diferentes classes [...][403].

Para aqueles que trazem a tragédia da condição humana em seu raciocínio, o mal está espalhado por toda a humanidade, enquanto aqueles com a visão dos ungidos tendem a ver males localizados em "opressores" de um tipo ou outro, tais como o expresso em "racismo branco", "dominação masculina", ou "exploração capitalista", por exemplo. Esse segundo grupo de males, apesar de severo, é mais remediável do que o tipo de mal implícito na afirmação: "Encontramos o inimigo e somos nós mesmos". A lógica das duas visões quase que inevitavelmente as fará discordarem de quanta melhora poderá se esperar do processo político. De forma extrema, um revolucionário não pode acreditar na visão trágica, porque isso sugeriria que todos os sacrifícios e sofrimentos resultantes de uma revolução poderiam facilmente resultar em mudanças, em grande parte, cosméticas nas pessoas e estilo — ou talvez até levar ao poder um déspota. Por outro lado, seria impensável ser conservador se isso significasse aceitar passivamente males desnecessários e *ao mesmo tempo* sofrimentos evitáveis.

Para aqueles com a visão trágica, as instituições, as tradições, as leis e as políticas devem ser julgadas pela sua eficácia ao lidar com as inadequações morais e intelectuais dos seres humanos, de forma a limitar seus danos e coordenar a sociedade de maneira tal a maximizar o uso de seus fragmentos de conhecimento, como também corrigir os erros inevitáveis o mais rápido possível. Contudo, para aqueles com a visão menos restrita dos ungidos, o objetivo é a libertação dos seres humanos de qualquer inibição social desnecessária, a fim de permitir que criatividades reprimidas emerjam e o vasto talento e conhecimento disponíveis sejam aplicados a problemas existentes.

Para os ungidos, as tradições provavelmente são vistas como relíquias opressoras do pretérito, pertencentes a uma era menos iluminada e não como a experiência purificada de milhões que enfrentaram vicissitudes humanas pa-

---

[403] HAMILTON, Alexander. *Selected Speeches and Writings of Alexander Hamilton*. Morton J. Frisch (ed.). Washington, D.C.: American Enterprise Institute, 1985, p. 210.

recidas no passado. Além do mais, a aplicabilidade de experiências passadas é ainda mais diminuída na visão dos ungidos, por conta das grandes mudanças que aconteceram desde "épocas mais simples". Aqui as duas visões se chocam novamente, porque aqueles com a visão trágica não veem grandes mudanças nas capacidades fundamentais morais ou intelectuais dos seres humanos, por mais que o mundo material tenha mudado ou várias instituições e costumes tenham se desenvolvido através de tentativa e erro.

O juiz Holmes viu o homem moderno como um ser muito parecido com seus ancestrais bárbaros[404], com as diferentes condições de vida de hoje causadas pelos desenvolvimentos econômicos e sociais, baseados nas próprias instituições, tradições e leis, as quais aqueles com a visão dos ungidos mal podem esperar para pôr de lado em favor de teorias não testadas. Como disse Edmund Burke, "devemos abordar as falhas do Estado como as feridas de um pai", com "preocupação temerosa e admiração"[405] — não como uma "empolgante" oportunidade de experimentar. A partir, assim como Holmes, de uma visão de uma natureza humana com poucas alterações em sua essência básica, Burke não esperava grandes benefícios de teorias especulativas como base de políticas públicas:

> Sabemos que *nós* não descobrimos nada e pensamos que não há mais descobertas a serem feitas na moralidade; como também não há nos grandes princípios de governo, tampouco nas ideias de liberdade [...][406].

Para aqueles com a visão trágica, a barbárie não é um estágio distante da evolução, mas uma ameaça sempre presente quando as instituições civilizadas são enfraquecidas ou debilitadas:

> A civilização não é herdada; ela precisa ser aprendida e merecida por cada nova geração; se a transmissão for interrompida por um século, a civilização morreria e nos tornaríamos selvagens novamente[407].

---
[404] HOLMES JR., Oliver Wendell. *The Common Law*. Boston: Little, Brown, 1976, p. 2.
[405] BURKE, Edmund. *Reflections on the Revolution in France*. Londres: J. M. Dent & Sons, Ltd., 1967, p. 93.
[406] *Ibid.*, p. 83.
[407] DURANT, Will e Ariel. *The Lessons of History*. Nova York: Simon & Schuster, 1968, p. 101.

Uma ideia similar da fragilidade da civilização levou Edmund Burke a enxergar a promoção de experimentações sociais e raciocínio atomístico como algo tão perigoso quanto brincar com fogo:

> Tememos deixar o homem viver e comercializar cada um de seu próprio estoque de razão; porque suspeitamos que esse estoque de cada homem é pequeno e que os indivíduos estariam melhores tirando vantagem do banco geral e do capital das nações e das épocas[408].

Nem Burke, nem outros na tradição da visão trágica eram opostos às mudanças, por si só, e muitos deles de fato apoiaram grandes mudanças em seus tempos. Os autores de *O Federalista* estavam, afinal de contas, não só estabelecendo um novo governo após terem derrubado o anterior, como também estava estabelecendo um *tipo* de governo radicalmente novo, em um mundo governado por monarcas. O que os diferenciava daqueles que lideraram a revolução francesa era o fato de que suas visões sobre os seres humanos eram radicalmente diferentes. A Revolução Francesa operava baseando-se em suposições muito mais parecidas com aquelas da visão dos ungidos.

Quando a Revolução Americana criou deliberadamente um governo de pesos e contrapesos elaborados, com o objetivo de reprimir os males inerentes aos seres humanos, a Revolução Francesa concentrou vastos poderes em sua liderança, a fim de permitir aqueles que eram presumivelmente sábios e benevolentes a realizar mudanças drásticas com poucas dificuldades. Condorcet, sendo um apoiador intelectual da Revolução Francesa, não encontrou nenhuma razão para o sistema americano de pesos e contrapesos, pelo qual a sociedade precisa ser "empurrada entre os poderes opostos", ou ser limitada pela "inércia" de sua constituição[409]. De fato, mesmo depois que os revolucionários se voltaram contra ele e o jogaram na prisão, Condorcet ainda não parecia entender a razão de limitações para o poder do governo.

---

[408] BURKE, Edmund. *Reflections on the Revolution in France*. Londres: J. M. Dent & Sons, Ltd., 1967, p. 84.
[409] Keith Michael Baker (ed.), Condorcet: Selected Writings. Indianapolis: Bobbs-Merril, 1976, p. 87, 157.

CAPÍTULO V | OS UNGIDOS VERSUS OS IGNORANTES

O Público Ignorante

Para aqueles com a visão dos ungidos, não é suficiente desacreditar ou rebaixar os proponentes da visão trágica. O público também deve ser desacreditado, assim como os processos sociais através dos quais os desejos do público são expressos, individual ou coletivamente, tal na economia do mercado ou nas tradições sociais. Em resumo, todas as alternativas à visão dos ungidos não devem ser escutadas, de uma maneira ou de outra. Em nenhum outro lugar a evidência é considerada como algo tão desnecessário ao realizar difamações extremas do público. Psicanálises em massa da "sociedade" são comuns, como exemplificado pelas ideias do psiquiatra Karl Menninger sobre o crime:

> A sociedade secretamente deseja o crime, precisa do crime e obtém satisfação da atual incompetência de seu controle. Precisamos dos criminosos para nos identificarmos, para secretamente invejar e para punir severamente. Eles fazem, para nós, o proibido, as coisas ilegais que desejamos fazer[410].

Não só os psiquiatras como também os jornalistas realizam psicanálises em massa do público. O colunista do *The New York Times*, Tom Wicker, por exemplo, disse que "os norte-americanos querem acreditar" que seu presidente "de alguma forma é imune aos ferimentos da vida". Aqueles que questionaram a inclusão de material polêmico sobre homossexualidade no currículo escolar foram tidos pela colunista do *The New York Times*, Anna Quindlen, como pessoas que querem que as crianças cresçam com "desprezo e temor" de pessoas diferentes[411]. Essa grande difamação, acusando aqueles que discordam de malignos, não foi acompanhada de evidências ou sequer consciência de uma necessidade de evidência. Uma manchete na capa do *U.S. News and World Report* publicou: "A Guerra Contra as Mulheres" e adicionou: "As mulheres estão ficando para trás em todos os países — e seus homens gostam que seja assim"[412]. Nenhuma evidência foi oferecida de que os

---

[410] Citado em Michael Stern, "Menninger Discounts Criminality in Nation", *New York Times*, 30/dez/1968, p. 49.
[411] Tom Wicker, "America, 1964", *The Johnson Years: The Difference He Made*. Austin: Lyndon B. Johnson School of Public Affairs, 1993, p. 10; Anna Quindlen, "Without Windows", *New York Times*, 16/dez/1992, p. A17.
[412] *U.S. News and World Report*, 28/mar/1994, capa.

homens, no geral, desejam o mal às mulheres, muito menos que "seus homens" queiram mal as mulheres com quem têm relação — presume-se suas mulheres, irmãs, mães e filhas. Durante a Guerra do Vietnã, o celebrado jornalista William L. Shirer (1904-1993) declarou que o povo norte-americano "não está nem aí" sobre o bombardeio de Hanói, porque estavam assistindo futebol americano[413]. Entretanto, as pessoas que frequentaram o balé, ou visitaram galerias de arte durante uma guerra ou outra crise nacional raramente, talvez até nunca, foram acusados de serem brutos calejados. Qualquer coisa, porém, que mostra o público como pessoas ignorantes não exige lógica ou evidência. Em 1960, Vance Packard (1914-1996) escreveu que "os norte-americanos até hoje escolheram abafar a consciência" a respeito de um "perigoso declínio no fornecimento de recursos essenciais nos Estados Unidos da América"[414]. Em outras palavras, apenas um estado psicológico de "negação" poderia explicar o porquê de o público não demonstrar a mesma histeria tão popular entre a *intelligentsia* — a qual seria provada falsa ao ser testada, como descobriram Paul Ehrlich e outros.

O presidente Jimmy Carter repetiu um tema recorrente entre os ungidos quando disse que havia "uma busca por sentido" no país[415]. Novamente, não se exigiu evidências, bem como nenhuma foi oferecida. É tido como axiomático o fato de que a vida das pessoas comuns não tem sentido, que deve ser levado até eles pelos ungidos, através de cruzadas sociais e do ativismo social. Mais tarde, essa noção cresceria e seria conhecida como "as políticas do significado" por Hillary Clinton[416]. Ideias irremediavelmente ingênuas a respeito de diversos assuntos também foram atribuídas ao público por Jimmy Carter — dizendo que "nosso exército sempre foi invencível" e que "os recursos de nossa nação são ilimitados" etc.[417].

Uma das maiores prioridades dos ungidos é de destruir os mitos e as ilusões que eles acreditam existir em abundância entre o público. Patriotismo é um dos alvos principais. Durante a Guerra do Golfo em 1991, Anna Quin-

---

[413] William L. Shirer, "The Hubris of a President", *The Nation, 1865-1990: Selections from the Independent Magazine of Politics and Culture*. Katrina vanden Heuvel (ed.). Nova York: Thunder's Mouth Press, 1990, p. 282, 284.
[414] PACKARD, Vance. *The Waste Makers*. Nova York: David McKay, 1960, p. 6.
[415] "Transcrips of President's Address to Country on Energy Problems", *New York Times*, 16/jul/1979, p. A10.
[416] "Address to Hillary Clinton", *Tikkun*, mai-jun/1993, p. 8.
[417] "Transcrips of President's Address to Country on Energy Problems", *New York Times*, 16/jul/1979, p. A10.

dlen chamou o patriotismo de "Amerimania"[418]. Um memorando interno da Instituição Smithsonian avisou que uma exibição sobre um importante avião de combate norte-americano da Segunda Guerra Mundial deveria "evitar um tom exageradamente heróico/de torcida/patriota (o mesmo se aplica à música)"[419]. Aqueles que se opuserem a vários outros exemplos da destruição das conquistas norte-americanas foram ignorados por outro funcionário da Smithsonian, dizendo que são pessoas que não gostam de exibições que "enfraquecem suas fantasias" e que não querem ser "educados", mas preferem um museu onde podem se "distrair por um momento da rotina, do tédio e do medo em suas vidas"[420]. A própria visão do Smithsonian de sua visão mostrava que eles deveriam "informar os visitantes imediatamente qual o nosso propósito e como gostaríamos que eles mudassem"[421]. Em outras palavras, o propósito de uma instituição paga com dinheiro público é o de expressar ideologias daqueles que a comandam e de realizar uma lavagem cerebral nos visitantes com a visão dos ungidos.

Difamações contemporâneas das massas fazem parte de uma tradição de séculos dos ungidos, apesar de haver muitas retóricas por parte da esquerda sobre "o povo". Rousseau (1712-1778) fez ligação entre o público e "uma invalidez estúpida e covarde"[422] e Condorcet disse que "a raça humana ainda revolta o filósofo que contempla sua história"[423]. Para o escritor britânico radical do século XVIII, William Godwin, o camponês tinha a desprezível insensibilidade de uma ostra"[424]. O socialista fabiano George Bernard Shaw (1856-1950) considerou a classe trabalhadora como pessoas "detestáveis" que "não têm o direito de viver"[425]. Edmund Wilson (1895-1972), apesar das suas muitas causas de esquerda — ou talvez por causa delas — demonstrou apenas desprezo às pessoas comuns. Enquanto servia o exército durante a Primeira Guerra

---

[418] QUINDLEN, Anna. *Thinking Out Loud: On the Personal, the Political, the Public and the Private*. Nova York: Random House, 1993, p. 252.
[419] "Snoopy at the Smithsonian", *Wall Street Journal*, 25/out/1994, p. A18.
[420] *Ibid.*
[421] *Ibid.*
[422] ROUSSEAU, Jean-Jacques, *The Social Contract*. Nova York: Penguin Books, 1968, p. 89.
[423] CONDORCET, Antoine-Nicolas de. *Sketch for a Historical Picture of the Progress of the Human Mind*. West Point, Conn.: Hyperion Press, 1955, p. 114.
[424] GODWIN, William. *Enquiry Concerning Political Justice*, Vol. I, p. 446.
[425] SHAW, Bernard. *Intelligent Woman's Guide to Socialism and Capitalism*. Nova York: Brentano's Publishers1928, p. 456.

Mundial, ele escreveu lamentando a um amigo sobre "a crueldade da inépcia e desperdício" que viu na conduta da guerra, e adicionou:

> Eu não estaria sendo sincero se tentasse dizer que as mortes desse "pobre lixo branco" do sul e o resto me deixaram com mais desgosto do que o alistamento ou o recrutamento de algum dos meus amigos[426].

Isso também não era devido ao racismo dos sulistas brancos, pois o próprio Wilson fez referência ao quanto achava desagradável Chattanooga por causa "dos pretos e dos moinhos"[427].

As massas ignorantes também são importantes como cobaias para certos experimentos sociais, incluindo recriar as próprias massas com a intenção de se transformarem no tipo de pessoas que os ungidos desejam que sejam. Quando William Godwin escreveu, dois séculos atrás, sobre "homens como poderiam ser feitos a partir de agora"[428], ele repetia um tema já mencionado por Helvétius (1715-1771) e Holbach, entre outros, e que ainda seria aparente em fenômenos do século XXI, tais como campos de "reeducação" e programas de "lavagem cerebral" em países comunistas, assim como vários similares dentro de países democráticos, através da propaganda em massa, instrumento do totalitarismo.

O que raramente faz parte da visão dos ungidos é um conceito de pessoa comum autônoma em suas tomadas de decisões, livre para rejeitar qualquer visão e buscar seu próprio bem estar através de qualquer processo social que escolher. Dessarte, quando aqueles com a visão predominante falam da família — mesmo que apenas para neutralizar a fala de valores familiares dos adversários — eles tendem a conceber a família como uma instituição *beneficiária* de generosidade ou orientação do governo, ao invés de uma instituição de *tomada-de-decisão* que determina para si mesma como seus filhos devem ser criados e com quais valores.

Para aqueles com a visão dos ungidos, o público serve não só como alvo de desprezo, mas também uma base sobre a qual medem suas próprias

---

[426] WILSON, Edmund. *Letters on Literature and Politics: 1912-1972*. Elena Wilson (ed.). Nova York: Farrar, Strauss and Giroux, 1977, p. 36.
[427] *Ibid.*, p. 227, 220, Décadas mais tarde, depois de verem a pobreza na Itália ao fim da Segunda Guerra Mundial, Wilson disse "essa não é a maneira como os brancos costumavam viver", *Ibid.*, p. 423.
[428] GODWIN, William. *Enquiry Concerning Political Justice*, Vol. II, p. 122.

CAPÍTULO V | OS UNGIDOS VERSUS OS IGNORANTES

alturas sublimes, seja na arte, na política ou em outras áreas. Processos sistêmicos que oferecem canais de expressão para as visões e valores do público devem ser contornados e limitados. A arte, a música e o balé devem ser financiados através de extorsão compulsória ao público, enquanto ignoram ou desprezam o que o público em si deseja ou não deseja. De forma similar, a assim chamada "televisão pública" — televisão subsidiada pelo pagador de impostos — é, de fato, o mais longe dos desejos do público, refletindo mais a visão dos ungidos. Propaganda descaradamente a favor do movimento ambientalista, por exemplo, se tornou comum nos, assim chamados, programas de televisão sobre a "natureza" no ar na "televisão pública" por anos.

A falha em utilizar dinheiro dos contribuintes para financiar aquilo que o pagador de impostos não gosta é rotineiramente chamado de "censura". Se essa terminologia fosse usada de forma consistente, praticamente toda a vida seria apenas uma censura sem fim, já que os indivíduos escolhem entre comprar maçãs ou laranjas, férias no lugar de violinos, móveis em vez de fundo de investimento. Entretanto, é claro que não se pretende ter essa consistência. Esse uso forçado da palavra "censura" aparece apenas de forma seletiva para descrever as escolhas e valores do público diferentes das escolhas e valores dos ungidos. Se uma biblioteca pública recusa comprar algum livro *avant-garde* aprovado pelos ungidos, porque o bibliotecário ou os contribuintes não gostam dele, isso é chamado de "censura" — mesmo que o livro permaneça livremente disponível para todos que desejam comprá-lo e nenhuma biblioteca consegue comprar nem mesmo 1/10 de todos os livros publicados, tornando preferências discricionárias inevitáveis e a Primeira Emenda não garante leitores ou dinheiro.

A suposta irracionalidade do público é um padrão que aparece em muitas, se não na maioria, ou em todas, grandes cruzadas dos ungidos no século XXI — independente do tema da cruzada ou na área em que se enquadra. Seja o assunto a "superpopulação", economia keynesiana, justiça criminal ou a exaustão dos recursos naturais, pressupõe-se que o público é tão irracional que a sabedoria superior dos ungidos deve ser imposta, assim impedindo o desastre. Os ungidos não simplesmente *por acaso* têm desprezo pelo público. Esse desprezo é parte integral de sua visão, pois a característica central daquela visão é a preempção das decisões dos outros.

CAUSALIDADE SOCIAL

Aqueles com a visão trágica e aqueles com a visão dos ungidos não têm somente conceitos diferentes das limitações dos seres humanos e dos recursos, relativos aos desejos insaciáveis das pessoas, mas também têm conceitos muito diferentes de causa e efeito em que operam em processos sociais.

Na visão dos ungidos, são cruciais as disposições, a inteligência, as intenções, os talentos e o compromisso com os tomadores de decisões sociais. Na visão trágica, onde o conhecimento humano e o poder de previsão são muito limitados para *todos*, a causalidade opera mais frequentemente de maneira sistemática, com inúmeras interações produzindo resultados livres do controle de qualquer indivíduo ou grupo, porém entrando no padrão determinado pelos incentivos e limites inerentes à lógica das circunstâncias, ao invés de uma consequência de uma racionalidade silogística específica.

A causalidade sistemática opera em um vasto espectro de circunstâncias, seja no mundo natural ou nas sociedades humanas. A vegetação em uma montanha pode formar um padrão, não porque as plantas ou as árvores buscaram criar aquele padrão, mas porque temperaturas diferentes em diferentes alturas favorecem a sobrevivência de espécies diferentes. Até mesmo quando a vontade humana está envolvida, o padrão que emerge não precisa refletir a vontade de ninguém. A média industrial Dow Jones pode estar em 4086, não porque alguém planejou ser assim, mas porque esse foi o resultado líquido de inúmeras transações realizadas por inúmeras pessoas buscando apenas seu próprio ganho individual naquelas ações específicas que estavam negociando.

De modo geral, uma língua surge de acidentes, experiências, da corrupção e de empréstimos históricos e a corrupção de outras línguas. *Nenhum indivíduo sábio ou conselho sentou-se e criou a linguagem* — seja na forma de um conceito geral, ou de línguas específicas, com exceção de idiomas artificiais como o Esperanto, que definha com o desuso. A riqueza, complexidade e sutilezas das línguas surgiram de forma sistemática, das experiências e interações de milhões de seres humanos normais, e não de um "plano" verticalizado e formulado por alguma elite. De tempos em tempos, práticas linguísticas são codificadas ou modificadas por intelectuais, mas essa é uma parte acidental de uma dramaturgia enorme.

Causalidade sistêmica cria uma ordem que surge como consequência de interações individuais direcionadas a fins variados e conflituosos, não

CAPÍTULO V | OS UNGIDOS VERSUS OS IGNORANTES

na direção da criação em si dessa ordem. As características dessa ordem podem ser analisadas, mesmo que não possam ser criadas — e essa ordem pode, em casos específicos ou no geral, ser superior ao que pode ser criado, como no caso da evolução de línguas artificiais em comparação com as naturais. A Escola Francesa de Economia do século XVIII chamada "fisiocratas" criou o termo *laissez-faire* para expressar sua ideia de que a "ordem natural", que surgiria em uma economia de mercado, era ao mesmo tempo perceptível e mais benéfica do que tentativas de controlar essas interações complexas do topo. Esse também é o tema central das escritas do século XX de Friedrich Hayek (1899-1992), que distinguiu sabiamente uma "ordem" emergente de um "*design*" limitado[429]. Em resumo, a causalidade sistemática tem sido uma característica duradoura da visão trágica, seja entre economistas, analistas judiciários ou pensadores sociais em várias outras áreas.

A causalidade sistemática toma muitas formas. As tradições legais, os laços familiares, os costumes sociais e a flutuação de preços em uma economia são todas maneiras sistemáticas nas quais as experiências e preferências de milhões de pessoas têm influência poderosa nas decisões de milhões de outras pessoas. A diferença mais fundamental entre a visão trágica e a visão dos ungidos está na realidade e validez destes processos sistêmicos, que utilizam as experiências dos muitos ao invés da racionalidade articulada de alguns poucos talentosos. Relacionada a essa diferença está uma grande diferença no papel das disposições, intenções ou objetivos das duas visões.

Os próprios termos do discurso entre aqueles com a visão dos ungidos refletem historicamente a sua preocupação com disposições, intenções, objetivos, sejam esses "liberdade, igualdade, fraternidade" no século XVIII, ou "justiça social", "compaixão" ou "liberação das mulheres" hoje. Por contraste, aqueles com a visão trágica focaram características processuais, muitas vezes tratando as disposições, intenções e objetivos daqueles operando estes processos como acidentais ou irrelevantes. Por exemplo, apesar de Adam Smith ter considerado as intenções dos empresários como egoístas e antissociais[430], ele viu as consequências sistemáticas de sua com-

---

[429] HAYEK, F. A. *Studies in Philosophy, Politics and Economics*. Nova York: Simon & Schuster, 1969, p. 96-105; HAYEK, F. A. *Law, Legislation and Liberty*, Vol. I. Chicago,: University of Chicago Press, 1973, p. 35-54.
[430] SMITH, Adam. *The Wealth of Nations*. Nova York: Modern Library, 1937, p. 128, 249-50, 460, 537.

petição como sendo mais benéficas à sociedade do que regulamentação governamental bem intencionada[431].

Apesar dos resultados gerais das interações sistemáticas não serem diretamente controladas por ninguém, elas não são nem aleatórias, nem incomensuráveis. Do contrário, não poderia haver análise econômica de competitividade de mercado, ou análise científica de padrões ecológicos, ou evolucionários. Determinar as características particulares de tipos específicos de sistemas de interação recíproca pode ser uma tarefa difícil — no entanto, é uma tarefa raramente enfrentada por aqueles com a visão dos ungidos, que enxergam pouco estando entre a intenção e o resultado do que fatores subjetivos como compaixão e compromisso. Dessarte, a causalidade sistemática raramente tem um papel maior na visão predominante dos ungidos, não importa o quão relevante seja na visão trágica. Enquanto na visão trágica o mundo é concebido como um sistema de interações inumeráveis e recíprocas, todas restringidas nos confins das limitações humanas e naturais, os problemas individuais não podem ser solucionados um por um sem criar novos problemas em outro lugar, mesmo que utilizando somente os recursos disponíveis para lidar com eles.

Uma polêmica notável entre os economistas em 1946 pode ilustrar mais específica e concretamente a natureza da causalidade sistemática. A questão era em torno do aumento do salário mínimo imposto pelo governo, se levaria a salários maiores para os trabalhadores de baixo nível, ou se haveria um aumento na taxa de desemprego destas pessoas depois que seus novos salários reduzissem a demanda por parte dos empregadores. Esta polêmica, que carregou de ira uma publicação de economia importante (*The American Economic Review*) e foi republicada repetidamente em outros lugares, aconteceu entre um economista que viu o problema em termos de intenção e outros que enxergaram em termos sistêmicos.

Depois de entrevistar centenas de empregadores com questionários perguntando se eles demitiriam empregados frente a um aumento de salário imposto — e descobrir que a maioria não afirmou que o faria — o professor Richard A. Lester, da Princeton University, concluiu que a análise econômica

---
[431] *Ibid.*, p. 423.

CAPÍTULO V | OS UNGIDOS VERSUS OS IGNORANTES

atual estava errada[432]. Entretanto, a análise econômica que ele estava atacando não falava sobre intenções do empregador, mas sobre consequências sistemáticas. Pode ser, sim, que todos os empregadores nas indústrias afetadas tivessem a intenção de manter seus empregados — porém, as inerentes restrições das demandas dos consumidores pelos produtos poderia facilmente tornar impossível que todos os empregadores assim o fizessem, já que suas tentativas de ajustar a alta dos pagamentos em preços maiores pode reduzir as suas vendas.

Essa era apenas uma das muitas maneiras possíveis em que resultados sistêmicos poderiam diferir radicalmente das intenções dos empregadores ou das intenções daqueles que promoviam as leis de salário mínimo. Contudo, apenas ao mudar o foco das intenções para as interações sistêmicas é que essas consequências contraprodutivas se tornam aparentes na análise, sem ter que esperar pela confirmação social dolorosa. Frente a um aumento do salário mínimo, os caminhos possíveis de ajustes incluem o seguinte:

1. O capital pode ser substituído por trabalho *intencionalmente*, por meio da compra de máquinas e demissão dos funcionários;
2. O capital pode ser *sistematicamente* substituído por trabalho por conta da perda de lucros e fatia de mercado das firmas que precisam de mais mão de obra, que são as mais atingidas pelo aumento do salário mínimo do que as firmas de intensivo em capital;
3. Mão de obra mais cara e mais habilidosa pode ser substituída por mão de obra mais barata *intencionalmente* por empregadores individuais;
4. Mão de obra mais cara e mais habilidosa pode ser substituída por mão de obra mais barata *sistematicamente* por meio da perda de negócios pelas firmas que mais dependem da mão de obra de baixo nível e cujos custos aumentaram;
5. Firmas com lucros limitados podem ser forçadas a desaparecer, reduzindo os empregos na indústria, mesmo sem nenhuma redução em empregados nas firmas sobreviventes.

---

[432] Richard A. Lester, "Shortcomings of Marginal Analysis for Wage-Employment Problems". *American Economic Review*, mar/1946, p. 63-82.

O caminho de ajuste específico na indústria é menos importante do que o fato de *o ajuste que deve ser feito* para custos maiores com mão de obra, sem um aumento correspondente na receita de vendas de produtos. O que um empregador pretende fazer não importa, mesmo na quinta situação acima, na qual as firmas sobreviventes podem manter seus empregados como planejado. Entretanto, a situação de número cinco tem suas armadilhas para aqueles pesquisadores que entrevistam empregadores antes e depois de um aumento do salário mínimo, pois pode ser que obtenham o resultado de um número alto de empregados nas empresas sobreviventes (ou mais alto do que nunca), mesmo que a oferta de empregos na indústria tenha diminuído devido à falência de algumas empresas. A armadilha fatal em uma pesquisa deste tipo é que eles só podem entrevistar os sobreviventes. Como disse um distinto economista durante essa polêmica, utilizando tais métodos de pesquisa, pode-se provar que nenhum soldado foi morto na Segunda Guerra Mundial[433].

Incentivos versus Disposições

Se causalidade sistêmica é a força social dominante, isso deixa um papel muito menor aos ungidos, de muito menos importância para a diferença entre seu conhecimento, sabedoria e virtude, por um lado, e o conhecimento, a sabedoria e a virtude das pessoas comuns, por outro. Diminuir a importância de uma sabedoria e virtude especial de qualquer elite tem sido uma característica da visão trágica há séculos, datando da época de Hobbes (1588-1679), século XVII, e permanecendo uma observação dominante nos escritos do século XX de Friedrich Hayek e outros. De acordo com Hobbes: "um homem casado comum é mais prudente nas questões relativas à sua própria casa do que algum conselheiro metido nas questões de outros homens"[434].

Essa conclusão refletia, em parte, a ideia de que os incentivos dos tomadores de decisão tinham muito mais a ver com a qualidade de suas decisões do que diferenças nas habilidades e virtudes entre eles. Sugere também que essas diferenças foram exageradas. Ambas as ideias continuaram comuns, por

---

[433] George J. Stigler, "Professor Lester ad the Marginalists", *American Economic Review*, mar/1947, p. 157.
[434] HOBBES, Thomas. *Leviathan*. Londres: J. M. Dent & Sons, 1970, p. 35.

séculos, entre aqueles com a visão trágica. Adam Smith pensou que os homens tinham menos diferenças entre si do que cães[435]. Friedrich Hayek também o disse, dois séculos depois[436]. Oliver Wendell Holmes também acreditava que mentes brilhantes e com consciência tinham menos impacto na lei do que poderiam supor. Ele reconheceu que "os incontáveis grandes intelectos que foram gastos em realizar melhoras ou contribuições" nas leis — "o melhor de todos eles", ele disse, "é insignificante frente ao poderoso todo"[437]. Hayek aplicou esse princípio a processos sociais no geral:

> Comparada com a totalidade do conhecimento, que é continuamente utilizada na evolução de uma civilização dinâmica, a diferença entre o conhecimento do mais sábio e aquilo que o indivíduo mais ignorante pode apresentar de forma deliberada é, comparativamente, insignificante[438].

A visão trágica das limitações humanas claramente se aplica a todos, sem exceção a nenhuma elite. Isentar os ungidos dos processos sistêmicos que produzem tradições legais, costumes sociais, mecanismos de mercado e outros processos para expressar as experiências de vida da humanidade se torna muito mais questionável em um mundo de causalidade sistêmica. A importância da "compaixão" dos ungidos ou seu compromisso com a "justiça social" é reduzida, de forma similar, em um mundo onde as intenções são incidentais e os resultados dependem muito mais dos tipos de processos sociais em funcionamento — e os incentivos gerados por tais processos.

Em seu entusiasmo por tipos específicos de decisões a serem tomadas, aqueles com a visão dos ungidos raramente consideram a natureza do *processo* pelo qual decisões são tomadas. Frequentemente, o que eles propõem acaba sendo a terceirização da tomada de decisão para pessoas que não carregam nenhum ônus por errar — certamente uma das maneiras menos promissoras

---

[435] SMITH, Adam. *The Wealth of Nations*, p. 16.
[436] "... diferenças entre indivíduos são provavelmente menores do que aquelas entre animais domesticados (especialmente cães)". HAYEK, F. A. *The Collected Works of F. A. Hayek*, Vol. I: *The Fatal Conceit: The Errors of Socialism*. W. W. Bartley III (ed.). Chicago: University of Chicago Press, 1988, p. 79. Em português encontramos a seguinte edição: HAYEK, F. A. *Os Erros Fatais do Socialismo: Por que a Teoria Não Funciona na Prática*. São Paulo: Faro Editorial, 2017. (N. E.)
[437] HOLMES, Oliver Wendell. *Collected Legal Papers*. Nova York: Peter Smith, 1952, p. 194.
[438] HAYEK, F. A. *The Constitution of Liberty*. Chicago: University of Chicago Press, 1960, p. 30. Em português encontramos a seguinte edição: HAYEK, F. A. *A Constituição da Liberdade*. Lisboa: Edições 70, 2017. (N. E.)

de se chegar a decisões satisfatórias por aqueles que devem viver com as consequências. Não é que os ungidos apoiam tais processos, mas suas preocupações com os resultados muitas vezes fazem com que negligenciem toda a questão das características dos processos. Os critérios pelos quais "problemas" sociais são definidos tendem a ser similarmente critérios de terceiros. Assim, "desperdício", "qualidade" e "necessidades reais" são termos usados aleatoriamente, como se algum terceiro pudesse defini-los para outras pessoas. Ações governamentais dedicadas a fazer cumprir essas decisões prévias de terceiros muitas vezes surgem na forma de burocracia para substituir os processos sistêmicos do mercado.

Práticas como ativismo judiciário, que pretendem produzir resultados sociais mais benéficos do que aquelas produzidas por se seguir a lei e as tradições, parecem ser bem diferentes analisando através de um esquema de causalidade sistêmica. Ao desordenar um processo inteiro, crescido das experiências de milhões de pessoas através de séculos de desenvolvimento legal, baseando-se nas crenças e sentimentos de um juiz específico ou grupo de juízes sobre alguma questão em pauta, corre-se o risco de melhorar a humanidade em um lugar e piorar em outro, usando a analogia de Holmes.

"Casos difíceis criam leis ruins" é outra forma na qual a visão trágica é expressada. Para ajudar algum grupo ou indivíduo em situação difícil na frente deles, os juízes podem distorcer a lei para chegar em um veredito mais benigno naquele caso específico — porém, ao custo de prejudicar toda a consistência e previsibilidade da lei, da qual milhões de outras pessoas dependem e da qual dependem a liberdade e segurança de toda uma sociedade. Não poder haver uma sociedade que cumpre a lei se ninguém sabe antes que leis precisam ser respeitadas, mas precisam esperar por juízes que criem decisões judiciais *ex post facto* baseadas em "critérios em evolução" em vez das regras conhecidas. Uma crescente penumbra de incerteza em volta das leis cria incentivos para um maior volume de litígio, assim como chantagear indivíduos e organizações a firmarem resoluções de comum acordo, porque não podem ter certeza sobre como alguma acusação especulativa contra eles será interpretada pelos juízes operando sob "critérios em evolução".

Em um sistema de interações humanas, os incentivos gerados por esses sistemas — sejam econômicos ou legais, por exemplo — são cruciais para aqueles com a visão trágica. Contudo, aqueles com a visão dos ungidos enxergam disposições como cruciais e, consequentemente, focam em incutir atitudes corretas através das escolas, da mídia e de outras formas. Seja o assunto gravidez, justiça criminal ou políticas externas, aqueles com a visão trágica tendem a depender de incentivos enquanto aqueles com a visão dos ungidos tendem a depender da criação de disposições favoráveis. Aqueles com a visão dos ungidos muitas vezes apoiam a resolução das diferenças internacionais através da "diplomacia" e "negociação", ao invés de "a força" — como se a diplomacia e a negociação não fossem dependentes de um conjunto de incentivos à sua volta, dos quais a plausível ameaça de força militar é crucial. Mesmo assim, cortes unilaterais dos militares diversas vezes são apoiados por aqueles que favorecem a diplomacia e a negociação. De fato, essas políticas não foram só apoiadas como também seguidas por democracias ocidentais por um longo, e perigoso, período antes do início da Segunda Guerra Mundial.

Entre os incentivos sociais de interações sistêmicas, gerados mais ou menos de forma espontânea, estão os laços pessoais dentro das famílias, nas comunidades ou entre os cidadãos de uma certa nação. Todos esses laços gerados sistematicamente são tratados como fontes preciosas de motivação e coesão por aqueles com a visão trágica, que enxergam esses laços como contrários ao egoísmo inerente aos indivíduos. Mesmo assim, esses mesmos laços trouxeram menos entusiasmo, muitas vezes desconfiança e, às vezes, até desprezo e hostilidade daqueles com a visão dos ungidos, para os quais esses laços particularistas são vistos como obstáculos a interesses sociais maiores ou como ser "cidadão do mundo". Mais uma vez, essas conclusões diferentes retornam às diferenças ocultas na maneira que o mundo é concebido e as diferenças correspondentes em quais opções assume-se estarem disponíveis. Para aqueles com a visão dos ungidos, a alternativa a laços particularistas são laços universalistas, enquanto para aqueles com a visão trágica, as alternativas são egoísmo individual e psicologia de multidão.

Dentro do esquema da causalidade sistêmica, afirmações de princípios superiores e profunda compaixão são distrações irrelevantes, que promovem uma confusão perigosa entre o que se gostaria e o que provavelmente vai acontecer se aquilo que você apoia é colocado em prática. Contudo, aqueles com a visão dos ungidos automaticamente tendem a atribuir diferenças estatísticas entre grupos por motivos intencionais (discriminação), ou motivos de disposição (racismo, machismo), raramente considerando seriamente as razões sistêmicas, como diferenças de idade, cultura ou diferenças associadas à gravidez e às tarefas domésticas. É considerado um ato de generosidade se essas últimas razões não são descartadas de cara, mas são concedidas um "talvez" — e tudo isso sem um grão de evidência para distinguir entre essas possibilidades e aquelas cuja única afirmação superior é baseada no fato de que elas fazem parte das razões intencionais e oriundas da disposição no âmago da visão dos ungidos.

Em nenhum lugar a diferença entre causalidade sistêmica e causalidade intencional aparecem mais dramaticamente do que nas discussões de questões raciais. Com fenômenos negativos como o racismo, assim como com fenômenos positivos como a compaixão, a causalidade *sistêmica* não depende simplesmente se essas disposições existem, mas nos incentivos situacionais e em seus limites. O dono de um time profissional de basquete e o dono de uma orquestra sinfônica podem ser igualmente racistas, mas seria suicídio financeiro para o primeiro se recusar a contratar jogadores de basquete negros, enquanto os relativamente poucos músicos de orquestra sinfônica negros poderiam ter seus empregos negados sem um resultado geral na qualidade de uma orquestra sinfônica, ou na sua viabilidade financeira. Enquanto esses exemplos são hipotéticos, pesquisas empíricas em países ao redor do mundo demonstram repetidamente que a discriminação é, na verdade, mais severa naqueles setores da economia em que os custos incorridos pela discriminação são menores[439]. Mesmo na África do Sul, durante o *apartheid*, onde o racismo entre empregadores brancos era apoiado por discriminação legal contra trabalhadores negros, aqueles mesmos empregadores muitas vezes desafiavam ou evitavam as leis do *apartheid* para contratar mais negros e em cargos superiores do que era permitido pelo governo[440]. O mercado doméstico sul-africano produziu tamanha integração racial, indo contra a lei, que os brancos eram, em al-

---

[439] Veja exemplos em SOWELL, Thomas, *Preferential Policies: In International Perspective*. Nova York: Morrow, 1993, p. 22-24, 28-30, 32-36, 51, 59, 64, 115, 142; HOROWITZ, Donald L. *Ethnic Groups in Conflict*. Berkeley: University of California Press, 185, p. 662; WILLIAMS, Walter E. *South Africa's War Against Capitalism*. Nova York: Praeger, 1989, p. 183-87.

[440] Veja, por exemplo, WILLIAMS, Walter E. *South Africa's War Against Capitalism*, p. 81-82, 104-05, 112-13; LIPTON, Merle. *Capitalism and Apartheid: South Africa 1910-1984*. Totowa, N.J.: Rowman and Allanheld, 1985, p. 152-53, 187, 208; LAPPING, Brian. *Apartheid: A History*. Nova York: George Braziller, 1986, p. 164-65. Leis de discriminação racial que existiam antes do *apartheid* em grande escala também foram evitadas. Veja HUTT, W. H. *The Economics of the Colour Bar: A Study of the Economic Origins and Consequences of Racial Segregation in South Africa*. Londres: Andre Deutsch, Ltd., 1964, p. 83-84.

CAPÍTULO V | OS UNGIDOS VERSUS OS IGNORANTES

guns casos, minoria em áreas legalmente designadas como apenas para brancos[441]. Ainda assim, toda essa área da economia da discriminação foi ignorada como "muita besteira" por um acadêmico cuja única evidência era um estudo sobre empréstimos hipotecários da Federal Reserve em Boston[442] — um estudo cujas falhas fatais já foram comentadas no *Capítulo 3*. Para muitos outros com a visão dos ungidos, não há a necessidade de qualquer evidência para afirmar que o racismo e a discriminação estão presentes nas disparidades estatísticas.

Ao contrário da visão dos ungidos, a causalidade sistêmica diz que muitas vezes há razões racionais para as decisões, mesmo que a expressão dessas razões não seja óbvia ou bem articulada. Em resumo, *há uma realidade subjacente* refletida em processos sistêmicos, mesmo que de maneira imperfeita. Não se trata simplesmente de uma questão de disposição subjetiva. Esse raciocínio pode ser levado um passo adiante: uma realidade fundamental não é corrompida pelo fato de que seres humanos diferentes entenderem as coisas de forma diferente, mesmo se alguns responderem irracionalmente.

Por exemplo, no Japão do século XIX, a realidade fundamental era de que os japoneses estavam muito atrás, tecnologicamente, das nações industriais do Ocidente — e que isso implicou enormemente na vulnerabilidade militar do país, na subordinação política e nas chances de sobrevivência como uma nação independente. Muitos japoneses reconheceram isso e tomaram ações, no final, criando a fundação científica, tecnológica e econômica da emergência do Japão um século depois como uma das nações industriais líderes do mundo. Entretanto, nem todo japonês era perfeitamente racional sobre seu choque inicial ao descobrir como estavam para trás, comparados com o Ocidente. Entre essas reações, houve estas:

> Foram formadas associações para promover o uso do alfabeto romano na escrita dos japoneses e abandonar os caracteres do kanji e *kana*. Sugeriu-se que fosse abolido o kimono, assim como muitas comidas japonesas. Um homem, Yoshio Takahashi, até publicou um livro, *The Improvement of the Japanese Race*, no qual ele afirmou que os japoneses eram inferiores mental e fisicamente aos ociden-

---

[441] WILLIAMS, Walter E. *South Africa's War Against Capitalism*, p. 112-13.
[442] Professor Thomas Ferguson, da Universidade de Massachussetts em Boston, citado em *The Johnson Years: The Differende He Made*. Robert L. Hardee (ed.). Austin, Tex.: Lyndon Baines Johnson Library, 1993, p. 117.

tais e exigiu que todos os homens japoneses se divorciassem de suas esposas e se casassem com mulheres ocidentais, que teriam filhos com característica superiores, melhorando assim o estoque japonês! Uma música composta em 1878 para crianças brincarem com uma bola, chamada de *Música da Civilização para Brincar com Bola*, foi criada para gravar em suas jovens mentes como a tecnologia ocidental era superior. A cada troca de mãos da bola, eles tinham que recitar os nomes de dez objetos que melhorariam seu país: "Luminárias a gás, motores a vapor, carruagens puxadas por cavalos, câmeras, telegramas, condutores de raios, jornais, escolas, correio e barcos a vapor"[443].

Seria muito fácil ridicularizar algumas dessas atitudes. Certamente ninguém hoje poderia considerar a raça japonesa como mentalmente inferior, por exemplo, após suas incríveis conquistas em superar as nações ocidentais no ramo da tecnologia em apenas um século. Entretanto, ignorar radicalmente as preocupações por trás até mesmo dessas reações extremas do Japão do século XIX seria um erro tão grande quanto estas reações a pontos específicos. *Havia uma realidade oculta*, não importa o quão variadas e, às vezes, irracionais fossem as respostas subjetivas a ela. Não era apenas uma questão de disposição subjetiva, nem uma reeducação psicológica dos japoneses, nem a redefinição do atraso do Japão do século XIX através de relativismo cultural teria causado o mínimo efeito na realidade subjacente. Nem tudo pode ser reduzido a atitudes ou "percepções" psicológicas.

Causalidade sistêmica não pressupõe uma racionalidade perfeita da parte dos seres humanos. Pelo contrário, sua racionalidade é sistêmica, de tal forma que qualquer dono de um time de basquete profissional que se recusar a contratar jogadores negros, em condições de um mercado competitivo, simplesmente não continuaria como dono. De maneira similar, a causalidade sistêmica não poderia explicar as proporções altamente variadas de funcionárias mulheres, em indústrias e ocupações diferentes, por meio das atitudes subjetivas de homens nessas indústrias e ocupações particulares, mas sim pelas variadas situações nesses setores da economia, em que as mulheres são prevalentes ou raras. Seria, na verdade, uma coincidência incrível se as atitudes dos ho-

---

[443] PEDLAR, Neil. *The Imported Pioneers Westerns Who Helped Build Modern Japan*. Nova York: St. Martin's, 1990, p. 22-23.

mens quanto às mulheres continuassem a ser radicalmente diferentes de uma indústria para outra durante um período longo o suficiente para uma rotatividade completa dos homens em todas as indústrias.

O objetivo aqui não é o de resolver as questões envolvendo as mulheres ou minorias no mercado de trabalho. É o de ilustrar a diferença entre buscar explicações sistêmicas de fenômenos sociais e pressupor que disposições subjetivas fornecem uma explicação causal suficiente. Um espectro de respostas subjetivas a qualquer situação é praticamente inevitável e todas essas respostas irão, quase que invariavelmente, incluir tanto as reações inteligentes quanto as tolas, assim como reações bem articuladas e expressadas de forma desajeitada. Nada seria mais fácil, *em qualquer questão*, do que se utilizar de afirmações ou ações tolas, malignas ou confusas para explicar um problema social como se fosse devido a disposições subjetivas que diferem das disposições superiores dos ungidos. Porém, se a causalidade for vista como sistêmica ao invés de oriunda das disposições, então, a tarefa é descobrir a realidade subjacente por trás das várias expressões subjetivas. Percepções são como espelhos que refletem o mundo real com diversos níveis de distorção, mas provar a distorção não refuta a existência de uma realidade que não pode ser ignorada com conversa.

Trocas versus "Soluções"

Talvez a diferença mais fundamental entre aqueles com a visão trágica e aqueles com a visão dos ungidos é a de que os primeiros enxergam a política em termos de uma troca e os outros em termos de "soluções". Esta não é meramente uma diferença em palavras ou em otimismo, mas uma diferença em procedimentos. Para aqueles com a visão dos ungidos a pergunta é: o que vai remover características negativas específicas na situação atual para criar uma solução? Aqueles com a visão trágica perguntam: o que precisa ser sacrificado para alcançar essa melhora específica? Como disse o distinto economista Herbert Stein (1916-1999) sobre avaliar um candidato político:

> Sempre há condições que desejamos serem diferentes ou melhores do que são. A questão relevante é se há uma cura para a condição que o candidato

conhece e se pode realizá-la e se não trará consequências piores do que a condição inicial[444].

Implícitas nessas diferentes abordagens de elaboração de políticas estão diferentes suposições sobre se outras pessoas são tão irracionais ao ponto de terem criado situações infelizes sem nenhum motivo, de forma que melhoras gratuitas agora estão disponíveis. A crença nessa sabedoria diferencial e probidade é mais conveniente à visão dos ungidos, para os quais abundam soluções em potencial, que precisam apenas de discernimento para descobri-las e poder para serem colocadas em prática.

Ninguém nega a existência de limites, porém a visão dos ungidos não incorpora esses limites como característica central e como ingrediente sempre presente em seu raciocínio, enquanto a visão trágica o faz. Além disso, trocas necessárias por causa dos limites são vistas de maneira diferente entre as duas visões. Para aqueles com a visão dos ungidos, trata-se simplesmente de uma questão de escolher a melhor solução, enquanto para aqueles com a visão trágica, a questão mais fundamental é: *quem* vai escolher? E através de qual processo e com quais consequências se errar? Como já foi comentado no *Capítulo 2* (e será visto em capítulos sequentes), é tão fácil errar — e persistir no erro — quando os custos do erro são pagos por outros.

Muitas vezes, aqueles com a visão dos ungidos coletivizam as decisões, mais ou menos automaticamente, e então tomam o papel eles mesmos dos que decidem, seja o assunto educação sexual, financiamento das artes, plano de saúde ou inúmeros outras questões sociais. Entretanto, não há uma razão *a priori* da razão de indivíduos diferentes receberem trocas diferentes em todas essas áreas — ou seja, não há a necessidade para os ungidos tomarem a frente e tornarem coletivas essas decisões.

Um exemplo simplesmente pode ilustrar de forma concreta a diferença entre buscar uma solução e buscar uma troca. Quando um bebê foi morto em um trágico acidente de avião em 1989 ao ser arrancado dos braços da mãe pela força do impacto e atirado pela cabine, a "solução" política foi proposta com a criação de uma lei federal exigindo que os bebês sejam presos a seus

---

[444] STEIN, Herbert. *Presidential Politics: The Making of Economic Policy From Roosevelt to Reagan and Beyond.* Washington, D.C.: American Enterprise Institute, 1988, p. 90.

CAPÍTULO V | OS UNGIDOS VERSUS OS IGNORANTES

próprios assentos nos aviões. No entanto, um estudo de economistas indicou que essa lei, exigindo que os pais comprassem uma passagem extra, desviaria uma porção do tráfego para alternativas mais baratas de meios de transporte do chão — a maioria tendo uma taxa de mortalidade maior do que os aviões. Durante uma década, era estimado que se salvaria a vida de um bebê em acidentes de avião, a perda de nove vidas em transporte alternativo terrestre e um custo adicional de US$ 3 bilhões de dólares[445].

Poucas pessoas diriam que foi uma troca sensata. No entanto, apenas analisando a questão *como uma troca* podemos evitar as aparências perigosas e enganosas de uma "solução".

A legislação proposta para aumentar a segurança dos aviões exigindo um assento separado para crianças foi um exemplo perfeito do que o juiz Holmes se referiu como melhorar a Humanidade em um lugar enquanto diminuindo em outro. Nada é mais fácil do que aumentar a segurança em algum setor definido arbitrariamente de alguma maneira arbitrariamente escolhida, desconsiderando o que isso causa na segurança em outros lugares e de outras maneiras. Infelizmente, esse tipo de pensamento é conveniente para a visão dos ungidos — e para os políticos.

De forma geral, tentativas políticas de "solucionar" vários "problemas" *seriatim* ignoram os custos criados por cada "solução" e como isso vai agravar outros problemas. Obviamente não é impossível solucionar problemas de estacionamento no centro de qualquer cidade, por exemplo, construindo mais estacionamentos, seja no subsolo ou acima do solo, mas os recursos necessários para essa empreitada deixariam muitos municípios perigosamente sem policiamento e bombeiros, hospitais municipais e escolas públicas. Não é resposta nenhuma sugerir o aumento de impostos locais ou conseguir uma concessão federal, pois essas ações simplesmente *realocam* a troca, sem se livrar dela. É como uma regressão infinita. Se o problema de estacionamento vale a pena ser eliminado, mesmo frente aos custos enormes e inevitáveis de fazê-lo, então, claramente deve ser feito. Contudo, ninguém deve pensar que essa é uma "solução", pois é na verdade uma troca.

---

[445] "An Impact Analysis of Requiring Child Safety Seats in Air Transportation", *Child Restraint Systems on Aircraft*. Audiência perante a Subcomissão de Aviação da Comissão de Obras Públicas e Transportes. Câmara dos Representantes, 12/jul/1990, p. 215.

***Muita da retórica política está interessada em apresentar suas questões como problemas isolados a serem solucionados — não como trocas dentro de um sistema restringido pelas inerentes limitações de recursos, conhecimento etc. A questão é apresentada como uma de fornecer "moradias de baixo custo", "empregos decentes", "cuidados com a saúde adequados", entre outros. O problema do custo muitas vezes é menosprezado através de alguma afirmação generalizada como "certamente um país que consegue colocar um homem na Lua [...]", ou lutar na Guerra do Golfo Pérsico, ou construir um sistema de rodovias nacional etc., tem condições de fazer o que quer que seja proposto. Da perspectiva de uma troca, entretanto, todas essas atividades dispendiosas do passado são as razões de nós termos *menos* para gastar em outras coisas, não razões para gastarmos mais. Não podemos desfazer o voo à Lua, desfazer a Guerra do Golfo, ou desconstruir o sistema de rodovias nacional. Uma das limitações mais severas é a limitação de que o tempo se move em apenas uma direção. Trocas que deveriam ter sido feitas de forma diferente no passado são irrelevantes agora.

O que pode ser realizado *seriatim* excede em muito o que pode ser realizado simultaneamente. Parece ser óbvio e simples, mas isso é muitas vezes ignorado nas denúncias de inércia do governo com relação a vários problemas sociais incômodos ou "necessidades não atendidas". Contudo, mesmo um conjunto ideal de trocas pode — e deve — deixar uma gama de necessidades não atendidas, porque o custo de extinguir qualquer vestígio de qualquer problema é deixando outros problemas em uma condição terrível. Em resumo, trocas devem ser incrementais, não em categorias, já que recursos limitados vão ser usados para se produzir os melhores resultados em qualquer sistema social como um todo.

Apesar da importância de trocas incrementais, a linguagem da política é cheia de retóricas categóricas sobre "determinar *prioridades*", "fornecer *necessidades* básicas", ou "garantir a *segurança*" com relação a comidas, remédios e energia nuclear. No entanto, decisões incrementais diferem tanto de decisões categóricas quanto as trocas diferem das soluções. Se apresentada com a escolha categórica entre comida e música, qualquer pessoa sã escolheria comida, já que é possível viver sem música e não sem comida. Entretanto, se apresentada com uma escolha incremental, a decisão poderia facilmente ser o oposto. Se a comida fosse *categoricamente* mais importante do que a música, logo, nunca

CAPÍTULO V | OS UNGIDOS VERSUS OS IGNORANTES

chegaríamos a um ponto onde estaríamos preparados para sacrificar recursos que poderiam ser utilizados para produzir comida com a intenção de produzir música. Dada esta premissa, Beethoven (1770-1827), Brahms (1833-1897) e Bach (1685-1750) deveriam ter trabalhado plantando batatas em vez de escrever música se a comida fosse categoricamente mais importante.

Um mundo onde a comida tivesse uma prioridade categórica maior do que a música seria um mundo de pessoas de 150kg, cujas breves vidas nunca seriam alegradas por uma canção ou melodia. O fato de que ninguém apoiaria esse resultado absurdo e desastroso em um caso tão óbvio, não significa que as pessoas não apoiarão resultados igualmente absurdos e desastrosos em casos mais complicados, nos quais as conexões são mais difíceis de se entender e a linguagem categórica de "prioridades", "necessidades" ou "segurança" está firmada concretamente na lei ou nas políticas públicas — e cujas consequências não são monitoradas, ou são monitoradas por agências com um interesse investido na continuação dessas leis e políticas, porque estas justificam sua própria existência, dinheiro e poder.

Muitos princípios bons e benéficos se transformam em um absurdo perigoso quando viram um fetiche. É por isso que qualquer princípio categórico deve ser avaliado baseando-se em sua solidez como princípio, mas também em termos do que acontece quando aquele princípio é aplicado categoricamente. As leis tendem a ser categóricas, assim como terminações de tribunais sobre o que é e não é "inconstitucional". Isso é bom quando a lei proíbe o assassinato ou o sequestro, por exemplo, já que praticamente todos são contra essas coisas em praticamente todos os casos. Contudo, quando as leis e decisões jurídicas se tornam os instrumentos escolhidos de trocas sociais, não basta examinar as boas intenções ou até mesmo os sólidos princípios por trás das políticas escolhidas sem também examinar o efeito de efetivar essas políticas através de um processo categórico. Como já foi comentado no caso de exigir assentos separados para bebês, as políticas escolhidas pelo bem na segurança podem, na verdade, podem tornar a vida mais perigosa.

Analisando de forma mais geral, a busca pela segurança que desconsidera o custo significa um certo sacrifício de prosperidade econômica — e prosperidade econômica por si é um dos fatores chave na longevidade. Indivíduos, classes e nações mais prósperos tendem a ter taxas de mortalidade menores ao redor do mundo, simplesmente por causa de suas habilidades superiores em se proteger de doenças e contra desastres naturais como terremotos e enchentes. O alto preço de cuidados médicos de primeira qualidade e pesquisa médica não precisa ser elaborado. Terremotos em San Francisco ou Los Angeles não matam nem perto do que matam os terremotos que acometem cidades de países de Terceiro Mundo. Condições de enchentes podem ser detectadas mais cedo e as evacuações podem começar e serem efetuadas mais rapidamente quando há amplos recursos para produzir todos os carros, aviões e outros veículos necessários para movimentar quantidades enormes de pessoas para longe do perigo. Todas essas coisas são possíveis por conta da riqueza material que com tanta frequência é tratada com desprezo por aqueles que promovem a "segurança". No entanto, matar a galinha dos ovos de ouro é, efetivamente, matar pessoas.

Nada disso significa que as leis e políticas de segurança devem ser rejeitadas categoricamente. Pelo contrário, significa que essas leis e políticas devem ser aceitas ou rejeitadas *incrementalmente*, em vista do que está sendo sacrificado naquele caso específico. Por sua vez, isso significa que as trocas incrementais devem ser realizadas por meio de instituições e processos capazes dessas tomadas de decisão incrementais, o que os tribunais e burocracias do governo raramente fazem. Por exemplo, se os custos de emissões de fumaça de fábricas devem ser pagos na forma de multas ou encargos pelos donos, portanto, seus incentivos serão os de reduzir essas emissões da maneira mais eficiente possível — ao ponto do custo de maiores reduções custarem mais do que as multas ou encargos. Essa é a melhor troca para a sociedade, que nada ganha produzindo mais emissões a custos que excedem o dano realizado por qualquer emissão restante.

Eliminar mais mil dólares de emissões ao custo de um milhão de dólares tornaria a sociedade US$ 999 mil dólares mais pobre. Mesmo assim, isso pode facilmente acontecer quando decisões jurídicas, leis e regulamentações categoricamente forçam reduções de emissão de alguma maneira, escolhida arbitrariamente a níveis de "segurança" decididos arbitrariamente. A maneira escolhida oficial de reduzir a poluição muitas vezes não é a maneira mais eficiente, ou pode ter sido a maneira mais eficiente quando as leis, regulamentações ou decisões jurídicas foram feitas, mas não é mais o caso conforme a tecnologia evolui. Se o mesmo objetivo fosse buscado de maneira incremental, através de processos de mercado, não só os poluidores teriam incentivos para

CAPÍTULO V | OS UNGIDOS VERSUS OS IGNORANTES

reduzir a poluição da maneira mais eficiente, como também outros teriam um incentivo de continuar tentando encontrar maneiras melhores de fazê-lo. No entanto, uma vez que decretos categóricos oficiais tenham determinado uma maneira específica de reduzir as emissões, há menos incentivos para outros encontrarem tecnologias alternativas para alcançar os mesmos propósitos quando os custos e as incertezas de ganhar aceitação oficial para a nova tecnologia reduzem sua lucratividade potencial.

Também de diversas outras maneiras economias de mercado normalmente acham mais fácil decidir as questões de maneira incremental. Quando uma seguradora, por exemplo, busca novos clientes para seu seguro contra incêndios, ela deve determinar incrementalmente quanto risco está preparada a aceitar para conseguir mais negócios e quanto isto deve condicionar suas políticas de seguro quanto a certas ações por parte do cliente, a fim de reduzir os riscos de um surto de incêndios. Se tornar as condições muito rigorosas, outra seguradora vai conseguir os clientes; se torná-las muito brandas, as perdas por incêndios superarão os valores pagos pelos novos clientes. Quando uma agência do governo, entretanto, tenta se assegurar contra vários desastres, seja diretamente ou então garantindo um "auxílio de desastre" depois do acontecido, ela raramente pesa suas considerações incrementalmente, ou impõe restrições na criação de riscos. Em vez disso, lugares ou comportamentos perigosos são subsidiados às custas do pagador de impostos e a mídia frequentemente aplaude a "coragem" daqueles que escolhem continuar a viver em locais perigosos ou em áreas com condições para enchentes, furacões, incêndios e outros perigos naturais.

Pelas limitações inerentes ao conhecimento humano estarem entre as restrições mais severas, a tomada de decisão muitas vezes envolve não só uma troca de consequências conhecidas sobre caminhos diferentes a se tomar, mas ao invés disso considera as probabilidades variadas de diversos resultados. Um certo nível de resíduo de pesticida no solo cria uma probabilidade determinada em um aumento de alguma doença específica, enquanto banir o uso destes pesticidas cria uma probabilidade determinada de que os casos de outras doenças, oriundas de insetos, aumentarão — como, por exemplo, o ressurgimento da malária após a proibição do DDT. Portanto, a questão não é de "segurança" categórica — ou sequer segurança de algum nível arbitrário —, mas sim de pesar as probabilidades alternativas de consequências alternativas.

Dizer que pesticidas, energia nuclear, remédios, automóveis ou outras coisas devem ser "seguras" — seja absolutamente (o que é impossível), ou dentro de algum nível de risco especificado — é dizer que apenas um conjunto de probabilidades deve ser levado em consideração. Em outras palavras, minimizar os perigos gerais à vida humana e à saúde é *aceitar* perigos específicos e evitáveis, ao invés de seguir políticas que vão criar perigos evitáveis muito piores. A questão então não é se a energia nuclear é "segura", mas se seus perigos são maiores ou menores do que os perigos de fornecer a mesma energia do carvão, petróleo, hidrelétricas, ou outras maneiras de gerar eletricidade, ou os perigos de reduzir a disponibilidade de eletricidade. Menos luzes ou luzes mais fracas quase que certamente aumentarão os acidentes e o crime, por exemplo, e quedas de energia e blecautes criam outros perigos quando as pessoas ficam presas nos elevadores, ou quando sistemas de alarme de incêndio não funcionam mais.

Dizer que perigos específicos de um lado da questão são intoleráveis, seja de forma absoluta ou se passam de algum nível específico de risco, é dizer que perigos alternativos do outro lado são aceitáveis de qualquer maneira em que eles funcionem. As pessoas morrem quando remédios que salvam vidas ficam fora dos Estados Unidos porque esses remédios não atenderam aos padrões de segurança do *Food and Drug Administration* (FDA)[446]. As leis que protegem órfãos de serem adotados em lares impróprios condenam mais os órfãos aos cuidados de instituições ou a turbulentas mudanças em suas vidas, ao passar por vários lares adotivos, ambos os casos podendo causar danos duradouros. Banir o uso de certos métodos da polícia de dominar à força uma pessoa que está resistindo à prisão pode levar de fato a uma redução no número de pessoas feridas ou mortas enquanto estão sendo levadas em custódia — ao custo de um aumento no número de policiais feridos ou mortos nesses conflitos. Não há soluções, apenas trocas.

A linguagem da política, e especialmente das políticas ideológicas, é muitas vezes uma linguagem categórica sobre "direitos", sobre *eliminar* certos males, *garantir* certos benefícios, ou *proteger* certos habitats e espécies. Em resumo, é a linguagem das soluções e da visão irrestrita por trás das soluções, a visão dos ungidos. Indireta, mas inexoravelmente, essa linguagem diz que as preferências dos ungidos devem substituir as preferências de todos os outros

---

[446] Instituição federal norte-americana que desenvolve um trabalho semelhante à Anvisa no Brasil. (N. E.)

CAPÍTULO V | OS UNGIDOS VERSUS OS IGNORANTES

— que os perigos em particular que eles temem devem ser evitados a todo custo e os benefícios que buscam devem ser obtidos a todo custo. Suas tentativas de remover essas decisões, tanto do processo democrático quanto do processo de mercado, e investi-las em comissões, juízes não eleitos e burocracias isoladas estão em concordância com a lógica do que estão tentando. Não estão buscando trocas baseadas nas preferências variadas de milhões de outras pessoas, mas sim soluções baseadas em seu próprio conhecimento e virtudes presumidamente superiores.

[CAPÍTULO VI]

[CAPÍTULO VI]
Cruzada dos Ungidos

Cuidado com as pessoas que moralizam assuntos importantes,
moralizar é mais fácil do que encarar fatos difíceis.
— JOHN CORRY[447]

Não são apenas as políticas consumadas dos ungidos que refletem sua visão. Suas cruzadas ainda em andamento também o fazem. O padrão de pensamento envolvido nessa visão aparece fortemente em cruzadas triviais contra certos tipos de casos, tais como cruzadas contra algo perigoso quanto a Aids. A função da visão de melhorar a autoestima dos ungidos também é relevada nos grupos específicos escolhidos como alvos e nos grupos específicos beneficiários, escolhidos para simbolizar suas posições morais. A função simbólica desses últimos grupos é muito como aquela de mascotes de times. O próprio bem-estar de uma mascote não é tão crucial quanto seu papel de permitir aos outros de "causar uma impressão quanto a um assunto". Muitos grupos sociais são tratados como as mascotes humanas dos ungidos, esteja isso funcionando a favor dos grupos ou não. Depois de uma pesquisa dos tipos diferentes de cruzadas que os ungidos são atraídos e os tipos de raciocínio usados nelas, a discussão focará nos alvos e nas mascotes dos ungidos.

---

[447] CORRY, John. *My Times: Adventures in the News Trade*. Nova York: G. P. Putnam's Sons, 1993, p. 131.

CRUZADAS GERAIS

Cruzadas à Segurança

Poucas questões são tão perfeitamente adaptadas à visão dos ungidos — e à política —quanto aquelas relacionadas à segurança. Essas questões permitem a eles usar as retóricas das "soluções" ao invés de buscar trocas e de afirmar de maneira categórica coisas como: "Nenhuma vida humanada deve ser sacrificada pelo bem dos lucros", assim estabelecendo uma superioridade moral dos ungidos sobre os ignorantes. Na superfície, local em que a maior parte das batalhas políticas são travadas, aqueles que se opõem a políticas ou legislação por maior segurança parecem ter uma tarefa impossível. Apenas quando essas questões são examinadas com mais atenção, por meio de um esquema de opções limitadas, que a proliferação imprudente de regras de segurança pode ser vista como contraprodutiva — para não dizer perigosas. As pessoas estão morrendo por causa dessa "segurança".

Talvez o exemplo mais claro seja o das regras de segurança do *Food and Drug Administration* (FDA) que tornam ilegal aos norte-americanos utilizarem várias drogas farmacêuticas, que poderia salvar suas vidas, e que estão em uso na Europa há anos. Norte-americanos morrem esperando que essas drogas sejam aprovadas pelos requerimentos de "segurança". O problema subjacente com essa abordagem é de que ela busca uma "solução" categórica em algum nível arbitrário de segurança da droga, ao invés de uma troca entre os perigos da droga e os perigos de não usar a droga. Claramente, sem nenhum requerimento de segurança, mortes desnecessárias por drogas não testadas seriam numerosas e inescrupulosas. Contudo, em certo nível, o aumento residual de segurança advindo de mais anos de teste diminui ao ponto de que não têm tanta importância quanto as vidas que continuam a serem perdidas devido à demora. A segurança pode ser fatal.

O mesmo raciocínio se aplica aos pesticidas, vacinas e outras substâncias que tiveram efeitos tanto positivos quanto negativos na saúde humana. A proibição do DDT levou a um ressurgimento da malária, uma doença fatal a muitos. Mesmo um país pequeno como o Ceilão[448] tinha 2,8 milhões de pessoas infectadas com a malária em 1948, antes do DDT ser usado. Esse número caiu para menos de cem casos em 1962, depois de programas de larga escala de uso do DDT foram instituídos — e aumentaram de novo para 2,5 milhões de casos em 1969 depois que o DDT foi banido[449]. Apesar dos perigos do DDT terem sido exagerados — mesmo os profissionais que trabalham aplicando o *spray*, com uma concentração de DDT em seus corpos muito maior do que a média, não demonstraram nenhum sintoma — mesmo assim, doses massivas o suficiente podem ser prejudiciais[450]. Se o DDT fosse 100% seguro, seria a única coisa 100% segura no planeta. A questão relevante é a troca entre os efeitos tóxicos do DDT e os efeitos causados por doenças oriundas de insetos. Uma questão similar deve ser feita a respeito das vacinas. Mais de três milhões de norte-americanos são vacinados contra a coqueluche anualmente, prevenindo trezentos mil casos estimados da doença, incluindo quatrocentos casos fatais estimados. Ainda assim, essa mesma vacina também é responsável por trinta casos de dano cerebral estimados anualmente[451]. Claramente não há uma "solução" nessas situações, mas apenas uma troca. Seria obsceno falar de soluções aos pais de uma criança que sofreu danos cerebrais. Essa é a tragédia da condição humana em sua forma nua e crua.

A abordagem a partir de trocas, entretanto, significa que não há nenhum papel especial para os ungidos interpretarem, a não ser que eles escolham apoderar-se de um tipo específico de segurança e torná-la mais importante que outros tipos.

Mapas

Possivelmente nada captura tão bem a mentalidade dos ungidos como a tempestade em um copo de água sobre um mapa comum do mundo usado há séculos e chamado de Projeção de Mercator. Quem se opôs a esse mapa não foram os cartógrafos profissionais, por quaisquer razões científicas, mas

---

[448] Atual Sri Lanka. (N. E.)
[449] WHELAN, Elizabeth M. *Toxic Terror*. Ottawa, Ill.: Jameson Books, 1985, p. 69.
[450] *Ibid.*, p. 76.
[451] HUBER, Peter W. *Liability: The Legal Revolution and Its Consequences*. Nova York: Basic Books, 1990, p. 104.

indivíduos e organizações de esquerda, por evidentes razões ideológicas. Por conta dos métodos utilizados para produzi-lo, um mapa Mercator mostra as áreas próximas do Equador relativamente menores do que áreas do mesmo tamanho mais próximas dos polos. Dessarte, a Groenlândia parece ser maior do que a Austrália em uma Projeção de Mercator, mesmo que esta última seja, na verdade, três vezes maior do que aquela primeira. Entretanto, essa distorção em particular não foi a que criou a controvérsia. Como muitas nações mais pobres ficam próximas ou estão nos trópicos, suas áreas parecem ser menores no mapa Mercator em relação às nações da Europa e da América do Norte.

"Na nossa sociedade", afirmou um crítico, "nós igualamos tamanho com importância inconscientemente e até com poder, e se países do Terceiro Mundo são mal interpretados, eles têm maiores chances de serem menos valorizados"[452]. A fonte dessa revelação sobre o inconsciente das outras pessoas não foi revelada, é claro. Entretanto, um cartógrafo independente da Alemanha chamado Arno Peters (1916-2002) denunciou a Projeção de Mercator como um exemplo da "arrogância europeia", pois faz a Europa parece ser maior do que países do Terceiro Mundo e isso foi interpretado como esforços intencionais de abrigar atitudes eurocêntricas, ou até imperialistas[453]. Nos Estados Unidos da América, o Conselho Nacional de Igrejas apoiou e publicou o mapa mundial alternativo de Peters e algumas agências das Nações Unidas também mudaram para o mapa dele. Editoras de livros escolares foram forçados pela Texas Education Agency (algo como a Secretaria de Educação do Texas) a incluir, em seus livros vendidos naquele estado, um aviso sobre a precisão da Projeção de Mercator e incluir comparações com outros mapas. O fato de que a maioria dos cartógrafos terem criticado duramente o mapa alternativo de Peters não tem nenhum peso para os ungidos.

"As implicações políticas desse mapa são verdadeiras, enquanto as implicações do mapa Mercator são falsas", de acordo com um porta-voz da editora do Conselho Nacional de Igrejas[454]. "O que importa para a igreja não é primeiramente a confiança científica", ele disse em defesa do mapa de Peters.

---

[452] Citado em Scott Minerbrook, "The Politics of Cartography", *U.S. News and World Report*, 15/abr/1991, p. 60.
[453] *Ibid.*
[454] *Ibid.*

"Para nós esse mapa é central para estabelecermos uma visão de mundo correta"[455]. Em resumo, a integridade de outra profissão está sendo violada em favor do "politicamente correto".

Assim como com muitos outros assuntos que envolvem a visão dos ungidos, o alvoroço ideológico resume-se em dificuldade de entender a natureza das trocas e uma vontade — ou talvez até ânsia — de enxergar intenções malignas nos outros. *Todos os mapas necessariamente distorcem o globo* pela simples razão de que não há uma maneira de representar com precisão um planeta tridimensional em um pedaço de papel bidimensional. Algum sacrifício será feito. Alguns mapas têm as áreas corretas, mas as direções estão erradas, enquanto outros são exatamente o oposto e outros têm outros problemas[456].

As escolhas sobre as projeções dos mapas, como todas as outras escolhas, só podem ser feitas entre as alternativas de fato disponíveis — e um mapa preciso do mundo nunca foi uma dessas alternativas. Na cartografia, assim como em outros processos de tomadas de decisão, não há "soluções", apenas trocas que, neste caso, permitem um tipo de precisão, mas às custas de outros tipos de precisão. Finalmente, para completar o paralelo com tantos outros tipos de mal-entendidos dos ungidos, mapas não existem por motivos simbólicos ou ideológicos, mas para atender a alguma necessidade prática concreta. Uma das necessidades mais persistentes e importantes que um mapa atende é a de encontrar lugares, particularmente na navegação de navios e, depois, para os aviões. Dado este imperativo, que era uma questão de vida ou morte para marinheiros há séculos, a Projeção de Mercator se tornou um mapa usado porque suas direções eram precisas — às custas de distorcer o tamanho relativo das áreas. Dado que os usuários desses mapas estavam mais preocupados em chegar vivos a seus destinos do que comparar terrenos, a Projeção de Mercator reinou suprema como mapa mundial.

Até surgirem os ungidos. Para eles, toda a história e princípios científicos do desenvolvimento de mapas foram alegremente ignorados e, dessarte, outra oportunidade de superioridade moral foi criada em seu lugar.

---

[455] Citado em John Dart, "'New' World Map Get Church Council Support", *Los Angeles Times*, 10/dez/1991, Seção 1B, p. 11.
[456] Veja, p. ex., *Eyewitness Atlas of the World*. Lodres: Dorling Kindersley, Ltd., 1994, p. 19.

O Masculino Genérico

Quando alguém fala que viu gansos voando acima, ninguém acredita que se trata de um bando apenas de machos, sem nenhuma fêmea entre as aves. Simplesmente acontece que se usa gansos — no masculino — como uma maneira genérica de descrever o grupo de animais. Com as pessoas, a palavra masculina — homem — é usada para se referir à espécie, enquanto é comum se referir a pontes e cidades como "ela". Como tudo isso aconteceu, historicamente, ficou perdido no tempo. Contudo, assim como ninguém pretende excluir os gansos fêmeas quando se falam dos gansos, ou sugerir que foi uma mulher que tomou a decisão quando a Rússia decidiu que *ela* iria invadir o Cáucaso, ninguém decidiu excluir as mulheres quando usa o masculino genérico. É possível analisar as escritas de séculos passados e notar princípios gerais sobre "o homem" ilustrados com exemplos de como mulheres tratavam seus filhos ou como as donas de casa administravam seu lar.

Tudo isso deveria ser simples e óbvio, mas uma cruzada inteira foi lançada, exigindo que fossem usadas frases desajeitadas como "eles/elas" ou "elxs", levando a construções como "Todxs que quiserem pintar su(s) casas devem procurar um/a pintor(a)". Tudo isso supostamente para demonstrar que somos todos parte dos ungidos que acreditam na igualdade entre os sexos, ao invés de fazermos parte dos ignorantes, que são antimulheres usando o masculino genérico. Essa desordem dos idiomas não adiciona nenhuma informação na frase em si, mesmo servindo como senha para identificar os ungidos. Conota também informações falsas, como a ideia de que aqueles que preferem um idioma mais organizado estão secretamente guardando pensamentos malignos contra as mulheres — ou então diziam que as mulheres que escrevem assim "se odeiam". Dessarte, como muitos outros fetiches verbais dos ungidos, serve principalmente para contornar a necessidade de lógica ou evidências.

Essas cruzadas podem parecer triviais, mas têm tido muito sucesso em mudar a maneira a qual as pessoas falam na mídia, na academia e no governo. Não só o masculino genérico é um tabu em muitos lugares, os controladores de discurso pressionaram por mais conquistas, atacando palavras como "homem", "todos", "atriz", "matrona", que violam a sua visão unissex do mundo[457] e também proscrevem frases que utilizem uma palavra de sexo específica[458]. Esses exemplos saíram de um guia oficial publicado pelo governo australiano, o que mostra o quão longe essas cruzadas chegaram. Um guia norte-americano, distribuído internacionalmente, declara que há "um modelo altamente teórico, perfeitamente científico e à prova de falhas para se evitar o sexismo no trabalho". Como muitas vezes acontece, a presunção de "ciência" é o último refúgio daqueles que não oferecem nem evidências, nem lógica integrais à ciência.

O resultado é que jovens mulheres, especialmente em instituições de ensino, onde são bombardeadas com propaganda feminista radical, são levadas a acreditar que todo uso do masculino genérico nos livros do passado são prova do desprezo ou hostilidade às mulheres, quando na verdade esse uso simplesmente busca evitar a desordem da língua, ou forçar aos escritores frases e construções esquisitas. Concluindo, os ungidos ajudam mais um grupo se sentir como vítimas enquanto eles saem como seus salvadores.

MASCOTES DOS UNGIDOS

Os ideais de um "governo de leis, não de homens" e "proteção igual perante a lei" estão no coração da lei constitucional norte-americana e no processo democrático. Mesmo assim, cada vez mais o governo é visto como uma maneira de beneficiar grupos específicos, adotados como mascotes, muitas vezes sem atenção para como isso afeta outros grupos, ou a integridade do sistema como um todo. Grupos que o grande público não gosta, não confia ou temem são particularmente elegíveis a mascotes que simbolizam a sabedoria e virtude superiores dos ungidos.

Até para os juízes, cuja imparcialidade é valorizada como um ideal a séculos, essa discriminação arbitrária de beneficiários é tida como um novo ideal. Durante a cerimônia de confirmação do juiz David H. Souter como juiz da Suprema Corte, um membro do Comitê Judiciário do Senado insistiu que

---

[457] *Style Manual for Authors, Editors and Printers*, 4ª edição. Canberra: Australian Government Publishing, 1988, p. 115-17, 120, 123.
[458] Mary Munter, "Avoiding Sexism on the Job: A Test for Bias-Free Writing and Speaking". *Without Bias: A Guidebook for Nondiscrimination*, 2ª edição. Nova York: Wiley, 1982, p. 88.

se tornasse um "campeão" dos "menos afortunados", declarando que esse é "o papel designado à Corte em nosso sistema"[459]. Esta não é uma aberração de um único senador. A noção de que juízes, incluindo aqueles da Suprema Corte, devem se alinhar a algum "lado" chegou à própria Suprema Corte. O juiz William O. Douglas referiu-se às decisões anteriores da Corte como "boas novas para os interesses em dinheiro" e descreveu estas decisões como uma forma de deixar claro "em qual lado a Corte estava"[460]. De forma similar, a colunista do *The New York Times*, Linda Greenhouse, caracterizou os critérios variantes de interpretação legal do juiz Harry Blackmun ao longo dos anos como uma mudança de lados em questões sociais, onde o "defensor de um *status quo* confortável se tornou um questionador e então um desafiante"[461]. Um dos antigos escriturários de Blackmun também o elogiou, dizendo que ele era alguém que tinha "aprendido que um juiz deve tomar um lado"[462].

Aqueles que estimulam esse princípio ou a escolha de lados estão sugerindo algo que até mesmo um árbitro seria condenado sem chance de salvação. Um árbitro não pode se tornar um "herói" de um determinado time ou de outro, pois seria às custas da integridade do jogo. De qualquer forma, essa ideia cresceu e, em muitas vezes, permanece em prática. Entre as mascotes escolhidas pelos ungidos, temos mendigos, criminosos e portadores de doenças contagiosas.

Mendigos ou "os sem-teto"

Um exemplo clássico de alguém com comportamento antissocial sendo adotado como mascote por um juiz com a visão dos ungidos foi Richard F. Kreimer, um mendigo que causou um aborrecimento em uma biblioteca pú-

---

[459] O senador Paul Simon disse ao juiz Souter: "O que estou procurando? Os dois fundamentos que mencionei a você em sua visita a meu escritório. Eu quero um campeão das liberdades civis básicas, porque a Suprema Corte deve ser o bastião da liberdade; e eu quero alguém que que seja o campeão da causa dos menos afortunados, o papel assinado pela Corte em nosso sistema. *Audiência perante o Comitê Judiciário, Senado dos Estados Unidos*, 101º Congresso, 2ª Sessão. Washington, D.C.: U.S. Government Printing Office, 1991, p. 39.
[460] DOUGLAS, William O. *The Court Years: 1939-1975: The Autobiography of William O. Douglas*. Nova York: Random House, 1980, p. 160.
[461] Linda Greenhouse, "A Capacity to Change as Well as to Challenge", *New York Times*, 27/fev/1994, p. E4.
[462] Harold Hongju Koh, "Justice Done", *New York Times*, 8/abr/1994, p. A13.

blica de Nova Jersey. Durante o final dos anos 1980, muitas pessoas sem-teto começaram a entrar nessa biblioteca na pequena cidade de Moristown, Nova Jersey, perturbando tanto os outros frequentadores da biblioteca quanto a equipe com seu comportamento e seu odor corporal. Richard F. Kreimer em particular demonstrou comportamento ofensivo e incômodo, incluindo falar muito alto para si mesmo e com outros e, pelo menos, em uma ocasião foi tão agressivo com uma bibliotecária que ela ligou para a polícia[463]. Alguns bibliotecários preferiram se demitir do que aguentar aquilo[464].

Roubo de propriedade, fumar, uso de drogas e consumo de álcool eram apenas algumas das infrações dos sem-teto que os responsáveis pela biblioteca relataram. Em 16 de maio de 1989, um aviso foi colocado, limitando o uso da biblioteca a pessoas "que utilizem a biblioteca para seus fins adequados" e banindo especificamente aquelas que "perturbarem os outros" de alguma maneira e cuja "higiene pessoal" não fosse aceitável[465]. Essas regras foram contestadas no tribunal por Kreimer, com a ajuda da União Americana pelas Liberdades Civis e outros que literalmente transformaram este em um caso federal — um que custou à cidade mais de US$ 250 mil dólares em taxas legais[466].

O juiz federal distrital H. Lee Sarokin decidiu a favor de Kreimer. Declarou a biblioteca como um "fórum público", definido como um "local público disponível, onde os cidadãos podem comunicar suas ideias através da palavra falada", o juiz Sarokin declarou que estavam acobertados pela Primeira Emenda[467]. Era um lugar onde as pessoas tinham o "direito a receber ideias"[468]. A "exclusão drástica" da biblioteca nega "acesso" a materiais de leitura para "os pobres e sem-teto que não possuem recursos para comprar sequer um jornal"[469]. O juiz Sarokin declarou que a política da biblioteca era "vaga" e não levou a sério a afirmação de que Kreimer e outros estavam incomodando as outras pessoas: "Condutas que incomodam algumas pessoas não

---

[463] *Richard F. Kreimer v. Bureau of Police for the Town of Morristown*, 958 F.2d 1242 (3rd Cir. 1992), a 1247.
[464] David Ellis, "Star of His Own Sad Comedy", *Time*, 9/mar/1992, p. 62.
[465] *Richard F. Kreimer v. Bureau of Police for the Town of Morristown*, U.S. District Court, 765 F. Supp. 181 a 183-84.
[466] David Ellis, "Star of His Own Sad Comedy", p. 63.
[467] *Richard F. Kreimer v. Bureau of Police for the Town of Morristown*, 765 F. Supp. 181 a 187.
[468] *Ibid*. a 186.
[469] *Ibid*. a 189.

incomodam outras"[470]. Além disso, um teste de higiene tem "um impacto desigual aos pobres"[471]. Em resumo, as regras da biblioteca "frustram, bloqueiam ou obstruem injustificadamente os direitos de expressão e associação de indivíduos", de acordo com o Juiz Sarokin[472].

Em uma expressão clássica da visão dos ungidos, o juiz Sarokin repreendeu a comunidade em sua atitude contra os sem-teto: "Se desejamos proteger nossos olhos e narizes dos sem-teto, devemos anular suas condições, não seus acessos à biblioteca"[473]. Em outras palavras, é culpa da sociedade que pessoas acabem como Richard Kreimer — e está dentro das capacidades da sociedade mudar as condições de vida deles. Na realidade, Kreimer nasceu em uma família de classe média e herdou, junto com seu irmão, uma propriedade no valor de US$ 340 mil dólares[474]. O que a sociedade deveria fazer para impedir que Kreimer — um homem branco saudável — se transformasse em um vagabundo não foi especificado. Contudo, os direitos legais de outras pessoas devem ser desconsiderados ou tidos como reféns à visão social do juiz Sarokin.

Da mesma forma que Kreimer foi tratado como uma mascote, os outros frequentadores da biblioteca foram tratados como descartáveis e os cidadãos cumpridores da lei e pagadores de impostos foram tratados como alvos. Além de terem gasto mais de US$ 250 mil dólares na defesa contra o processo, a cidade teve que firmar um acordo, pagando a Kreimer US$ 150 mil dólares, para impedir que as casas de seus policiais estarem em risco de serem tomadas para satisfazer uma decisão judicial desfavorável[475].

Aqui, assim como em outros lugares, os ungidos mostram o que Jean-François Revel chamou de "uma ferocidade impiedosa com alguns" e "uma indulgência ilimitada para outros"[476]. Tanto as mascotes específicas escolhidas e os alvos específicos servem ao mesmo propósito: demonstrar a superioridade dos ungidos aos ignorantes. Colocando-se firmemente do lado dos supostos

---

[470] *Ibid.* a 193.
[471] *Ibid.* a 196.
[472] *Ibid.* a 197.
[473] *Richard F. Kreimer v. Bureau of Police for the Town of Morristown*, 865 F. Supp. 181 (D.N.J. 1991) a 183.
[474] David Ellis, "Star of His Own Sad Comedy", p. 62.
[475] *Ibid.*, p. 63.
[476] REVEL, Jean-François. *The Flight From Truth: The Reign of Deceit in the Age of Information*. Nova York: Random House, 1991, p. 262.

oprimidos, os ungidos muitas vezes criam rótulos permanentes em algumas pessoas, com base em circunstâncias transitórias. Richard Kreimer não nasceu "sem-teto". Na verdade, ele herdou uma casa e a vendeu.

A maioria dos sem-teto não tiveram tanta sorte quanto Kreimer, seja em suas circunstâncias iniciais, ou em encontrar um juiz tão disposto a adotá-los como mascotes, com o objetivo de realizar uma limpeza moral. Entretanto, há atitudes similares na comunidade intelectual no geral e na mídia em massa, mais especificamente. A tese de que os sem-teto são "pessoas como nós" que por acaso acabaram vítimas dos infortúnios foi repetida sem parar na mídia e, muitas vezes, a câmera da televisão apresentou como comum o que era o mais incomum entre os sem-teto: famílias normais, intactas, forçadas a morar nas ruas por conta de algum acidente inesperado, fechamento de fábricas ou outras catástrofes inevitáveis. Políticos, que promovem diversos programas para resolverem a questão dos sem-teto, também têm interesse em apresentar o incomum como comum para ganhar apoio político por trás desses programas. Alguns apoiadores dos sem-teto reportaram pedidos como: "Precisamos de uma testemunha para uma audiência. Você consegue uma família sem-teto: mãe, pai — o pai desempregado nos últimos quatro meses de uma planta industrial — branco?"[477]

Apesar dessa criação de imagem, uma parte considerável dos sem-teto são pessoas com problemas mentais, muitas vezes com origem biológica, ou então por conta do uso de drogas e álcool. Estima-se que 1/3 de todos os sem-teto entram na categoria dos doentes mentais e outro 1/3 na categoria dos usuários de droga e álcool[478]. Todos foram adotados como mascotes dos ungidos, só que de maneiras diferentes. Por exemplo, advogados ativistas dificultaram e tornaram mais caro internar doentes mentais em instituições, preferindo deixá-los vagando pelas ruas[479]. Processos caros e a ameaça de maiores indenizações aumentaram os incentivos para que os encarregados nos hospitais liberassem os doentes mentais.

A premissa por trás de tudo isso é de que a "sociedade" é a culpada pelas coisas que ela escolhe chamar de doença mental. Assume-se que doença

---

[477] WHITE JR., Richard W. *Rude Awakenings: What the Homeless Crisis Tells Us*. San Francisco: ICS Press, 1992, p. 13.
[478] *Ibid.*, p. 9.
[479] *Ibid.*, p. 30-35.

mental não existe, a não ser por conta da reprovação arbitrária da sociedade com relação a certo comportamento[480], ou então, quando há um problema genuíno, é visto como produto de má criação ou um mal social mais generalizado que necessita de "soluções" políticas. De qualquer maneira, no final das contas o problema deve-se ao fato de que outras pessoas não são tão sábias ou virtuosas quanto os ungidos e a solução é impor essas virtudes e sabedorias superiores, seja na família ou em toda a sociedade. Em resumo, os doentes mentais são mascotes dos ungidos, permitindo que eles "façam seu caso ser ouvido".

Ideias de causas sociais para as doenças mentais tiveram que recuar frente crescentes evidências científicas de defeitos biológicos afetando o cérebro. Entretanto, essa compreensão melhorada da biologia das doenças mentais levou a medicamentos que fornecem outro motivo para abrir as portas dos hospitais e mandar os pacientes de volta para casa — ou de volta para as ruas, dependendo do caso. Contudo, mesmo aqueles indivíduos com doenças mentais que podem ter benefícios com os medicamentos muitas vezes param de tomar os remédios, uma vez que não estão mais sob supervisão, regredindo às alucinações e incoerência. Aqueles que estão dormindo nas ruas no cruel frio das noites de inverno são mascotes dos ungidos assim como Richard Kreimer. Em ambos os casos, eles servem para que os ungidos marquem pontos contra uma sociedade ignorante, não importa se vai se provar benéfico para as mascotes.

Aliás, o juiz H. Lee Sarokin foi promovido para o Tribunal de Apelação pelo presidente Clinton, em 1994.

Criminosos

Por pelo menos duzentos anos aqueles com a visão dos ungidos afirmam que os criminosos foram mal compreendidos pelo público e mal tratados pela lei. Produtos de circunstâncias sociais e falhas da sociedade, os criminosos não devem ser punidos, mas reabilitados, essa mesma visão pode ser encontra-

---

[480] SZASZ, Thomas. *The Myth of Mental Illness: Foundations of a Theory of Personal Conduct*. Nova York: Hoeber-Harper, 1961.

CAPÍTULO VI | CRUZADA DOS UNGIDOS

da em personalidades do século XVIII como Condorcet e Godwin[481]. Além de questionar a moralidade de punir as pessoas por circunstâncias além de seu controle, os ungidos tendem a acreditar que a punição não funciona, apenas a reabilitação. Essa ideia é parte de um padrão maior entre os ungidos, que dá ênfase às disposições, ao invés dos incentivos, seja ao se discutir criminosos, diplomacia internacional ou a criação dos filhos.

As conclusões daqueles com essa visão são tão lógicas quanto as conclusões opostas daqueles com a visão trágica. É a impermeabilidade dos ungidos a qualquer argumento ou evidência e a sua prontidão em menosprezar e condenar aqueles com opiniões diferentes, que transformaram mascotes criminosos em símbolos da superioridade dos ungidos. Um episódio em San Jose, Califórnia, ilustra essa mentalidade. O programa subsidiado com fundos federais, Alternatives to Incarceration (Alternativas ao Encarceramento), mandou alguns criminosos condenados à faculdade para completar suas sentenças lá ao invés de colocá-los atrás das grades. Após uma série de estupros na Universidade Estadual de San Jose, o chefe da polícia descobriu que estupradores condenados haviam sido libertados para aquela instituição e que "criminosos condenados rotineiramente perseguem mulheres em ruas escuras nas proximidades da universidade em San Jose"[482]. Reveladora é a resposta quando ele demonstrou preocupação ao diretor desse projeto em particular:

> Quando eu reclamei, o diretor do projeto disse que os "clientes" eram selecionados e que a Califórnia havia declarado que era um programa exemplar. Na verdade, depois descobrimos que o programa selecionava candidatos baseando-se apenas em suas notas acadêmicas. Leis federais impediam que se considerasse seus antecedentes criminais. E a Califórnia havia declarado o programa exemplar apenas porque ele enviava relatórios trimestrais dentro do prazo.
>
> Quando minhas reclamações sobre o programa se tornaram públicas, eu fui censurado pelos alunos e pela faculdade e orientado por meus superiores na

---
[481] Veja, p. ex., CONDORCET, Antoine-Nicolas, *Sketch For a Historical Picture of the Progress of the Human Mind*. Westport, Conn.: Hyperion Press, 1955, p. 193; GODWIN, William, *Enquiry Concerning Political Justice and Its Influence on Morals and Happiness*. Toronto: University of Toronto Press, 1969, Vol. II, p. 323-24, 353-54, 462.
[482] Joseph D. McNamara, "When in Trouble, Don't Call the Feds", *Wall Street Journal*, 24/ago/1994, p. A10.

Câmara Municipal a pegar leve. Afinal, esse era um programa exemplar, financiado pelo governo federal para reduzir a reincidência[483].

Repare que não foi considerado suficiente para os ungidos discordar da avaliação do perigo feita pelo chefe de polícia; foi necessário condená-lo por expressar essas preocupações. Além disso, as *intenções* do programa — reduzir a reincidência — eram consideradas importantes por si sós. Então, alguns meses depois, chegou o desfecho trágico quando a polícia "prendeu um estudante de honra do programa por torturar, estuprar e matar brutalmente duas mulheres perto da universidade". Ele era "articulado e o projeto muitas vezes o usou para mostrar como era maravilhoso que pessoas brilhantes poderiam conseguir uma educação superior ao invés de definhar na prisão". E esse fracasso não foi isolado. Durante toda a década desse programa, nenhum "cliente" se formou na universidade, como também vários deles foram presos por crimes contra mulheres[484].

O ponto aqui não é simplesmente o de que algumas pessoas estavam erradas em suas ideias e esperanças por esse programa em particular, mas que elas se isolaram de todas as ideias contrárias e condenaram moralmente aqueles que expressaram tais ideias. É este padrão que é tão característico dos ungidos, nesse e em outros assuntos, por um longo período de tempo. Além disso, tais padrões podem ser encontrados entre os ungidos em nível local até a Suprema Corte dos Estados Unidos da América.

A maioria das decisões históricas da Suprema Corte norte-americana que expandiram — ou criaram — "direitos" para os criminosos aconteceram durante a década de 1960, mas outra decisão histórica de importância nacional originou-se mais cedo, no tribunal de apelação do Distrito de Columbia, um tribunal caracterizado por "ter uma postura mais-*liberal*-que-você", que se tornou "o queridinho do *The Washington Post*"[485]. Foi a decisão do juiz David L. Bazelon, de 1954, expandir a defesa por "insanidade" na lei criminalista, uma expansão que reverberou muito além da jurisdição legal desse tribunal específico, sendo imitada em outras jurisdições no país. Não

---

[483] *Ibid.*
[484] *Ibid.*
[485] GRAHAM, Fred. *Happy Talk: Confessions of a TV Newsman*. Nova York: Norton, 1990, p. 134.

foi apenas a opinião de um juiz de um tribunal. Foi uma expressão da visão dos ungidos.

Antes da decisão do juiz Bazelon, os tribunais norte-americanos tinham a tendência de seguir o mesmo princípio legal usado na lei britânica no caso *McNaughten*, do século XIX:

> [...] os jurados devem ser orientados em todos os casos que todos os homens devem ser presumidos como sãos e como tendo um nível de raciocínio suficiente para ser responsável por seus crimes, até que o contrário seja provado de acordo com o satisfatório; e que, estabelecer uma defesa com base na insanidade, deve-se provar claramente que, no período em que o ato foi cometido, o acusado funcionava sob uma ausência de raciocínio, causado por enfermidades mentais, portanto não saberia a natureza e qualidade do ato que cometia ou, se soubesse, que não sabia que aquilo era errado[486].

Isso não foi bom o suficiente para o juiz Bazelon. Na decisão do caso *Durham*, de 1954, ele repudiou o teste McNaughten ao mover o ônus da prova para a acusação, quando a defesa alegava que o réu não era culpado por insanidade e por permitir que especulações psiquiátricas mais caras fossem introduzidas como provas no tribunal. Em sua decisão no caso *Durham*, derrubando a condenação por roubo de um homem com um vasto histórico de crimes — incluindo passar cheques sem fundos, o que não sugere uma falha de raciocínio — o juiz Bazelon falou sobre a "ciência da psiquiatria" e a "ciência da psicologia"[487] como razões para deixar que as especulações destes campos desviassem as punições criminais, as quais, de outra forma, seriam aplicadas ao réu. Não mais o réu precisava ser insano. Era suficiente se houvesse "alguma evidência" de que o acusado "sofria de uma condição mental defeituosa ou doente"[488].

A noção nebulosa de "condição mental defeituosa" evoluiu em casos subsequentes para alguém que está "sofrendo de uma condição anormal da mente"[489] e, portanto, não era responsável por seu crime. Seguindo essa lógica,

---

[486] BATELON, David L. *Questioning Authority: Justice and Criminal Law*. Nova York: Knopf, 1987, p. 44.
[487] *Ibid.*
[488] *Ibid*, p. 46.
[489] *Ibid*, p. 67.

quanto mais terrível o crime, mais o criminoso escapava das normas civilizadas e, por definição, mais "anormal" era sua condição mental. Usando essa lógica, toda violação da lei deveria ser perdoada. Entretanto, é claro que nada tão direto foi proposto. Ao invés disso, as especulações de psiquiatras e psicólogos deveriam ser aceitas como "ciência" e os criminosos deveriam ser absolvidos sempre que esses "cientistas" levantam dúvidas o suficiente nas mentes dos jurados. Não era necessário *convencer* o júri que o réu era insano, ou sequer que havia condição mental anormal, porque o ônus da prova estava na acusação e a insanidade não era mais necessária. Legislação lançada pelo Congresso de 1984 moveu o ônus da prova de volta para os advogados de defesa, que alegavam que seus clientes sofriam de defeitos mentais, e interpretações jurídicas ainda estão se desenvolvendo. Contudo, a mudança decisiva na justiça criminal foi a de abandonar os critérios simples e diretos em prol de especulações vagas, essas últimas requerendo muito mais conhecimento do que qualquer um pode ter, como geralmente acontece na visão dos ungidos.

    Apesar de muito falarem sobre "ciência" nas discussões de especulações psiquiátricas e psicológicas — geralmente, especulações sobre pessoas que nunca foram pacientes daqueles que afirmam com tanta veemência sobre suas condições mentais no momento do crime e que os especuladores nunca testemunharam —, o procedimento científico mais importante de verificação empírica não estava somente faltando, estava quase sendo totalmente ignorado. Um psiquiatra ou psicólogo pode testemunhar centenas de vezes como "testemunha perita" em casos criminais sem nunca ser responsabilizado pelas consequências de seus testemunhos anteriores na libertação de criminosos de volta à comunidade. Sua "competência" nunca é colocada sob o teste crucial de um histórico de acertos e erros — e qual foi o custo pago em dinheiro, violência ou vidas. Assim como em muitas outras áreas, a *palavra* "ciência" é usada como *substituta* para a lógica e a evidência. Em resumo, a essência da ciência é ignorada em favor de sua aparência.

    Muitos alegaram que a defesa por "insanidade" não é um problema sério porque é usada em uma fração dos casos criminais e é utilizada com sucesso em uma fração menor ainda. Isso minimiza seu impacto total como outro fator em prolongar os julgamentos e fornecer base para apelações após as condenações em um sistema já sobrecarregado. Além do mais, a desmoralização do público, conforme vê crimes terríveis saírem impunes e criminosos violentos sendo soltos novamente em seu meio por conta da especulação de algum psiquiatra, não é uma consideração irrelevante. Revoltas aconteceram em San Francisco depois que um homem, que matou várias pessoas, foi solto com uma sentença mais leve por conta de especulação sobre como o hábito dele de comer o bolinho recheado "Twinkies" pode tê-lo deixado mais emotivo[490]. Entretanto, seja no caso do público ofendido se revoltar ou reagir de outra forma, existem muitos sinais de uma perda da confiança nos tribunais e na habilidade da sociedade em proteger o público dos criminosos e outros indivíduos antissociais que se tornaram mascotes dos juízes.

Não são só os testemunhos de psiquiatras que tentam os juízes a decisões que pressupõem muito mais conhecimento do que qualquer um jamais teve. Criminosos pequenos aprenderam como manipular a ingenuidade arrogante dos juízes. Uma série no *The Washington Post* de 1994 incluiu esse trecho de um dos muitos julgamentos de uma mulher com longo histórico de pequenos crimes:

> Rosa Lee escolheu cuidadosamente suas roupas quando apareceu dois meses antes frente ao delegado John Treanor, no dia 13 de novembro de 1990. Ela queria ter uma aparência de pobre para conseguir sua simpatia.
>
> Ela estava usando um casaco de inverno que não vestia bem, sobretudo de lã da cor cinza e um chapéu branco de lã puxado para trás, mostrando seu cabelo grisalho. Ela havia removido sua prótese dentária de cima, deixando-a desdentada quando sorria. "O jeitinho que eu fico em casa", ela disse. "Sem batom. Sem brincos. Sem nada!"[491]

O resultado de tudo isso foi a suspensão da sentença de uma mulher que cometeu roubos a vida inteira — o que ela ensinou aos filhos —, tem histórico de vício em drogas e cujos filhos e netos já foram presos. O problema fundamental não diz respeito ao juiz ter caído, mas sim que ele se imaginava capaz de saber o suficiente para ignorar as punições legais e brincar de Salomão ou de assistente social. Apesar do repórter saber bem que era tudo farsa — a mulher perguntou a ele, bem na sala do tribunal, "Eu fui bem?" e ficou

---

[490] Phillip Hager, "U.S. Plans No Prosecution of Dan White", *Los Angeles Times*, 22/nov1983, p. 1.
[491] Leon Dash, "Stealing Became a Way of Life for Rosa Lee", *Washington Post*, 19/set/1994, p. A8.

satisfeita ao ouvi-lo dizer "Sim" — mesmo assim, a série culpou a "sociedade". A primeira história disse o seguinte sobre Rosa Lee: "A vida dela segue por meio século de dificuldades, vivendo em bairros muito pobres, não muito distantes dos edifícios majestosos onde os legisladores falharam em suas tentativas periódicas de tentar parar o ciclo da pobreza que aprisionou a ela e a tantos outros norte-americanos há tanto tempo"[492].

Os criminosos são os mais óbvios e mais ofensivos do que aqueles que os juízes distorceram as leis para ajudar, em uma tentativa de alcançar a justiça cósmica de compensar desvantagens prévias. O juiz Bazelon, que teve papel tão importante na evolução da lei criminal, foi bem claro a respeito do tipo de princípios legais que ele apoiava, que foram criados para "compensar as desigualdades que produzem acesso desigual à direitos constitucionais" entre as pessoas "definhado por muitas circunstâncias, incluindo o acidente do nascimento" e "dar aos fracos uma caixa para subirem e chegarem à nossa altura"[493]. Convencido que "a pobreza não é a raiz do crime"[494], o juiz Bazelon expressou uma opinião bem difundida nos anos 1960, e uma duradoura suposição dos ungidos, de que conhecimento suficiente já existe, quando disse:

> As circunstâncias que levaram algumas dessas pessoas ao crime não são mistério. Eles nasceram em famílias lutando para sobreviver — isso, se tiverem família. São criados em moradias em ruínas e lotadas. Falta-lhes a nutrição e cuidados com a saúde adequados. São submetidos ao preconceito e educados em escolas que não se importam com eles. A eles é negado o senso de poder, propósito e autoestima que cria um cidadão cumpridor da lei. Com nada a preservar e nada a perder, eles se voltam para o crime por sobrevivência econômica, o sentimento de empolgação e conquista, e uma válvula de escape para sua frustração, desespero e ódio[495].

O juiz Bazelon[496] reconheceu que a maioria das pessoas que nasce na pobreza não comete crimes e que pessoas que nasceram em situações

---
[492] "Rosa Lee's Story", *Washington Post*, 18/set/1994, p. A1.
[493] BAZELON, David L. *Questioning Authority*, p. 129.
[494] *Ibid*, p. 14.
[495] *Ibid*, p. 17.
[496] *Ibid*, p. 94-95.

melhores às vezes cometem, mas esse reconhecimento não fez diferença alguma em suas conclusões ou sua decisão jurídica. A correlação era a causalidade.

Esse raciocínio pode fazer sentido se os seres humanos nascessem em um mundo já civilizado, de forma que seria necessária alguma explicação especial para entender o porquê de eles terem comportamentos bárbaros depois. Quando todos que nascem no mundo hoje são incivilizados como os bárbaros do passado, não há nada misterioso sobre o comportamento daqueles cujos pais não lhes ensinaram a se comportar civilizadamente. Não é nenhuma surpresa que pais irresponsáveis não desenvolveram, neles ou em seus filhos, as habilidades, atitudes e disciplina necessárias para saírem da pobreza. No mínimo, não se deve supor que a direção da causalidade é a da pobreza ao crime, especialmente depois de décadas de programas governamentais que aliviam a pobreza e ainda não conseguiram evitar o aumento das taxas de criminalidade a novos recordes.

As opiniões isoladas de um juiz não teriam sido importantes, se (1) essas opiniões não tivessem ecoado pela mídia, que celebraram o juiz Bazelon, (2) se a Suprema Corte dos Estados Unidos da América não tivesse expressado opiniões parecidas de "a lei do país" em suas decisões durante os anos 1960 e 1970, e se (3) tanto os tribunais estaduais quanto os federais, em todo o país, não tivessem seguido em aventuras jurídicas similares, interpretando as leis para significarem o que quer que desejassem, tipicamente em consonância com a visão dos ungidos. Talvez os exemplos mais dramáticos vieram da Suprema Corte da Califórnia, quando Rose Bird (1936-1999) foi nomeada juiz-chefe.

Em mais de sessenta casos de pena de morte consecutivos — todos eles chegando até a Suprema Corte da Califórnia durante seu mandato — a juíza Bird votou para anular a pena, com base no fato de que o acusado não teve um julgamento justo, conforme é exigido pela Constituição. Ou nunca houve um único juiz em todo o estado da Califórnia que realizou um julgamento justo em um caso de homicídio, ou Rose Bird estava simplesmente utilizando esse argumento para esconder que estava partindo da sua própria opinião contrária à pena de morte. Como a Constituição do estado diz explicitamente que os veredictos não devem ser derrubados por tribunais de apelação, a não ser que os erros legais nesses julgamentos resultem em uma verdadeira "falha na aplicação da justiça"[497], os votos da juíza Bird sugerem que esses sessenta julgamentos consecutivos não só continham erros legais técnicos, como também que esses erros eram de tamanha magnitude e natureza, que criaram erros judiciários em todos os casos. A falta de plausibilidade inicial para isso ter acontecido sessenta vezes consecutivas torna-se ainda mais incrível depois de analisarmos os detalhes de alguns desses casos.

Em um dos casos que aconteceram na corte de Bird, um homem foi para uma loja com o objetivo de, além de cometer assalto à mão armada, matar todos os funcionários que estavam em uma lista que ele havia feito. Ele seguiu sua lista de forma metódica, assassinando os funcionários com tiros de espingarda e parando para recarregar, deixando claro que houve premeditação. Mesmo assim, como as instruções do juiz falharam em explicar aos jurados que a premeditação era exigida para a condenação por homicídio qualificado, a juíza Bird votou pela anulação da pena de morte[498]. Penas de morte em outros casos de homicídio qualificado também foram invertidos pela Suprema Corte da Califórnia com a mesma argumentação. Pelo fato de alguns juízes não quererem insultar a inteligência dos jurados discutindo premeditação em casos nos quais ela era tão óbvia, este erro técnico foi considerado razão o suficiente para declarar que o assassino era uma vítima de erro judiciário.

Outro assassinato teve sua pena de morte anulada com base no fato de que seu advogado não utilizou a defesa por insanidade[499]. A Suprema Corte da Califórnia não alegou que o assassino era insano, mas simplesmente supôs a estratégia do advogado de defesa e julgou-a inadequada, tornando isso uma negação *de facto* do direito do acusado à defesa. Aqui, novamente, vemos a defesa por insanidade tendo um impacto muito além dos casos em que ela aparece ou se sustenta. Ingenuidade similar foi usada por Rose Bird para votar contra todas os casos de pena de morte que chegaram até ela.

Novamente, as idiossincrasias de um juiz, ou até de um tribunal, são importantes principalmente porque elas são indicativas do *zeitgeist* entre as eli-

---

[497] "Nenhum julgamento será anulado, ou novo julgamento concedido, em qualquer causa, com base na má orientação do júri, ou na admissão ou rejeição indevidas de provas, ou por qualquer erro quanto a qualquer questão de defesa ou por qualquer erro quanto a qualquer questão de procedimento, a menos que, após um exame de toda a causa, incluindo as provas, o tribunal seja da opinião que o erro reclamado resultou em erro judiciário". Constituição do estado da Califórnia, Seção 13, adotado em 6 de novembro de 1966.
[498] *People v. Hamilton*, 46 Cal.3d, 123.
[499] *People v. Hamilton*, 39 Cal.3d, 803.

tes. Quando a reeleição de Rose Bird foi desafiada em 1986, grande parte da mídia nacional, assim como a mídia da Califórnia, saltou em sua defesa. O colunista do *The New York Times*, Tom Wicker, defendeu suas constantes anulações da pena de morte alegando que "em todos os casos de pena de morte que inverteu, o tribunal de Bird encontrou uma debilidade constitucional"[500] — como se a corte pudesse ter alegado qualquer outra coisa, tênue quanto fosse a alegação. Os casos de pena de morte eram "questões emocionais"[501], de acordo com Wicker, usando o termo padrão para qualquer indício de preocupação por parte dos ignorantes, enquanto a posição de Rose Bird ao lado dos ungidos era uma questão de princípio — "a regra da lei"[502], e não menos. O *Los Angeles Times* também alegou que o tribunal de Bird "reverteu as penas de morte por causa de erros que encontraram nos registros nas instâncias inferiores" — estavam tentando "aplicar a justiça mesmo quando não era popular". Um editorial do *The New York Times* alegou que os oponentes de Rose Bird estavam "politizando" o judiciário[503] — não que era ela quem estava transformando o tribunal em um local para impor sua própria ideologia no lugar da lei. O colunista Anthony Lewis (1927-2013) retratou a campanha contra Bird como um ataque "a um judiciário independente"[504]. Outros na mídia chegaram com apoio à juíza Bird, geralmente sem mencionar a quantidade de anulações consecutivas, ou os detalhes escandalosos das dificuldades da corte atrás dos erros técnicos, indo contra a necessidade constitucional de que deveria haver grave erro judiciário para uma anulação.

O *status* de símbolo para os ungidos de Rose Bird foi demonstrado nas eleições judiciais de 1986. Mesmo que nenhum juiz da Suprema Corte da Califórnia tenha perdido uma eleição antes, Rose Bird foi derrotada nas pesquisas em 56 de 58 condados, encontrando tanto apoio eleitoral quanto havia conseguido concentrar nos bastiões dos ungidos. Ela ganhou no condado de San Francisco com 65% dos votos e o condado de Alameda — lar da Universidade da Califórnia, em Berkeley — com 51%. O mais próximo que ela chegou de ganhar em outros condados foi com 45% dos votos no condado de

---

[500] Tom Wicker, "A Naker Power Grab", *New York Times*, 14/set/1986, p. E25.
[501] Tom Wicker, "Bradley and Bird", *New York Times*, 17/jan/1986, p. A31.
[502] Tom Wicker, "Bird and Rehnquist", *New York Times*, 12/set/1986, p. 27.
[503] "Support for the Justices", *New York Times*, 20/out/1986, Seção II, p. 6.
[504] Anthony Lewis, "Chief Justice Bird: Calm at the Center", *New York Times*, 23/out/1986, p. A27.

Santa Cruz, lar da "politicamente correta" Universidade da Califórnia em Santa Cruz, e a mesma porcentagem de votos no condado Marin, um subúrbio rico e na moda de San Francisco[505]. Sem sair da personagem até o fim, em sua última semana como juiz-chefe, Rose Bird votou a favor de conceder liberdade condicional a um assassino de um policial que apareceu no livro e filme *Assassinato a Sangue Frio* (1979)[506].

Aqueles que ganham vantagens com as distorções das leis realizadas por juízes — as mascotes — incluem não apenas criminosos, mas também uma grande variedade de grupos desfavorecidos aos olhos de outros, seja por razões válidas ou não. O fato de essas pessoas serem adotadas como mascotes por aqueles com a visão predominante é completamente consistente com o papel que os ungidos dão a si mesmos, o de serem mais nobres e sábios do que os outros. Qualquer um pode condenar criminosos, de forma a não haver distinção. Entretanto, encontrar a explicação, os direitos e as "soluções" para ajudar criminosos é muito mais consistente do que fazer parte dos ungidos, que têm discernimento especial. Por motivos similares, vários outros grupos foram tidos como vítimas que os ungidos salvariam dos ignorantes. Dadas as imperfeições dos seres humanos, alguns desses grupos de fato sofreram injustiças, apesar de que isso não significa que as propostas dos ungidos trarão melhoras no final.

Portadores de Doenças

Um exemplo clássico dos direitos de grupos mascotes específicos ganhando prioridade aos direitos dos outros são os casos que envolvem pessoas com doenças contagiosas, incluindo doenças contagiosas fatais. O histórico caso da Suprema Corte nessa área envolveu uma professora de escola fundamental com tuberculose ativa, que foi demitida por conta do perigo dela contagiar os seus alunos. A professora processou, alegando discriminação contra os deficientes, uma violação do *Rehabilitation Act*, de 1973.

A maioria na Suprema Corte norte-americana votou que era de fato discriminação porque a tuberculose poderia ser considerada uma deficiência.

---

[505] "Rose Bird Results", *San Francisco Examiner*, 5/nov/1986, p. A11.
[506] "The 'Onion Field' Parole: Rose Bird's Parting Shot", *Newsweek*, 12/jan/1987, p. 26.

CAPÍTULO VI | CRUZADA DOS UNGIDOS

Apesar da escola ter argumentado que a professora foi demitida não por causa da deficiência *dela*, mas sim porque sua presença ameaçava a saúde dos outros, o juiz Brennan, escrevendo a decisão tomada pela maioria, se recusou a aceitar essa distinção:

> A contagiosidade da Arline e sua imparidade física resultaram da mesma condição, a tuberculose. Seria injusto permitir a um empregador que pegasse a diferença entre os efeitos de uma doença nos outros e os efeitos de uma doença no paciente e usar essa distinção para justificar tratamento discriminatório[507].

Distorcer as leis para as mascotes tem como contraponto a provável culpa de grupos alvos, como empregadores, que poderiam "usar" essas desculpas para demitir pessoas. O destino de terceiros inocentes, como as crianças da escola, tem pouco peso quando se toma o lado dos mascotes. Assim como em muitos outros contextos, essa escolha de lados forneceu a oportunidade para afirmar a virtude e sabedoria superiores dos ungidos, comparadas aos ignorantes. Nas palavras do juiz Brennan, o propósito da lei era de "combater os efeitos de percepções errôneas, porém prevalentes sobre os deficientes"[508] para "garantir que indivíduos deficientes não tenham empregos ou outros benefícios negados por conta de atitudes preconceituosas ou a ignorância de outros"[509]. Ele repetidamente retratou as respostas dos outros com termos como "reações reflexivas"[510], "mitologia"[511] e "preconceito, estereótipos e medo infundado"[512].

Como o termo "deficiente" cobre uma vasta gama de condições, mesmo em seu uso tradicional — diferente da extensão do termo do juiz Brennan para se referir a pessoas com tuberculose — quase toda afirmação vaga sobre "os deficientes" está muito provavelmente errada. Assim como qualquer afirmação vaga sobre como os ignorantes estão enganados, ou como são malignos em suas avaliações dos casos individuais que encontram. No entanto, apesar do termo "deficiente" ser ainda menos preciso que o termo "mendigo", não

---

[507] *School Board of Nassau County, Florida, et al. v. Arline*, 480 U.S. 273 a 282.
[508] *Ibid.*, a 279.
[509] *Ibid.*, a 284.
[510] *Ibid.*, a 285.
[511] *Ibid.*
[512] *Ibid.*, a 287.

há nenhum perigo das leis que favorecem os deficientes serem declaradas como inconstitucionais por "não serem claras", pois essas leis promovem a visão dos ungidos e leis contra mendigos vão contra ela.

Mesmo se peritos médicos certificassem que a professora com tuberculose em questão era um perigo para a saúde das crianças, assim permitindo que ela fosse removida da sala de aula, a lei que protege os deficientes exige que ela seja considerada para outras atividades, as quais ela "estava qualificada". A Suprema Corte mandou o caso de volta para a Corte Distrital para determinar se a professora em questão era "qualificada" ou se manteria seu emprego no sistema escolar[513].

Ativistas homossexuais aprovaram essa decisão da Suprema Corte, por conta de suas possíveis implicações àqueles que eram portadores da Aids. Apesar da Aids não ser o problema nesse caso específico, o juiz Brennan deixou em aberto a questão sobre se aidéticos também poderiam ser considerados "deficientes" e com direito às mesmas proteções legais[514].

Os juízes, em grande parte, adotaram essa mesma visão dos ungidos ao lidar com casos envolvendo a Aids. Enquanto oficiais da saúde pública há anos rastreavam as origens de doenças infecciosas aos indivíduos que portavam essas doenças e as espalhavam, agora rastrear as origens das infecções de Aids foi declarada uma violação das leis federais que protegem os "deficientes"[515]. Um preso com Aids que era mantido separado dos outros prisioneiros recebeu US$ 155 mil dólares em indenização[516]. Um painel de três juízes decidiu que o Departamento de Saúde e Serviços Humanos poderia cortar US$ 107 milhões de dólares em fundos federais de um centro médico meramente por ter restringido as responsabilidades de um farmacêutico com Aids[517]. Em tribunais e em outros lugares, aidéticos se tornaram mascotes dos ungidos.

Nenhum grupo foi tão polarizador para os ungidos e os ignorantes quando as pessoas infectadas com o vírus da Aids. Por terem tido esse papel tão vital, os aidéticos são tratados como as mascotes mais sagradas.

---

[513] *Ibid.*, a 289.
[514] *Ibid.*, a 28, nota 7.
[515] Alan Sandres, "Fighting AIDS Discrimination", *Time*, 5/set/1988, p. 38.
[516] Ronald Sullivan, "Ex-Inmate Wins Award in Bias Case", *New York Times*, 6/ago/1992, p. B4.
[517] Lynda Richardson, "Westchester Medical Faces Loss of Federal Funds", *New York Times*, 1/out/1992, p. B8.

Ao contrário da identificação e, às vezes até da quarentena, de pessoas infectadas com outras doenças fatais e contagiosas, os aidéticos têm anonimidade garantida pela lei e pelas políticas enquanto eles se misturam com membros desavisados do público. Desde o início, vários oficiais médicos se preocuparam em tranquilizar o público, dizendo que eles *não* podem pegar Aids. Até 1983, as pessoas eram tranquilizadas, ouvindo que suas chances de pegar Aids de transfusões de sangue não testado eram "extremamente remotas"[518]. Margaret Heckler (1931-2018), secretária de saúde e serviços humanos, foi à televisão nacional no dia 3 de julho de 1983 "garantir ao povo norte-americano que o suprimento de sangue é 100% seguro"[519]. Contudo, apenas um ano depois, os Centros de Controle de Doenças (CDC) começaram a informar dúzias de casos de pessoas que se infectaram com Aids através de transfusões de sangue[520] e, apenas dois anos depois disso, as mortes causadas por Aids por meio de transfusões de sangue estavam nos milhares[521]. Mais da metade dos vinte mil hemofílicos da nação foram infectados com o vírus da Aids como resultado das inúmeras transfusões de sangue que necessitavam[522]. O longo período de incubação da doença provou ser como uma bomba relógio.

O problema não era simplesmente o que as autoridades médicas não sabiam na época, mas o que elas achavam saber e afirmar para os ignorantes — para aqueles que, nas palavras da secretária Heckler, tinham "medos irracionais" e "pânico desnecessário"[523]. Analisando aquele período, anos depois, uma história de capa no *U.S. News and World Report* notou:

> Os norte-americanos há muito tempo acreditavam que o suprimento de sangue era mais seguro do que de fato é. Em uma declaração conjunta de 1983, por exemplo, a Cruz Vermelha e dois grupos comerciais representando a maior parte dos outros bancos de sangue — o American Association of Blood Banks e o Council of Community Blood Centers — estimaram o risco de contrair Aids por uma transfusão de sangue em um em um milhão. Na verdade, era

---

[518] Michael Wineship, "Groups Setting Up Own Blood Banks", *New York Times*, 26/jun/1985, p. A26.
[519] Michael Chapman, "How Safe Is the Blood Supply?" *Consumer's Research*, abr/1994, p. 13.
[520] Randy Shilts, "Rise in AIDS from Transfusions", *San Francisco Chronicle*, 30/ago/1984, p. 4.
[521] Geoffrey Cowley e Mary Hager, "How Safe is the Blood Supply?" *Newsweek*, 3/jun/1991, p. 58.
[522] Michael Chapman, "How Safe Is the Blood Supply?", p. 10.
[523] Howard Kurtz, "Heckler Discounts AIDS Desease Fear", *Washington Post*, 15/jun/1983, p. A1.

pelo menos um em 660 — e quase que um em vinte e cinco em cidades de alta exposição, como San Francisco[524].

Ideias errôneas sobre a segurança das transfusões de sangue não se originaram do público, mas sim da elite dos ungidos. Essa era apenas uma das muitas maneiras que essas elites desdenharam dos perigos da Aids. Os enfermeiros de San Francisco que usaram máscaras e luvas ao tratar pacientes aidéticos foram punidos pelas autoridades do hospital em 1985[525], apesar de que essas precauções depois se tornarem aceitas, depois oficialmente recomendadas pelas orientações federais[526]. Houve um tempo em que se afirmava de forma triunfante que nunca um profissional da saúde contraiu Aids, mas em setembro de 1985 houve os primeiros de muitos casos de enfermeiras, técnicos de laboratório e outros que contraíram a doença de pacientes com Aids[527] e em 1991 havia casos de pacientes que pegaram a doença de um dentista[528]. Como disse a *Newsweek*:

> Apenas um ano atrás, a maior parte das autoridades da Aids consideravam praticamente impossível para um médico ou dentista aidético passar o vírus para seus pacientes[529].

Precauções para proteger o público de portadores da Aids foram repetidamente retomadas apenas depois que novas revelações devastaram as garantias de segurança anteriores. O problema fundamental em tudo isso não é a razão das autoridades médicas estarem continuamente enganadas, mas a razão dessa doença ter sido tratada de maneira completamente oposta à maneira que se lida com outras doenças contagiosas e potencialmente fatais. Ao invés de errar pelo exagero de cautela em defesa do público, como foi com outras doenças mortais e infecciosas, autoridades "responsáveis" lidaram com a propagação da Aids protegendo o doente do público. Uma razão política é

---

[524] Richard J. Newman *et al.*, "Bad Blood", *U.S. News and World Report*, 27/jun/1994, p. 69.
[525] Mark Z. Barabak, "4 S.F. General Nurses Lose in Disput Over AIDS Masks", *San Francisco Chronicle*, 10/set/1985, p. 6.
[526] Michael Specter, "CDC Report on AIDS Played Down", *Washington Post*, 24/mai/1987, p. A11.
[527] "AIDS Virus Infects 2 Workers", *San Francisco Chronicle*, 27/set/1985, p. 4.
[528] "Doctors and AIDS", *Newsweek*, 1/jul/1991, p. 54-57.
[529] *Ibid.*, p. 48.

CAPÍTULO VI | CRUZADA DOS UNGIDOS

o medo de ofender organizações homossexuais organizadas e fervorosas e seus aliados na mídia, na *American Civil Liberties Union* (União Americana pelas Liberdades Civis) e outros bastiões progressistas. Contudo, isso apenas levanta mais questões, porque o interesse dos portadores de uma doença mortal, incurável e contagiosa deveria ser assegurado como mais importante do que os direitos de centenas de milhões de outras pessoas. A resposta para essa questão mais fundamental parece ser que os portadores da Aids atendem aos critérios de grupo mascote que tão diferenciam os ungidos dos ignorantes.

Um dos argumentos para manter a anonimidade dos aidéticos é de que, de outra maneira, eles serão "forçados ao exílio" e, portanto, se tornarão ainda mais perigosos. Contudo, as leis de anonimidade já os transformam em "exilados" — e os mantêm nessa situação, mesmo quando outros descobrem que eles portam uma doença perigosa, mas são impedidos sob pesadas penas legais de avisar a qualquer outra pessoa. Um raciocínio foi o de que o "aconselhamento" dado aos portadores da Aids, como parte de seus tratamentos, fará com que eles tenham mais cuidado para não contagiar outras pessoas. Essa ideia, expressada pelo *The New York Times*, entre outros[530], certamente faz parte da visão dos ungidos, ao invés de depender de incentivos, como é na visão trágica. Como os portadores da Aids já estão fatalmente infectados, os únicos incentivos que serão efetivos são aqueles para a população saudável, que tem todos os incentivos para garantir a própria saúde — se os ungidos não tentarem impedi-los.

Pode-se ilustrar uma amostra do poder destrutivo que apenas uma pessoa com Aids que escolhe não seguir o que lhe foi "aconselhado" com o caso de um comissário de bordo homossexual que viajou pelo país infectando outros com Aids em saunas *gays*. Em 1982, pelo menos 40 dos 248 primeiros homens homossexuais com Aids fizeram sexo com esse comissário ou com alguém que tivesse[531]. Ele viveu por mais dois anos, com uma vida sexual ativa, apesar de saber que estava infectado com Aids e apesar das súplicas, dos avisos e até ameaças[532]. Depois de fazer sexo sob as luzes difusas de uma sauna *gay*, ele ligava as luzes para mostrar ao seu parceiro as lesões em sua pele e dizer:

---

[530] "The AIDS Secret Worth Keeping", *New York Times*, 15/nov/1987, p. E26.
[531] SHILTS, Randy. *And the Band Played On: Politics, People and the AIDS Epidemic*. Nova York: St. Martin's, 1987, p. 147.
[532] *Ibid.*, p. 138, 196-97, 200, 208, 247, 251.

"Eu tenho o câncer *gay*. Eu vou morrer e você também vai"[533]. Apesar das autoridades médicas norte-americanas e canadenses saberem quem ele era e o que estava fazendo, eram legalmente proibidos de alertar qualquer pessoa.

Outros portadores da Aids também continuaram a fazer sexo e alguns deliberadamente morderam agentes prisionais ou policiais que tentavam prendê-los para tentar infectá-los[534]. Uma vez infectado, os incentivos para parar eram zero, exceto no caso daqueles que têm consciência. Novamente, médicos e outros, plenamente cientes do que estavam fazendo, eram impedidos sob penas severas da lei se avisassem alguém. O editorial do *The New York Times* apoiou as decisões do conselho de liberdade condicional de conceder a condicional para vários prisioneiros portadores de Aids assim que tivessem servido o tempo mínimo para serem elegíveis — "mas apenas se revelarem sua condição para aqueles que estão em liberdade que possam estar em risco"[535]. Como alguém poderia fazer cumprir este requisito, não foi dito. Questões referentes a viabilidade nunca tiveram grande prioridade na visão dos ungidos, enquanto as mascotes são alta prioridade.

Muitas das mesmas pessoas que fizeram alarde sobre uma remota possibilidade dos perigos dos pesticidas ou da energia nuclear estão entre aqueles mais dispostos a aceitar os perigos dos portadores de Aids. Há uma preferência das mascotes aos alvos.

OS ALVOS DOS UNGIDOS

Assim como a lógica de sua visão guia os ungidos em suas escolhas de mascotes, ela também guia sua seleção de alvos. O requisito principal para mascotes e alvos é que eles devem distinguir os ungidos dos ignorantes. Assim como grupos desprezados por outros se tornam elegíveis a mascotes dos ungidos, grupos respeitados por outros são elegíveis a alvos. Esses incluem empre-

---

[533] *Ibid.*, p. 165. Veja também p. 198, 200.
[534] Veja, p. ex., "AIDS Virus Carrier Charger", *New York Times*, 9/ago/1987, p. A24; "Deadly Weapon in AIDS Veredict Is Inmate's Teeth", *New York Times*, 25/jun/1987, p. A18; "AIDS Virus Carrier Indicted", *New York Times*, 12/abr/1987, p. 29; Kirk Johnson, "Woman Charged With Biting Officer", *New York Times*, 10/jun/1987, p. A29; "Louisianian Convicted of Transmitting H.I.V.", *New York Times*, 10/nov/1992, p. A19; "High Court to Hear AIDS Assault Case", *Los Angeles Times*, 24/set/1991.
[535] "Paroling Prisoners With AIDS", *New York Times*, 11/mar/1987, p. A30.

sários, médicos e outros profissionais, membros da comunidade religiosa, policiais e outros cujo papel social ou sucesso financeiro geram respeito ou influência na sociedade como um todo. Assim como a lei é distorcida e limitada pelo benefício das mascotes, ela também é distorcida e limitada em detrimento dos alvos.

Negócios e as Profissões

Nenhuma parte da lei foi tão distorcida e limitada do que as leis que permitem que os negócios e a profissão médica sejam processados. Sempre foi possível processar as pessoas por danos causados por sua negligência. O que aconteceu depois que a visão dos ungidos tomou os tribunais durante os anos 1960 foi que as pessoas agora podiam ser processadas caso tenham sido negligentes ou não — e, em alguns casos, mesmo sem prova de que qualquer mal tenha sido causado. Isso nunca aconteceu àqueles nos grupos mascotes dos ungidos. Aconteceu nos grupos alvos.

Em um caso da Califórnia, durante a era Rose Bird, um funcionário que esperava seu patrão chegar e abrir usou o tempo para trabalhar sob o capô de seu próprio carro em uma rua pública e foi ferido por um motorista — ele recebeu indenização de seu patrão pela lei trabalhista[536]. Em um caso federal, o comprador de uma máquina de fazenda da International Harvester especificamente solicitou que o dispositivo de segurança que vinha com a máquina fosse removido antes da entrega, aparentemente para deixar a máquina mais fácil de entrar e sair de um celeiro. Mesmo assim, quando seu empregado foi morto como resultado da falta do dispositivo de segurança, foi a International Harvester que foi considerada legalmente responsável pela morte. O fato de que o cliente tomou a decisão de remover o dispositivo de segurança e que o funcionário tomou a decisão de operar a máquina sem o dispositivo, não significou nada. Também não foi importante o fato de que o funcionário morreu como resultado de se arriscar ao subir em uma parte da máquina para tentar ver o que estava acontecendo a sua volta, escorregando e caindo sob outra parte da máquina que o esmagou. Seu "exercício da prudência e cuida-

---
[536] *Price v. Workman's Compensation Appeals Board*, 37 Cal.3d, 559.

do" foi julgado como "irrelevante" pelo tribunal[537]. Aparentemente, as mascotes não têm como errar e os alvos não têm como acertar.

Em outro caso federal, o produtor de um herbicida foi condenado pela morte de um funcionário que não prestou atenção aos avisos na embalagem, mesmo que na embalagem constasse exatamente o exigido pela regulamentação federal. Apesar do fato da empresa não ter nenhuma escolha legal, com exceção de informar precisamente como o exigido pela Environmental Protection Agency (Agência de Proteção Ambiental), o tribunal decidiu que "o dever se fornecer um aviso adequado não foi cumprido"[538] porque seus avisos sobre consequências fatais não incluíam a consequência fatal específica que acometeu esse indivíduo. A conformidade com as leis federais, que exigem que o aviso seja escrito exatamente como diz a lei, e as leis estaduais, que exigem um aviso mais extenso, "não pode ser considerado impossível" de acordo com o tribunal, que argumentou:

> Chevron pode continuar a usar o aviso aprovado pela EPA e pode, ao mesmo tempo, compensar danos a reclamantes bem-sucedidos, como no caso do sr. Ferebee; alternativamente, Chevron pode entrar com uma petição para que a EPA permita que o aviso seja mais compreensivo[539].

Outra sugestão útil foi a de que Chevron poderia simplesmente parar de vender esse químico nesse estado[540]. O fato dessa visão unilateral violar séculos de tradição legal foi colocada de lado:

> Nós vivemos em uma sociedade organizacional, onde limitações do direito comum no dever de um indivíduo devem ceder às realidades da sociedade[541].

Em várias outras situações, pessoas em empresas e profissões começaram a ser legalmente responsabilizadas, coisa que nunca teria acontecido no passado — e isso não se deve a mudanças em leis estatutárias, ou por conta de novas interpretações jurídicas. Por exemplo, quando o administrador de um

---
[537] *Ruth L. Hammond v. International Harvester*, 691, F.2d, 646 (1982) a 652.
[538] *Ferebee v. Chevron Chemical Co.*, 736 F2d, 1529 a 1534.
[539] *Ibid.*, a 1542.
[540] *Ibid.*, a 1543.
[541] *Ibid.*, a 1539.

complexo de apartamentos estuprou uma inquilina, os donos foram processados[542]. Os consumidores que ignoraram os avisos e advertências nos produtos que compravam também ganharam a oportunidade de processar os fabricantes por danos quando alguma coisa dava errado[543]. Os juízes ficaram tão engenhosos em contornar avisos e advertências legais dos fabricantes, para permitir que fossem processados, que foram motivo de piadas em que trocavam o termo delito por desvio.

Em muitos casos, não era mais necessário provar que um produto específico causou algum dano determinado, ou que um fabricante específico produziu o produto que tenha causado algum dano. Quando ninguém sabia qual empresa em certa indústria havia produzido aquele produto em particular que feriu indivíduos específicos, às vezes os tribunais deixavam as vítimas processarem todos aqueles que fabricavam aquele produto, dividindo as indenizações a serem pagas pelas empresas de acordo com sua participação de mercado[544]. Em outros casos, os júris tinham liberdade para especular se acreditavam que o produto poderia ser responsável, mesmo se atendesse a todos os critérios de segurança exigidos por lei e mesmo se a opinião científica predominante era a de que o produto em questão não havia causado o dano[545].

Em muitos casos, o que era crucial era se os casos conseguiam ir a julgamento e não qual seria o resultado do julgamento. A grande nuvem de incerteza em volta dos casos de responsabilidade civil no início da revolução jurídica dos anos 1960 e 1970, que descartou leis e princípios de séculos, deixando juízes e júris livres para saciarem suas próprias inclinações, tornaram prudente aceitar acordos, mesmo que não tivessem feito nada de errado. A incerteza dos veredictos foi resumida em dois casos nos quais operadores de guindaste bateram em redes elétricas de alta tensão, levando a processos contra os fabricantes do guindaste por não terem avisado — uma alegação que foi dispensada em um estado, com base no argumento de que o perigo era óbvio demais para necessitar um aviso, mas em outro estado levou a um julgamento que rendeu indenizações de mais de US$ 12 milhões de dólares contra os fa-

---

[542] HUBER, Peter W., *Liability: The Legal Revolution and Its Consequences*. Nova York: Basic Books, 1990, p. 76.
[543] *Ibid.*, p. 56-57, 59.
[544] *Ibid.*, p. 81-82.
[545] *Ibid.*, p. 103.

bricantes[546]. Em outras palavras, não havia mais a *lei* no sentido real da palavra, apenas decretos imprevisíveis emanando dos tribunais.

Nada poderia mostrar tão claramente o papel do consumidor como mascote e o fabricante como alvo como os casos em que o próprio comportamento perigoso do cliente foi a causa óbvia do ferimento que o levou a processar. Alguém que usou um líquido, claramente rotulado como inflamável, em uma vela, conseguiu processar o fabricante pelas queimaduras resultantes[547]. Uma mulher que segurava um copo de café entre suas pernas enquanto estava em um carro em movimento processou o McDonald's, que vendeu a ela o café, quando o líquido quente derramou e a queimou. Ela ganhou US$ 2,9 milhões de dólares em indenização[548].

Praticamente todos os aspectos da medicina se tornaram alvos para crescentes processos. Em 1985, 1/4 de todos os ginecologistas obstetras no país foram processados[549]. Psiquiatras foram processados por coisas que seus pacientes fizeram meses após sua última consulta[550]. Companhias farmacêuticas foram processadas pelos efeitos colaterais de drogas aprovadas pela *Food and Drug Administration* (FDA), mesmo que ninguém tenha alegado que as empresas produziram ou distribuíram as drogas de maneira errada[551]. No caso das companhias farmacêuticas, assim como com os fabricantes de automóveis, ferramentas e equipamentos, quando não havia negligência, o *"design"* do produto era culpado — como se houvesse uma maneira de criar o *design* de qualquer coisa sem efeitos colaterais negativos, ou consequências negativas em potencial, caso utilizados incorretamente.

Em se tratando de negócios e profissões como alvos, os tribunais também exibiam outro aspecto da visão dos ungidos: pressupor conhecimento e controle muito superiores do que ninguém jamais teve. Ao condenar os acusados por consequências negativas que não causaram, os tribunais muitas vezes dependiam de novas doutrinas legais nas quais esses réus poderiam e deveriam prevenir qualquer perigo "razoavelmente previsível", mesmo que resultasse do uso irresponsável ou imprudente do produto ou servi-

---

[546] *Ibid.*, p. 110.
[547] *Ibid.*, p. 55.
[548] "Asides", *Wall Street Journal*, 27/ago/1994, p. A10.
[549] HUBER, Peter W., *Liability*, p. 111.
[550] *Ibid.*, p. 74.
[551] *Ibid.*, p. 129-30.

ço. Em resumo, os alvos tiveram várias responsabilidades impostas a eles, enquanto as mascotes não precisaram usar nem do bom senso. Além do mais, a própria sorte na vida — "os milhares de choques naturais que a carne herda", como disse Hamlet — desaparece como fator. Se algo deu errado, alguém deve ser culpado, de preferência alguém com um "bolso bem fundo" para pagar indenizações. Muitas vezes, esses bolsos profundos se tratavam de uma aglomeração de bolsos muito mais rasos, fossem os dos contribuintes ou dos acionistas.

A suposição de "soluções" disponíveis foi particularmente devastadora nas áreas médicas nas quais apenas trocas dolorosas e inevitáveis são comuns, seja nas vacinas, remédios ou procedimentos médicos no geral. Ainda assim, os tribunais permitiram centenas de processos contra fabricantes da vacina contra a coqueluche, por exemplo, obrigando algumas empresas farmacêuticas a parar de produzir a vacina.

Famílias

A família é inerentemente um obstáculo para esquemas de controle central dos processos sociais. Portanto, os ungidos necessariamente precisam estar sempre em rota de colisão com a família. Não se trata de uma questão de empolgação subjetiva de sua parte contra as famílias. Os ungidos podem até estar dispostos a banhar as famílias com a generosidade do governo, como fazem com outras entidades sociais. Contudo, a preservação da família como uma *unidade autônoma de tomada de decisão* é incompatível com a tomada de decisão terceirizada no âmago da visão dos ungidos.

A própria existência das famílias e a viabilidade do casamento são grosseiramente minimizadas através de estatísticas usadas incorretamente, como foi notado no *Capítulo 3*. De maneira similar, a incidência de vários problemas nas famílias é exagerada por meio de definições astutas e meias-verdades. Por exemplo, histórias alarmistas na mídia sobre violência doméstica generalizam maridos e namorados como "parceiros" que agridem mulheres, quando, na verdade, uma mulher que chefia sua própria casa tem três ou mais chances de ser agredida do que uma esposa. Mulheres solteiras, divorciadas ou separadas têm chances maiores de sofrerem agressão do que uma mulher casada[552]. Em outras palavras, a família tradicional é o contexto mais seguro para uma mulher — apesar de que esta, obviamente, não é a mensagem que os ungidos buscam passar.

Como nem a família tradicional, nem outro cenário, são *perfeitamente* seguros, sempre haverá exemplos de "esposas que foram agredidas", assim como há maridos agredidos, solteiros agredidos e mulheres agredidas em relacionamentos lésbicos, entre outros. Contudo, a taxa de violência entre as lésbicas que moram juntas — quase a mesma de relacionamentos heterossexuais[553] — não é de interesse para aqueles que querem pintar o relacionamento entre homem e mulher como um de violência. Na verdade, os homens tendem a agredir uns aos outros com mais frequência do que agridem mulheres. A taxa de vítimas masculinas de agressão é maior do que a taxa de vítimas femininas e a taxa de vítimas de agressão violenta é geralmente duas vezes maior para homens do que para mulheres. O número total de mulheres agredidas tende a ser um pouco maior, mas o número total de agressões sofridas é maior para os homens[554]. Em outras palavras, o alvo de uma determinada agressão tem probabilidade muito maior de ser um homem do que uma mulher. Dado que todas as categorias de seres humanos são tanto vítimas quanto perpetradores de violência, a pergunta não é se alguém pode estar absolutamente seguro contra uma agressão, mas quem tem maiores ou menores chances de se tornar vítima. A vítima menos provável é a mulher casada. Homens e mulheres solteiras são agredidos com mais frequência. Mesmo assim, a impressão que aqueles com a visão dos ungidos passam é justamente o oposto. Algumas das alegações são contraditórias internamente. A *The Christian Science Monitor*, por exemplo, disse:

> Estima-se que a violência doméstica afete quatro a cinco milhões de mulheres por ano. A cada quinze segundos, uma mulher norte-americana sofre abuso de seu parceiro[555].

---

[552] Robert L. Maginnis, "The Myths of Domestic Violence". *Family Research Council*, p. 2U.
[553] SOMMERS, Christina Holf. *Who Stole Feminism: How Women Have Betrayed Women*. Nova York: Simon & Schuster, 1994, p. 199-00.
[554] U.S. Department of Justice. *Criminal Victimization in the United States: 1973-1990 Trends: A National Crime Victimization Survey Report*, dez/1992, NCJ-139564. Washington, D.C.: U.S. Department of Justice, 1992, p. 40-41.
[555] Marilyn Gardner, "Sexual Harassment Is Never Acceptable", *Christian Science Monitor*, 12/out/1990, p. 13.

Colocando de lado o problema do "parceiro", a aritmética está errada. Cinco milhões de mulheres significaria uma ocorrência a cada 6,3 segundos[556]. Esse erro de aritmética tão simples pode ser um indicador de como os fanáticos estavam ansiosos em afirmar uma conclusão que concorda com a visão dos ungidos — e como muitos jornais respeitados inocentemente repetiram essas afirmações, tais o *The Washington Post*, *Chicago Tribune* e *The New York Times*, fora *The Christian Science Monitor*, sem sequer confirmar a consistência interna com uma calculadora de bolso[557]. Se essa inconsistência matemática não fosse o suficiente, a estimativa por si só não é confiável. Estudos empíricos que distinguem violência séria de meros empurrões ou agarrões trazem números menores que 1/10 daqueles citados na mídia[558]. Não só a quantidade total de violência familiar é exagerada, suas fontes e ocorrências são falsamente atribuídas ao contexto social menos violento: o da família tradicional. É no contexto de parceiros sexuais não casados — a família "não-tradicional", como dizem os ungidos — que há violência. Um estudo sobre homens acusados de violência doméstica descobriu que o transgressor era tipicamente jovem, solteiro e desempregado, ou trabalhando de colarinho azul. Outros estudos indicam que álcool ou drogas estão envolvidos na maioria dos casos[559]. Ozzie e Harriet não são o problema, apesar de representarem um alvo dos ungidos, que buscam enfraquecer a autonomia das famílias para promover a barriga de aluguel moral que está no coração de sua visão.

Entre as decisões familiares que várias cruzadas políticas tentam transferir para terceiros, estão:

1. A idade, a maneira e os princípios morais para se ensinar sexo às crianças;
2. Quais filosofias morais e sociais devem ser ensinadas às crianças;
3. Se a adoção deve incluir um termo de confidencialidade para a mãe biológica que deu o filho para adoção;

---

[556] Multiplicando 60 segundos em um minuto e 60 minutos em uma hora, por 24 horas por dia e 365 dias por ano, temos 60x60x24x365 = 31.536.000 segundos em um ano. Dividindo esse número pelas 5.000.000 mulheres mencionadas e o resultado é uma a cada 6,3 segundos.
[557] Veja SOMMERS, Christina Hoff, *Who Stole Feminism?*, p. 192-94.
[558] *Ibid.*, p. 194-98.
[559] Robert L. Maginnis, "The Myths of Domestic Violence", p. 4.

4. Se uma criança de outra raça pode ser adotada;
5. Se uma criança pode realizar um aborto;
6. Se pode-se chegar a um acordo quanto às barrigas de aluguel;
7. Se casais que não escolhem aceitar as obrigações do casamento devem ter essas obrigações impostas retrospectivamente através de processos de divisão de bens após o término do relacionamento.

A ideia de que terceiros poderiam tomar decisões tão pessoais não é uma peculiaridade de nossos tempos ou da sociedade norte-americana. O primeiro rascunho do *Manifesto Comunista*, de Friedrich Engels, deliberadamente enfraquecia os laços familiares como parte da ideologia política marxista[560], apesar de que Marx foi politicamente astuto o suficiente para remover essa parte da versão final. Essa guerra contra a autonomia da família não está reservada apenas para extremistas. O Estado moderno de bem-estar sueco criou leis para proibir os pais de dar palmadas em seus próprios filhos e vários autointitulados "protetores das crianças" nos Estados Unidos da América exigiram intervenções de terceiros nas famílias, baseando-se nos "direitos da criança"[561] — obviamente reforçados por adultos e mais particularmente advogados adultos para tais organizações, como a *Children's Defense Fund* (Fundo de Defesa à Criança), *National Child Rights Alliance* (Aliança Nacional do Direito Infantil) e outras parecidas. Não estamos falando de abuso ou negligência aqui — que já são ilegais —, mas sim de dar a terceiros a voz nas decisões familiares. Na Nova Zelândia, uma campanha inteira composta de anúncios criados para assustar, realizada durante os anos 1980, promoveu a afirmação de que um a cada oito pais abusava sexualmente de suas próprias filhas, quando na verdade as pesquisas mostram que isso não acontece nem mesmo em um a cada cem[562].

A preferência dominante dos ungidos por tomadas de decisões coletivas e terceirizadas ("soluções" para a "sociedade") aparece na forma da divulgação da ideia de "creches" para as crianças. Possibilitando condições para que as famílias tomem conta de suas próprias crianças em casa, permitindo que a isenção de imposto de renda acompanhe a inflação, o custo real de criar

---
[560] MARX, Karl e ENGELS, Friedrich. *Collected Works*. Nova York: International Publishers, Vol. VI, p. 354.
[561] Veja, p. ex., Hillary Rodham, "Children Under the Law", *Harvard Education Review*, Vol. 43, nº 4, nov/1973, p. 487-514, "11-Year-Old Seeks Right to 'Divorce' Parents". *New York Times*, 8/jul/1992, p. A10.
[562] Emily Flynn, "Child Abuse: The Fact". *NZ Listener*, Nova Zelândia, 13/ago/1988, p. 17.

filhos não se sustenta como argumento entre os ungidos. De fato, essa é uma ideia muitas vezes apoiadas — em vão — por conservadores. Apesar dos ungidos estarem sempre prontos para gastar grandes quantias de verba pública nas famílias, especialmente de maneiras que permitam estranhos se meterem nas decisões familiares, de forma alguma eles estão dispostos a deixar as famílias ficarem com o dinheiro que ganharam e tomar suas próprias decisões independentes. Em questões familiares, como em outras questões, o poder e a superioridade são o que importa na visão dos ungidos, independente do quanto insistam em descrever essa visão como a busca por objetivos benevolentes.

Apesar da fé dos ungidos na "competência" e em "profissionais" atuando na criação das crianças, os fatos mostram uma realidade mais sombria dos resultados reais ao retirar as crianças dos cuidados em sua própria casa para terem uma criação coletiva em uma creche. Um estudo publicado na *Journal of the American Medical Association* descobriu que as crianças na fase pré-escolar tinham uma probabilidade quatro a doze vezes maior de contrair meningite se eles frequentassem uma creche do que se ficassem em casa[563]. A ocorrência de outras doenças também aumentou com o aumento das creches[564]. Estudos indicaram que problemas psicológicos também são mais recorrentes entre as crianças que vão a uma creche[565].

A mentalidade das pessoas que enxergam a família tradicional como uma instituição fracassada, que necessita da sabedoria superior dos ungidos, está por todas as leis e políticas de abuso infantil. As crianças podem ser removidas de suas casas com base apenas em denúncias anônimas — mesmo quando as crianças e os pais negam as acusações. Além disso, as proteções criadas para os criminosos não se aplicam aos pais:

> Algo entre dois milhões e três milhões de acusações de abuso infantil e negligência chegam aos disque-denúncia todos os anos. Desse número, 60% são consideradas falsas e abandonadas. Dos 40% restantes que chegam a ser inves-

---

[563] Stephen R. Redmond, M.D. e Michael E Pichichero, M.D., "Hemophylus Influenzae Type b Desease: Na Epidemiologic Study with Special Reference to Day Care Centers", *Journal of the American Medical Association*, Vol. 252, nº 18, 9/nov/1984, p. 2581-84.
[564] Karl Zinsmeister, "Brave New World: How Day-Care Harms Children", *Policy Review*, primavera de 1988, p. 43-44.
[565] *Ibid.*, p. 42-43.

tigadas, por volta da metade (o que envolve quase setecentas mil famílias) acabam sendo dispensadas, mas não antes das crianças terem sido revistadas nuas, interrogadas por filas de assistentes sociais, policiais e advogados, passando por testes psicológicos e, às vezes, também sendo colocadas em casas de adoção. Essas ações acontecem sem um mandato, permissão dos pais, julgamentos ou acusações oficiais — muitas vezes baseadas apenas em uma ligação anônima[566].

Um casal de Virgínia, por exemplo, chegou em casa uma sexta-feira à tarde para descobrir que seu filho de 10 anos estava desaparecido e um aviso ordenava que eles comparecessem a uma audiência na próxima segunda-feira, pela manhã. Temendo que seu filho tivesse sido sequestrado, eles ligaram para a polícia apenas para escutar que ele estava sob custódia do Departamento de Serviços Sociais. O filho passou o final de semana em um lar adotivo, proibido de ligar para os seus pais. Tudo causado por um telefonema de um vizinho que não pensava que um menino de 10 anos deveria ficar sozinho em casa enquanto seus pais estavam trabalhando[567]. O problema, entretanto, não foi o vizinho intrometido, mas o fato de que a lei estava armada com poderes extraordinários — muito além do poder que tem para lidar com os criminosos, que são mascotes dos ungidos, enquanto as famílias são os alvos.

Dentro do esquema geral desses poderes extraordinários, os fanáticos que acreditam no pior dos pais podem plantar ideias nas mentes das jovens crianças e com consequências desastrosas. Quando uma garota de 8 anos de idade, em San Diego, foi abusada sexualmente e disse que foi um homem que entrou pela janela de seu quarto, os assistentes sociais descartaram a história dela, declaram o pai dela como suspeito principal e removeram a criança de sua casa. Depois de mais de um ano em um lar adotivo e na terapia, a menina mudou a história e culpou o pai dela. Entretanto, exames de DNA indicaram que não poderia ter sido o pai dela; na verdade, o DNA pertencia a um estuprador de crianças que entrou pela janela do quarto de outra criança no mesmo bairro e dias após o caso dessa garota. Contudo, uma vez que as autoridades se comprometeram a uma ideia diferente, e tomaram ações drásticas em resposta a essa crença, não tinham como admitir que estavam errados. Apenas

---

[566] Elena Neuman, "Child Welfare or Family Trauma?" *Insight*, 8/mai/1994, p. 6.
[567] *Ibid.*

após uma investigação de um grande júri que a criança foi devolvida para seus pais — depois de mais de um ano e do pai ter pago mais de US$ 250 mil dólares em advogados durante a batalha legal para retomar a custódia da filha. Além do mais, o grande júri notou em seu relatório que esse *não* era um caso isolado, fosse em San Diego ou em todo o país, o de que assistentes sociais em situações similares tinham "poderes ilimitados" e a agência de trabalho social envolvida parecia ser "incapaz de se policiar"[568]. Estudos realizados sobre a sugestionabilidade de crianças pequenas indicam que é possível fazer com que elas mudem suas histórias, mesmo em condições de laboratório[569], mais ainda depois de serem tiradas de suas casas sem explicação, ficando desamparadas nas mãos de estranhos e sem poder se comunicar com seus pais durante meses, enquanto várias autoridades obviamente querem que acusem alguém.

Alguns defenderam os poderes incomuns dados à polícia e às agências sociais nos casos de abuso infantil dizendo que se a vida de uma criança for salva, vale a pena. Entretanto, muitos dos ungidos não tomam essa mesma posição quando um animal na lista dos animais em perigo de extinção mata uma criança. Pelo contrário, a primeira resposta geralmente é de denunciar a reação do público como "histeria" a respeito da morte e se opor a matar os animais perigosos listados quando eles entram em comunidades humanas. Mesmo quando é provado que houve abuso infantil, a resposta é muitas vezes mandar a criança para a mesma casa, se a família concordar com terapia e visitas de assistentes sociais — ainda que nenhuma dessas coisas garanta a segurança da criança. Em resumo, apenas as famílias *independentes* e autônomas que são sacrificadas quando elas se recusam a "aceitar" aquilo que os ungidos pressupõem.

Religião

Algumas das interpretações mais corajosas da Constituição as;iram das simples palavras da Primeira Emenda: "o Congresso não deve promulgar nenhuma lei a respeito do estabelecimento de uma religião ou proibir seu livre

---
[568] *Ibid.*, p. 10.
[569] *Ibid.*, p. 12.

exercício". Baseando-se falsamente nessas palavras, a Suprema Corte baniu as orações nas escolas públicas e repetitivamente desaprovaram presépios em locais públicos durante o período do Natal. Entretanto, nenhuma dessas coisas entram no significado da frase "estabelecimento de uma religião", que não era uma expressão esotérica de uma palestra filosófica, mas sim algo comum e pessoalmente vivido pelos autores da Constituição. A Igreja da Inglaterra foi "estabelecida" como a igreja oficial do país, uma igreja que coletava impostos mesmo daqueles que pertenciam a outras igrejas, uma igreja cujos membros tinham privilégios legais que eram negados aos membros de outras igrejas. A Primeira Emenda proíbe o Congresso de criar instituições como essa nos Estados Unidos da América.

Assim como leis simples e claras de entender foram distorcidas em prol do benefício de várias mascotes, essa determinação simples e clara de entender foi distorcida para transformar a religião em um alvo. Frases como "uma parede de separação" entre a igreja e o Estado e a "neutralidade" do governo para com a religião se tornaram marcos da interpretação constitucional da Suprema Corte, mesmo que nenhuma dessas frases apareça em qualquer parte da Constituição. Em um caso de 1988, por exemplo, a opinião majoritária do juiz Harry Blackmun declarou, "a Constituição exige que o governo permaneça secular, ao invés de se afiliar com crenças ou instituições religiosas" — tudo isso por conta de um presépio, contribuído por católicos locais, e uma menorá, contribuído por um grupo judeu local, foram expostos durante as férias de Natal em uma propriedade pública em Pittsburgh.

Como o governo do condado de Allegheny não teria como ser católico e judaico ao mesmo tempo, o argumento usado foi de que essas exposições violavam o conceito de "Estado secular"[570]. Mesmo que este Estado secular seja outro conceito inexistente na Constituição, o juiz Blackmun falou da "ordem constitucional de um governo secular"[571], de forma que "o endosso simultâneo do Judaísmo e do Cristianismo não é menos inconstitucional do que o endosso unicamente do Cristianismo"[572]. A questão ante a Corte não era se essas demonstrações religiosas eram uma boa ideia em uma sociedade na qual muitas pessoas não eram religiosas, mas se eram proibidas pela Constituição.

---

[570] *County of Allengheny, et al., v. American Civil Liberties Union, Greater Pittsburgh Chapter, et al.*, 492 U.S. 573 a 610.
[571] *Ibid.*
[572] *Ibid.*, p. 611.

Como não foi possível encontrar alguma coisa na Constituição para apoiar essa interpretação distorcida, Blackmun apoiou-se em um precedente criado por outro caso da Suprema Corte, em que um memorial de guerra contendo cruzes e Estrelas de Davi foi declarado inconstitucional[573].

A União Americana pelas Liberdades Civis (American Civil Liberties Union) foi uma das principais figuras que fizeram oposição às exposições cristãs em propriedades públicas, levando a casos em que árvores de Natal foram consideradas constitucionais desde que não tivessem muito simbolismo religioso. O juiz Blackmun, por exemplo, argumentou que "o governo pode celebrar o Natal como um feriado secular"[574], portanto "enquanto a árvore da cidade permanecer sozinha na frente da prefeitura, não será considerada um endosso da fé cristã"[575] e quando houver uma menorá a "cidade deverá demonstrar que é uma cidade secular reconhecedora das diferentes tradições celebradas no período das férias de inverno"[576]. Mesmo parecendo reminiscente de uma casuística medieval, essas e outras diferenciações das exposições cristãs em nada têm a ver com a proibição da Constituição contra estabelecer uma religião. Elas estão relacionadas com a imposição da visão dos ungidos sob o abrigo das palavras para esconder algo muito diferente.

Não apenas na arena legal, mas também na educação e na mídia, as palavras são esticadas e distorcidas nas discussões de assuntos religiosos. Conforme as escolas públicas se tornaram cada vez mais distribuidoras militantes de doutrinação com atitudes vanguardistas que estão na moda[577], diversos grupos e indivíduos religiosos foram contrários. Essa oposição foi então declarada como tentativas da "direita religiosa" de "forçar sua fé nas outras pessoas". Por exemplo, quando um grupo de pais fundamentalistas no Tennessee se opôs aos filhos serem obrigados a ler certos textos que consideravam contrários à sua religião, a mídia chamou o caso legal resultante de *Scopes II*, fazendo uma ligação com o famoso julgamento onde o professor John Scopes (1900-1970) foi processado por ensinar o evolucionismo. Eles não se intimidaram com a explicação clara do juiz daquele julgamento, que distinguia:

---

[573] *Ibid.*, p. 615.
[574] *Ibid.*, p. 615n.
[575] *Ibid.*, p. 615.
[576] *Ibid.*, p. 617.
[577] *Ibid.*, p. 620.

É importante notar agora no início que o autor da ação não está pedindo que os livros Holt sejam banidos da sala de aula, sequer buscam remover a teoria da evolução do currículo público escolar. Apesar de considerável fanfarra na imprensa chamando essa ação de "Scopes II", ela tem pouca similaridade com o famoso "julgamento dos macacos" de 1925. Os autores da ação simplesmente alegam que não deveriam ser forçados a ter que escolher entre ler livros que ofendam suas crenças religiosas e desistir de uma educação pública gratuita[578].

Não importa os méritos e deméritos dos pais fundamentalistas em se opor a essas leituras, eles queriam criar uma exceção para seus filhos. E quaisquer que sejam os méritos e deméritos das autoridades das escolas públicas em conceder ou não esse pedido, nada tinha a ver com a doutrinação de outras crianças com fundamentalismo. Mesmo assim, depois que uma decisão favorável aos pais foi anunciada, a organização progressista People for the American Way (Povo pelo Modo Americano, em livre tradução) declarou que essa era uma "tentativa de forçar as visões intolerantes da 'Lei de Deus' em todos os outros". Editoriais de jornais criticaram a decisão, alegando ser "absurda" e "ultrajante", e mesmo os colunistas conservadores George Will e James J. Kilpatrick (1920-2010) atacaram a decisão — como foi descrita na mídia[579].

Esta foi uma das raras vitórias legais conquistadas por pessoas religiosas tentando reter o direito de criar seus próprios filhos através de seus próprios valores. A mentalidade mais comum da aplicação jurídica da Primeira Emenda foi ilustrada em um caso envolvendo um grupo de crianças deficientes, alunas de uma escola pública em uma pequena vila habitada por judeus chassídicos, no estado de Nova York. A religião não era ensinada nesta escola. Para isso, os chassídicos tinham sua própria escola privada. O que a escola pública fez foi permitir que crianças surdas, com deficiência intelectual, ou com outras deficiências, desta comunidade religiosa pudessem receber os mesmos benefícios federais que outras crianças deficientes, sem serem submetidas ao choque e escárnio de ir para a escola com outros alunos que, com certeza, notariam suas crenças, aparências e comportamento estranhos. Ao aprovar uma lei que permitia essa vila em particular ter seu próprio distrito escolar, a

---

[578] Veja, p. ex., SOWELL, Thomas, *Inside American Education*. Nova York: Free Press, 1992, *capítulo 3*.
[579] *Mozert v. Hawkins County Public Schools*, 647, F. Supp 1194 (E.D. Tenn., 1986) a 1195.

legislação estadual tentou poupar esse destino a essas crianças. No entanto, a Suprema Corte norte-americana declarou a lei inconstitucional.

Apesar de conceder que "o currículo e o ambiente dos serviços eram inteiramente seculares" na escola pública que as crianças chassídicas deficientes frequentavam[580], e que elas receberam "programas de educação especial assim como aqueles disponíveis para todas as crianças deficientes, religiosas ou não"[581], a opinião maioritária do juiz David Souter declarou inconstitucional a legislação que criava esse distrito escolar em uma vila habitada unicamente por judeus chassídicos porque ela "beneficia um grupo religioso específico com tratamento favorável"[582]. Em inúmeras outras situações, a legislação estadual também criou distritos escolares especiais para acomodar outros grupos específicos de cidadãos por outras razões variadas[583], mas fazer o mesmo para uma comunidade religiosa era considerado uma "ameaça à neutralidade" entre religiões, porque "não temos nenhuma garantia de o próximo grupo em situação similar buscando um distrito escolar próprio vai receber um"[584].

Esse critério excepcional invalidaria praticamente todas as leis ou políticas de governo, tornando-as inconstitucionais, já que não pode haver garantia prévia de que qualquer lei ou política será aplicada sem discriminação no futuro. Como divergiu o juiz Antonin Scalia (1936-2016): "Eu nunca ouvi falar desse princípio, nem ninguém mais, e jamais vai se ouvir falar novamente no futuro"[585]. Em outras palavras, foi mais um *ad hoc*, uma desculpa dissimulada para impor a visão dos ungidos como a "lei do país" sob o disfarce de uma interpretação da Constituição.

Outro princípio extraordinário surgiu na opinião do juiz John Paul Stevens (1920-2019), indo contra a maioria, dizendo que esse distrito escolar dessa vila era inconstitucional:

---

[580] BATES, Stephen. *Battleground: One Mother's Crusade, the Religious Right, and the Struggle of Control of Our Classrooms*. Nova York: Poseidon Press, 1993, p. 277.
[581] *Board of Education of Kiryas Joel Village School District v. Louis Grumet et al.*, in *Daily Appelate Report* (Suplemento do *Los Angeles Daily Journal*), p. 8926.
[582] *Ibid.*, p. 8927.
[583] *Ibid.*
[584] *Ibid.*, p. 8921.
[585] *Ibid.*, p. 8922.

O isolamento dessas crianças, mesmo que possa protegê-las de "pânicos, medos e traumas", inquestionavelmente aumentará a probabilidade de elas permanecerem dentro do grupo fechado da fé religiosa de seus pais. Criando um distrito escolar especificamente para proteger as crianças do contato com outros com "jeitos diferentes", o Estado forneceu apoio oficial para consolidar a ligação delas a uma fé específica[586].

Em outras palavras, o benefício colateral à comunidade religiosa de poupar suas crianças do ridículo na escola foi o suficiente para tornar essa lei uma violação da Primeira Emenda. Novamente, foi a visão dos ungidos, não as palavras da Constituição. Outro sintoma dessa visão foi a suposição casual do juiz Stevens de uma solução alternativa do governo, nesse caso, o estado de Nova York poderia "tomar medidas para aliviar os medos das crianças, ensinando seus colegas a serem tolerantes e respeitosos" quanto aos costumes chassídicos[587]. Se quiser um milagre é só pedir!

Em resposta à noção ridícula do juiz Scalia de que uma pequena vila de judeus chassídicos era um "'estabelecimento' de um Império"[588], disse o juiz Souter, "a Primeira Emenda vai além dos estabelecimentos clássicos do século XVIII"[589]. Ou seja, a Constituição não significa mais o que significava quando foi escrita, mas sim o que sucessivas distorções e flexibilizações criaram. Como vai ser distorcida para direções diferentes, mais a favor das mascotes do que dos alvos, o lema na fachada da Suprema Corte não significa mais o que significava antes: "Justiça igual para todos".

---

[586] *Ibid.*, p. 8939.
[587] *Ibid.*, p. 8926.
[588] *Ibid.*, p. 8925.
[589] *Ibid.*, p. 8934.

[CAPÍTULO VII]

[Capítulo VII]
O Vocabulário dos Ungidos

Os homens têm uma propensão incurável de tentar prejulgar todas as grandes questões que lhes interessam, selando seu idioma com preconceitos.
— James Fitzjames Stephen (1829-1894)[590]

Em vista das pressuposições subjacentes da visão predominante, pode ser mais fácil entender por que o vocabulário usado pelos ungidos é da forma que é. O turbilhão de chavões — "acessibilidade", "estigma", "progressivo", "diversidade", "crise" etc. — mostra um padrão distinto. O que esses inúmeros chavões têm em comum é que eles (1) assumem superioridade nos assuntos ao invés de debatê-los, ou (2) colocam os ungidos e os ignorantes em planos morais e intelectuais diferentes, ou (3) desviam da questão da responsabilidade pessoal.

SUPERIORIDADE VERBAL

A palavra "crise", por exemplo, é uma palavra considerada superior, usada por seu possível efeito político, ao invés de ser usada pela sua precisão

---
[590] STEPHEN, James Fitzjames. *Liberty, Equality, Fraternity*. Indianapolis: Liberty Found, 1993, p. 121-22.

contemporânea ou retrospectiva. Como foi dito no *Capítulo 2*, vários tipos de situações foram chamados de "crise", mesmo quando, na verdade, estavam melhorando há anos. Quando os ungidos dizem que há uma crise, isso significa que algo deve ser feito — e deve ser feito simplesmente porque os ungidos querem assim. Essa palavra se torna um dos muitos substitutos da evidência e da lógica. Assim como palavras como "necessidade genuína"[591] (conforme determinado por terceiros), ou frases contraditórias como pessoas vivendo "abaixo da linha de subsistência".

Frases como "o movimento da paz", usada para descrever movimentos de desarmamento, previnem ter que responder à questão mais importante: se a paz será alcançada mais facilmente através do desarmamento ou através da dissuasão militar. Com possivelmente milhões de vidas dependendo da resposta a essa pergunta, algo mais substancioso do que a suposição de que algumas pessoas gostam da paz mais do que outras poderia ser esperado. No entanto, aqui, assim como em outras questões, todos os méritos factuais e analíticos são reduzidos a tendências psicológicas.

Uma das cruzadas sem fim dos ungidos é aquela por mais "serviço público". Como muitos dos chavões especiais dos ungidos, essa expressão não significa o que seria o significado mais comum das palavras. Nem todo serviço para o público é um "serviço público" nessa novilíngua. Por exemplo, aqueles que entregam toneladas de comida importante para a vida aos supermercados não estão realizando um "serviço público" no uso do termo dos ungidos. Nem mesmo aqueles que constroem casas para as pessoas, ou produzem as roupas que as pessoas usam. Aqueles que realizam esses trabalhos fundamentais são acionados pelos incentivos do mercado, talvez até pela "ganância", outro chavão na moda que coloca os ungidos e os ignorantes em planos morais diferentes.

Os pedidos por mais "serviço público" é portanto um pedido para mais pessoas trabalharem em funções que *não* representam as preferências do público, como são reveladas por meio do mercado, mas sim as preferências de terceiros, colocadas em prática pelo governo e pagas pelo poder dos impostos. Às vezes, o trabalho de fundações e outras organizações sem fins lucrativos também são incluídos no termo "serviço público". É crucial que o serviço

---

[591] PACKARD, Vance. *The Waste Makers*. Nova York: David McKay, 1960, p. 290.

CAPÍTULO VII | O VOCABULÁRIO DOS UNGIDOS

público não seja definido pelo público em si, por meio de suas escolhas em como gastar seu próprio dinheiro em transações comerciais, mas sim como é definido para eles por elites terceiras. Por outro lado, as atividades mais importantes, muitas que salvam vidas, não são consideradas dignas da bênção de serem chamadas de "serviço público", enquanto forem uma chateação para as pessoas e houver um porta-a-porta merecedor dessa aura verbal, quando é por uma causa apoiada pelos ungidos. Forçar o público a pagar por arte calculadamente ofensiva à sua sensibilidade também é considerado um "serviço público", pela definição do termo segundo os ungidos — enquanto não pagar por essa arte é "censura" nesse mesmo dicionário, mesmo que os artistas permaneçam com suas liberdades de criar e vender seus produtos àqueles dispostos a pagar com seu próprio dinheiro.

O crucial no conceito de "serviço público" — na maneira como ele é usado pelos ungidos — é que ele deve ser decidido por terceiros, não pelo público em si.

Neste contexto, não é difícil entender por que tentativas constantes para criar algum tipo de corpo de "serviços nacionais" sempre podem contar com o apoio caloroso dos ungidos, conforme busquem controlar os jovens, especialmente, não pelo que as pessoas estão dispostas a pagar com seu próprio dinheiro, mas pelo que os ungidos querem e pagam com o dinheiro oriundo de impostos. Foi assim que o colunista Bob Herbert, do *The New York Times*, saudou a criação, pelo governo federal, de uma agência chamada "Americorp" — uma espécie de "Corpo da Paz doméstico" — dizendo ser um "nobre esforço", um alívio da era Reagan-Bush "envenenada pela ganância"[592]. Em outras palavras, quando as pessoas escolhem suas ocupações de acordo com o que o público quer e está disposto a pagar, isso é "ganância", porém, quando o público é forçado a pagar pelo que os ungidos querem, então, é considerado "serviço público".

A palavra "ganância" por si só já pressupõe superioridade em diversos assuntos. Se a ganância é definida por ganhar dinheiro, portanto qualquer era de prosperidade é uma era de ganância por definição e as classes especialmente prósperas são especialmente gananciosas. Contudo, é claro que no sentido comum da palavra, alguém que mata o dono de uma loja por uma pequena

---

[592] Bob Herbert, "A Season of Service", *New York Times*, 31/ago/1994, p. A13.

quantia de dinheiro no caixa é ganancioso — talvez mais ganancioso do que alguém que ganhou milhões em um trabalho legítimo. As somas de dinheiro envolvidas não podem ser critério da ganância. O que é incrível, entretanto, é o quão completamente indefinido é esse termo tão usado — e com tanto fervor. Se o termo tivesse qualquer sentido concreto, talvez houvesse uma maneira de testá-lo de forma empírica, por exemplo, fossem ou não os anos 1980 de fato uma "década de ganância" como é tão afirmado pelos ungidos.

Uma vez que abandonemos a noção de que as quantias de dinheiro ganhas são parâmetro para a "ganância", talvez o caráter por trás do dinheiro possa oferecer uma pista. Os anos 1980 na verdade presenciaram um aumento da filantropia em níveis sem precedentes, não apenas em números absolutos, como também como porcentagem de renda[593]. Grande parte desse filantropismo foi direcionado à academia, uma das maiores críticas da "ganância" — e talvez, uma candidata ao título, já que tanto os salários quanto as mensalidades aumentaram mais rápido do que a inflação durante nove anos seguidos naquela década[594]. Além disso, nem tudo foi devido às operações do livre mercado, como descobriu uma investigação do Departamento de Justiça, a qual revelou um conluio entre as faculdades da Ivy League, o MIT e mais de vinte e cinco instituições de elite, fixando coletivamente os preços que os alunos e seus pais precisavam pagar[595].

Entre as muitas outras questões levantadas pelo confuso conceito da "ganância", está a dúvida do porquê do termo ser aplicado, quase que exclusivamente, àqueles que querem ganhar mais dinheiro ou manter o que eles já ganharam — nunca àqueles que querem o dinheiro das outras pessoas por meio de impostos, ou àqueles que desejam viver às custas da generosidade gerada por esses impostos. Nenhum imposto é descrito como "ganancioso" pelos ungidos por parte do governo ou da clientela do governo. Além disso, o dinheiro não é a única coisa que alguém pode cobiçar e não é necessariamente a mais danosa à sociedade. A ganância por bens materiais pode ser satisfeita simultaneamente em uma sociedade próspera, de forma que até os "pobres"

---

[593] Richard D. McKenzie, "Decade of Greed? Far from it". *Wall Street Journal*, 24/jul/1991, p. A10; BARTLEY, Robert L. *The Seven Fat Years: And How To Do It Again*. Nova York: Free Press, 1992, p. 5
[594] Jean Evangelauf, "Average Faculty Salary Reaches $41,650 up 6,1% in a Year, AAUP Survey Finds", *Chronicle of Higher Education*, 18/abr/1990, p. A13.
[595] Gary Putka, "Do Colleges Collude on Finantial Aid?", *Wall Street Journal*, 2/mai/1989, p. B1; Gary Putka, "Colleges Cancel Meetings Under Scrutiny", *Wall Street Journal*, 12/mar/1991, p. B1.

de hoje têm facilidades que eram raras entre as elites de tempos passados. (A instalação de uma banheira com encanamento na Casa Branca foi controversa no século XIX porque acharam ser um luxo desnecessário). Ganância generalizada por poder não pode ser satisfeita simultaneamente, entretanto, já que o poder é relativo por sua própria natureza.

Essas inconsistências no uso da palavra não são ao acaso. Essas coisas que servem ao propósito aos ungidos são imunes ao termo e aquelas que vão contra a visão dos ungidos são os candidatos principais. Assim como essas atividades que são respostas ao que as massas ignorantes querem, ao passar pelos processos sistêmicos do mercado, não serão consideradas "serviços públicos", portanto, a renda obtida como resultado da satisfação dos ignorantes tem uma chance muito maior de ser chamada de "ganância" do que o dinheiro recebido, ou poder daqueles que têm a visão dos ungidos. As famílias que desejam ser financeiramente independentes e tomar suas próprias decisões sobre suas vidas não atraem muito interesse ou uso àqueles que estão em busca de impor sua sabedoria superior e virtudes às outras pessoas. Ao ganhar seu próprio dinheiro, essas famílias provavelmente não têm interesse em aceitar direcionamento de terceiros, como também desejam ficar com o dinheiro que ganharam são ameaças às verbas que os ungidos precisam para distribuir suas generosidades aos outros que, portanto, estariam sujeitos ao seu direcionamento. Nessas circunstâncias, é compreensível que o desejo de aumentar e manter suas rendas poderia ser caracterizado negativamente como "ganância", enquanto desejar viver às custas dos outros, não.

Em toda essa questão, o vocabulário dos ungidos não requer nenhuma definição clara, argumentos lógicos ou verificações empíricas. Seu papel é precisamente ser um substituto para todas essas coisas.

DESDENHANDO OS IGNORANTES

O vocabulário dos ungidos também serve para colocar estes e os ignorantes em planos diferentes. Uma preocupação importante dos ungidos é chamada de "uma questão de princípio", enquanto uma preocupação importante para os ignorantes é chamada de "uma questão emocional".

Aparentemente outras pessoas não têm razões ou princípios; tudo que elas têm são emoções. Muitas vezes, quando a mídia apresenta formalmente os dois lados de uma questão, as razões dadas pelos ungidos são "equilibradas" pelas emoções expressas pelos ignorantes. Inclusive quando "ambos os lados" são apresentados na mídia, raramente as *razões* de cada lado são apresentadas.

As opiniões dos ignorantes são tidas como, no máximo, "percepções", muito frequentemente chamadas de "estereótipo", ou simplesmente de "consciência falsa". Essas palavras — e muitas outras com o mesmo efeito — expressam não apenas desdém pela experiência em primeira mão de milhões de outras pessoas, como também um desrespeito pelos processos sistêmicos que criam os incentivos de estarem certos e peneiram aqueles que erram com muita frequência. Por exemplo, a afirmação tão repetida de que mulheres recebem apenas 60% do que os homens recebem ao realizar o mesmo trabalho ignora as pressões econômicas competitivas que estão constantemente selecionando as pessoas nos negócios. Dizer que as mulheres ganham 60% do que os homens recebem pelo mesmo trabalho é dizer que, pelo valor que as empresas podem pagar por dois homens, elas poderiam pagar três funcionárias mulheres — as mulheres produzindo 50% mais resultado — e ainda sobreviver economicamente em um sistema competitivo onde está a maior parte dos negócios.

Pode estar de acordo com a visão dos ungidos imaginar que os ignorantes tomariam parte de tal insanidade econômica, mas apenas ignorando os rigores da competição econômica que alguém poderia esperar que as empresas sobrevivessem com custos tão inflacionados na contratação de homens. Como já foi comentado no *Capítulo 3*, as habilidades das mulheres muitas vezes não são iguais às dos homens, mesmo quando se esforçam para que sejam igualadas através da educação. As mulheres também tendem a trabalhar em meio período com mais frequência do que os homens, tendo uma média de horas trabalhadas anual menor, interrompem suas carreiras em prol dos filhos, escolhem ocupações que são compatíveis com suas responsabilidades domésticas, mesmo quando trabalhos com salários maiores estão disponíveis e largam seus empregos para se mudarem para onde seus maridos encontram novos empregos — tudo isso tende a reduzir a renda média, apesar de que não pelo mesmo trabalho. Antes de haver leis ou políticas governamentais a respeito de

CAPÍTULO VII | O VOCABULÁRIO DOS UNGIDOS

diferenças salariais, mulheres solteiras que trabalhavam sem parar e em tempo integral ganhavam mais do que homens solteiros que trabalhavam nas mesmas condições[596].

Grande parte das discussões de intelectuais a respeito das decisões de empresários, geralmente, procedem como se os empregadores, os proprietários e outros que operam sob as mesmas pressões sistêmicas do mercado tivessem a liberdade de tomar decisões arbitrárias e caprichosas, baseadas em preconceito e em informações erradas — como se fossem intelectuais sentados em uma mesa do seminário — e não pagassem nenhum preço pelo seu erro. Bancos e associações de poupança e crédito, por exemplo, são tratados como se não perdessem nada por se recusarem a emprestar dinheiro para minorias que têm as "mesmas" qualificações que outros — e isso em uma indústria na qual as instituições financeiras declaram falências em larga escala e com outras à beira da falência. Mesmo que a maior parte dos banqueiros fosse tão completamente cega pelo preconceito a ponto de arriscar um suicídio financeiro, aqueles cujos preconceitos fossem menores, ou cujo senso de interesse próprio fosse maior, teriam enormes vantagens na competição pela sobrevivência. O que importa mais em um processo sistêmico não são as misturas iniciais, mas quais são as entidades sobreviventes. Taxas de sobrevivência diferenciais são fundamentais na competição sistêmica, seja entre árvores em uma montanha, animais evoluindo na natureza ou negócios em um mercado competitivo.

O fato de que uma análise mais detalhada dos dados estatísticos no *Capítulo 3* sugere que os credores hipotecários estão muito mais alinhados aos fatos referentes à perspectiva de pagamento do que os ungidos que os criticaram, o que é quase secundário. O que é crucial é que a própria possibilidade de que os ignorantes estejam mais próximos da verdade, em qualquer área, simplesmente não é levada a sério pelos ungidos. Superioridade verbal faz com que seja desnecessário que aqueles com a visão predominante tenham que enfrentar essa possibilidade.

---

[596] "The Economic Role of Women", *The Economic Report of the President, 1973*. Washington, D.C.: U.S. Government Printing Office, 1973, p. 103.

VIABILIDADE

Outra característica comum do vocabulário dos ungidos é que ele proíbe perguntar se o que está sendo proposto é de fato possível: o resultado A pode ser mais adequado do que o resultado B, mas se o segundo pode ser um objetivo melhor se o resultado A não puder ser alcançado. Enquanto aqueles com a visão trágica podem enxergar questões sociais em termos de realizar as melhores escolhas entre alternativas limitadas e, muitas vezes, intragáveis, aqueles com a visão dos ungidos tendem a enxergar as mesmas questões em termos do que deve ser feito para endireitar as coisas no esquema cósmico.

De forma paradoxal, enquanto a viabilidade raramente é discutida quando se propõe políticas públicas, limitações severas sobre a viabilidade levantadas por outros são interpretadas como determinismo pelos ungidos, com uma correspondente negação da responsabilidade pessoal. Como o ponto principal da visão predominante é o de que os ungidos são as barrigas de aluguel da moral, aqueles que tomam as decisões pelas outras pessoas, estas outras pessoas devem ser vistas como incapazes de tomar as decisões corretas por si mesmas. O conceito de responsabilidade pessoal é, assim, contrário a essa visão e o vocabulário dos ungidos reflete isso. Por exemplo, uma história da primeira página do *Los Angeles Times* tinha a manchete "Um jogo sujo contra os jovens", mesmo que os detalhes desse jogo incluíssem:

> Habilidades: duvidosas.
> Educação: não concluída.
> Perspectiva de trabalho: zero, com exceção de trabalhos de salário mínimo[597].

Em outras palavras, esse "jogo sujo" consistiu do fato de que alguns jovens escolheram não aprender na escola, ou adquirir habilidades no emprego, e pensavam que deveriam ser pagos de acordo com as necessidades de seus egos, não com a produtividade de seu trabalho.

Outra caraterística da visão predominante é a de que os ungidos devem tentar alterar o caráter fundamental dos outros seres humanos para torná-los mais parecidos com si mesmos. Dessarte, frases como "elevar a cons-

---

[597] Marcia I. LaGanza, "A Deck Stacked Against the Young", *Los Angeles Times*, 29/dez/1994, p. A1.

CAPÍTULO VII | O VOCABULÁRIO DOS UNGIDOS

ciência" dos outros, fazendo-os ficarem "cientes", ou torcendo que eles "cresçam". Em outras palavras, os ungidos devem não só criar um mundo social diferente daquele que existe, mas devem também povoá-lo com diferentes criaturas, criadas sob encomenda para seu propósito.

Aqui o contraste com a visão trágica é particularmente gritante. Aqueles com a visão trágica buscam manter ou promover acordos sociais que julgam adequados ao tipo de pessoas que conhecem, seja por uma experiência pessoal, ou fontes históricas, ou outras, e tendem a encarar esquemas, que exigiriam das pessoas que fossem fundamentalmente diferentes, como propensos a falhar. Entretanto, para aqueles com a visão dos ungidos, dizer que um plano ou política específica é contrária à natureza humana como a conhecemos é o mesmo que dizer que a natureza humana precisa ser alterada. Desta forma, o vocabulário dos ungidos é repleto de termos como "sensibilizar", "esclarecer" ou "reeducar" outras pessoas.

Dada a suposição de um grande abismo intelectual e moral entre os ungidos e os ignorantes, o papel de "pessoa pensante" de forma geral e de "peritos" particularmente é decisivo. Isso exige que muitas decisões sejam tomadas de maneira coletiva e que essas decisões coletivas devam ser feitas pelos detentores da moral. Todo tipo de "planejamento" coletivo, de uma política de energia nacional a transporte obrigatório para alunos, exigências de "serviços públicos" para jovens, regulamentação do meio ambiente e o próprio socialismo se enquadram nesse padrão. Todos são vistos de forma amigável por aqueles com a visão dos ungidos.

Atestando o que são de verdade por meio das características do processo — decisões coletivas tomadas por terceiros — esses esquemas têm pouco apelo. Entretanto, eles são quase que invariavelmente atestados em termos dos objetivos que eles propõem alcançar — por exemplo, "planejamento" racional para evitar o "caos", "integração" racional, ou outros objetivos mais radicais como "justiça social" hoje, ou "liberdade, igualdade, fraternidade" no passado. Um dos contrastes verbais entre a visão trágica e a visão dos ungidos é o de que o primeiro tende a descrever seus objetivos nos termos dos processos envolvidos — "livre mercado", "limitações judiciais", ou "valores tradicionais", por exemplo —, que raramente têm o impacto emocional de frases sobre ideais ou objetivos.

Não há nada obviamente ou intrinsecamente desejável nas coisas ditas por aqueles com a visão trágica. Apenas após entender o raciocínio que causa o favorecimento desses processos específicos em relação a outros, que os méritos e deméritos desses processos sistêmicos podem ser discutidos com algum significado. Contudo, qualquer um pode ser a favor da "justiça social" sem qualquer outra complicação. Em resumo, as ideias das tais "pessoas pensantes" muitas vezes exigem bem menos raciocínio. De fato, quanto menos é preciso pensar sobre definições, meios e consequências, mais atraente fica a "justiça social".

Apoiar uma causa baseando-se nos objetivos, ao invés de nos processos, é apenas uma das vantagens verbais daqueles com a visão dos ungidos. Outra é a adoção de um ponto de vista cósmico para se discutir questões morais — um ponto de vista que passa por uma galáxia inteira de chavões. Finalmente, há a simples inflação verbal, tão útil quanto a inflação monetária para fraudar pessoas sem que elas percebam o que está acontecendo.

O PONTO DE VISTA CÓSMICO

Muitas das ideias e abordagens dos ungidos só têm sentido se forem analisadas do ponto de vista de Deus ou do ponto de vista do Cosmo. Quando o juiz David L. Bazelon falou sobre o imperativo social de "fornecer a todas as famílias os meios para criar o tipo de lar que todo ser humano precisa"[598], não foi levado em consideração que alguém, em qualquer lugar, já teve o conhecimento ou o poder de impor externamente todos os valores, habilidades, disciplinas e hábitos — muito menos, amor e dedicação — necessários para uma casa dessas.

De maneira similar, quando o juiz-chefe Earl Warren respondeu a protestos indignados contra criminosos chamando as pessoas que protestavam de "hipócritas"[599] ele estava fazendo uma afirmação cuja validez dependia da adoção do ponto de vista cósmico. A partir desse ponto de vista, indivíduos específicos podem acabar se tornando criminosos ou cidadãos cumpridores da lei, tudo como resultado de inúmeras influências advindas das circunstâncias acidentais nas quais nasceram e nas quais se viram na vida adulta: *pela graça de*

---
[598] BAZELON, David L. *Questioning Authority: Justice and Criminal Law*. Nova York: Knopf, 1987, p. 100.
[599] Fred. P. Graham, "Warren Says All Share Crime Onus", *New York Times*, 2/ago/1968, p. 1.

Deus, aqui vou eu. Entretanto, se ninguém está próximo de ser Deus ou o Cosmo, a pergunta se torna: agora que os criminosos são o que são, por quaisquer motivos, como vamos lidar com eles e proteger todas as pessoas? Se você fosse mesmo um criminoso, o problema continuaria o mesmo. As opções limitadas da visão trágica não permitem políticas baseadas em questionamentos cósmicos — ou ter o dogmatismo cósmico como causalidade. Afinal, pessoas nascidas com grandes privilégios já fizeram coisas terríveis ao longo da história, por razões além de nossa compreensão hoje — e talvez, além de nossa compreensão amanhã e por mais mil anos à frente. O que faríamos se fôssemos oniscientes, ou se pudéssemos voltar no tempo, é irrelevante para as escolhas à nossa frente, confinadas às limitações do presente e nosso conhecimento limitado atual do passado e do futuro.

Atiramos em cachorros enlouquecidos não apenas porque são perigosos, mas também porque não sabemos como capturá-los de maneira segura e fazer com que sejam inofensivos novamente. Certamente, não seria correto atirar neles se soubéssemos. Contudo, nós atiramos porque temos ciência de nossas limitações, tanto quanto por causa do perigo que acarretam. Assim são as opções limitadas da visão trágica. Pressupor que as opções mais radicais da visão dos ungidos são mais humanas em sua intenção é tomar o risco de um sacrifício de vidas humanas na prática, caso nossas pressuposições estejam enganadas.

O ponto de vista cósmico afeta todos os tipos de assuntos com relação a "imparcialidade". O procurador-geral Ramsey Clark, por exemplo, disse que a "imparcialidade elemental" exigia que fosse informado aos criminosos o direito de ficarem calados, porque criminosos experientes, membros de gangues e mafiosos já conheciam seus direitos[600]. Essa ênfase na imparcialidade entre criminosos ignora a imparcialidade maior entre criminosos e vítimas. Também se supõe que alguém tem onisciência para igualar vantagens preexistentes — e realizar tais ajustes ao Cosmo é uma atividade a ser imposta a um sistema legal já sobrecarregado e cheio de falhas, sem a capacidade de executar suas funções mais modestas de proteger os cidadãos cumpridores da lei dos criminosos. Novamente, essa não foi a idiossincrasia de um homem. A Supre-

---

[600] CLARK, Ramsey. *Crime in America: Observations on Its Nature, Causes, Prevention and Control.* Nova York: Simon & Schuster, 1970, p. 319-20.

ma Corte em seu caso histórico *Miranda* também argumentou que não dar a alguém a mesma informação que os mais sofisticados já tinham seria "se aproveitar dos pobres, dos ignorantes e dos distraídos"[601]. Note que *se aproveitar* consiste em: não fornecer maiores maneiras de escapar da punição pelos crimes cometidos por criminosos deixam a desejar em suas habilidades de escapar da lei.

Uma vez lançada essa linha de raciocínio, entretanto, não existe uma razão real para os tribunais não começarem a igualar outras vantagens preexistentes, como o fato de que alguns criminosos conseguem correr mais rápido que outros, pensar mais rápido, ou têm talentos para ajudá-los a escapar da captura ou da punição. Todas essas coisas são igualmente injustas de uma perspectiva cósmica. No entanto, para a lei ser utilizada para igualar as habilidades de um criminoso escapar dela é o mesmo que abandonar a lógica das punições criminais e substituí-la com uma cruzada cósmica.

O ponto de vista cósmico toma muitas formas, seja na lei ou em outras áreas. Uma delas está no desejo de igualar "as oportunidades da vida" entre indivíduos nascidos em diferentes classes, raças, sexos e outros. Mesmo assim, o impacto total da gama de coisas que entram em "oportunidades da vida" está tão além de nossa compreensão e controle como todas as coisas que entram na categoria do crime. Já se sabe que esses fatores que afetam resultados econômicos e outros são numerosos e, em muitos casos, vão além do controle de programas e instituições, incluindo até as instituições totalitárias. A não ser que seja adotada uma doutrina arbitrária de que qualquer nível de igualação, não importa o quão mínimo, vale qualquer sacrifício, não importa o quão grande, as diferenças nas oportunidades da vida estão entre as imperfeições da vida, cujo remédio sequer é concebível, a não ser do ponto de vista cósmico.

No mínimo, políticas públicas criadas para igualar as oportunidades de vida teriam que separar a recompensa da performance, ou então criar uma igualdade de performance através de intervenções antecipadas e compreensivas na criação das crianças, para todos os efeitos destruindo a família como unidade de tomada de decisão. Por quanto tempo mais os pais continuariam a ver essas criaturas do Estado como seus filhos é outra questão. Mesmo assim, a habilidade do Estado de eliminar a influência dos pais nas oportunidades de

---

[601] *Miranda v. Arizona*, 384 U.S. 436 (1966) a 472.

CAPÍTULO VII | O VOCABULÁRIO DOS UNGIDOS

vida de uma criança já é problemático, o que dirá tirar as crianças de suas casas.

Enquanto os valores, hábitos e mentalidades dos pais continuarem influenciando, esses certamente serão valores, hábitos e mentalidades *diferentes* — não só aleatoriamente de um conjunto de pais para outro, mas sistematicamente de pais de um grupo social para outro. É difícil imaginar como o Estado poderia ajustar essas diferenças a não ser que, por exemplo, colocasse alguém na casa para desligar a televisão até que todas as crianças de grupos sem inclinação para educação tivessem estudado e lido tanto quanto as crianças de grupos cujo compromisso com a educação está em sua família há gerações, às vezes até há séculos. Uma alternativa seria eles colocarem alguém nas casas dessas crianças estudiosas para tirar delas os livros e os computadores, forçando-as a assistir tanta televisão quanto as outras crianças. E, mesmo assim, mesmo se tudo isso fosse feito e com sucesso, apenas *uma* fonte de diferenças nas oportunidades de vida teria sido eliminada. Intervenções pessoais e sociais massivas seriam necessárias para conquistar sequer uma modesta mudança nas oportunidades de vida daquelas pessoas.

Uma frase muito conhecida do presidente Lyndon Johnson sobre políticas raciais, acatando a necessidade de ir além da igualdade formal perante a lei, ilustrando também o ponto de vista cósmico:

> Não se pega um homem que, por anos, ficou preso por correntes, o liberta e o leva para o início de uma corrida, dizendo: "Você está livre para competir com todos os outros", e ainda acreditar que você está sendo completamente justo[602].

Esse raciocínio pressupõe que há algum grupo identificável de tomadores de decisão — "você" — que tem tamanho controle cósmico, que essa questão pode ser levada com algum sentido a esse grupo. Essa abordagem inteira é como a personificação da "sociedade", tão presente no vocabulário dos ungidos. Esse problema também não é limitado a questões raciais. Seria obviamente injusto, de um ponto de vista cósmico, que qualquer grupo poderia

---

[602] JORDAN, Barbara J. e ROSTOW, Elspeth D. The Great Society: A Twenty-Year Critique, Austin. Tex.: Lyndon Baines Johnson Library, 1986, p. 71.

competir contra todas as vantagens obtidas por outros grupos — e aqueles com a visão trágica prontamente aceitarão isso. A incidência dos "benefícios e responsabilidades" do mundo "teria que, em muitos casos, ser vista como muito injusta *se* fosse resultado de ação deliberada de pessoas específicas", de acordo com Friedrich Hayek[603]. No entanto, os resultados de um processo sistêmico, ou "ordem espontânea", nas palavras de Hayek, "não podem ser justos ou injustos"[604].

Retornando à questão dos diferentes níveis de conhecimentos dos criminosos sobre como evitar a lei, de um ponto de vista cósmico, essa diferença obviamente não é justa. Contudo, a questão relevante é se alguém tem a onisciência e onipresença para criar uma política do ponto de vista cósmico — e às custas de enfraquecer as leis e a confiança de milhões de seres humanos nelas. Se a lei tem algum valor intrínseco, então, até os favorecidos de alguma distorção da lei perdem alguma coisa como membros da sociedade como um todo. Também não é certo que eles vão ganhar mais das exceções do que perderão ao privar-se do Estado de Direito. No caso dos negros norte-americanos, de quem a vida em si é, muitas vezes, perdida por conta da deterioração da aplicação da lei, acompanhada por um crescimento na taxa de homicídios, é particularmente incerto se distorcer a lei produziu algum resultado positivo.

Apesar de invocarem noções cósmicas de justiça com frequência em questões raciais, o assunto é muito mais amplo. Todo indivíduo herda uma cultura ou subcultura particular que evoluiu ao longo de gerações e séculos antes de ele nascer — e há pouco, ou nada que "nós", "você", ou a "sociedade" podemos fazer sobre esse simples fato da história. Adotar um ponto de vista cósmico apenas adiciona pressuposições arrogantes e apostas irresponsáveis à futilidade presente.

A noção de que é, de alguma forma, "hipocrisia" insistir em critérios sociais e regras, que são mais fáceis para alguns seguirem do que para outros, é outra maneira de expressar o ponto de vista cósmico. Pessoas que reclamam sobre a devastação da gravidez na adolescência e exigem que retornemos aos valores familiares tradicionais foram denunciados pelos ungidos como "hipócritas", ou por estarem "dando sermão" nos menos afortunados. Aqui, nova-

---

[603] HAYEK, F. A. *Law, Legislation and Liberty*, Vol. II, *The Mirage of Social Justice*. Chicago: University of Chicago Press, 1876, p. 64.
[604] *Ibid.*, p. 33.

CAPÍTULO VII | O VOCABULÁRIO DOS UNGIDOS

mente, de uma perspectiva cósmica, muitas garotas que cresceram com valores tradicionais e esperam com responsabilidade para se tornarem mães com um pai responsável, poderiam ter escolhido um caminho condenado, caso algumas de suas influências tivessem sido diferentes. No entanto, a observação *"pela graça de Deus, aqui vou eu"* não significa que a graça de Deus deva ser destruída, ou que suas consequências devam ser neutralizadas em nome da igualdade. Esses não são, afinal, jogos de soma zero. Para saber se a comunidade como um todo está melhor ou pior, verifica-se se a próxima geração está sendo criada dentro de circunstâncias com maior probabilidade de produzir cidadãos produtivos ao invés de parasitas e criminosos. De fato, os menos afortunados são os mais atingidos pelas consequências quando critérios sociais são comprometidos ou abandonados em prol de conceitos cósmicos de igualdade.

Aqueles entre os ungidos que não estão preparados para assumir o papel cósmico pessoalmente podem, mesmo assim, atribui-lo ou recomendá-lo para a "sociedade" — e a sociedade, muitas vezes, significa algum grupo designado de tomadores de decisão de elite, armados com poder governamental. Entretanto, a tomada de decisão por terceiros com superioridade moral em prol da "sociedade" não oferece nenhuma razão *a priori* para se esperar uma aproximação da onisciência. Pelo contrário, esses seres superiores não apenas carecem do conhecimento detalhado e direto das inúmeras circunstâncias em volta de cada um dos milhões de indivíduos, cujas decisões eles estão tentando antecipar, eles carecem dos incentivos de ganhos e perdas diretas por estarem certos ou errados, e eles tem todo incentivo para persistirem em políticas erradas (das quais eles sofrem pouco), ao invés de admitirem que estavam errados (de forma tal que sofreriam muito).

Às vezes, a petulância da superioridade da elite sobre a tomada de decisão de outas pessoas é mitigada pela noção de uma "participação" em massa nas tomadas de decisão coletivas. Se cumpridas como foram apresentadas, essa participação então reduziria o problema a um de tomada de decisão individual contra tomada de decisão coletiva. Por exemplo: você deseja criar seu próprio filho de acordo com o seu julgamento, ou ter um voto entre milhões de outros sobre como as crianças deveriam ser criadas no geral? Se escolher a segunda opção, então uma influência desproporcional seria entregue aos moralmente fervorosos, aos articulados, aos politicamente sofisticados — em outras palavras, aos ungidos.

Outra maneira de esconder verbalmente a superioridade da elite quanto às decisões de outras pessoas é usar a palavra "pedir" — como em: "Estamos apenas pedindo que todos paguem o que é justo". É claro que os governos não perguntam, eles *mandam*. A *Internal Revenue Service*[605] não "pede" por contribuições. Ela coleta. Ele pode confiscar contas bancárias e outros bens e pode colocar pessoas atrás das grades por não pagar. Mesmo assim, a palavra "pedir" é usada em todo tipo de contextos políticos nos quais a superioridade da elite está envolvida. Por exemplo, quando alguns pais são contra expor seus filhos aos riscos de contrair Aids indo para uma escola com uma criança infectada, a colunista do *The New York Times*, Anna Quindlen, disse que devemos "pedir que os pais arrisquem suas crianças, pelo menos um pouco, pelo bem dos princípios e justiça"[606]. No entanto, não estava *pedindo* nada a esses pais. Falaram para eles que não era da sua conta saber quem ou quando haveria portadores da Aids entre suas crianças. Os ungidos já haviam decidido qual seria o risco que os filhos dos outros deveriam correr — e o sigilo oficial significava que aquelas outras pessoas não tinham nada a falar a respeito.

Se essa combinação de características resulta em uma tomada de decisão melhor e, de certa forma, suficiente para justificar uma antecipação coletiva, já é outa questão. Contudo, é fácil entender porque o ponto de vista cósmico tem um apelo para aqueles com a visão dos ungidos. Ele aumenta sua influência e massageia seus egos. Enquanto os ungidos podem acreditar que articulações, ativismo político e fervor moral são suficientes, aqueles com a visão trágica acreditam no contrário. Como disse James Fitzjames Stephen:

> O talento que vale por todos os outros talentos juntos, em todas as questões humanas, é o talento de julgar corretamente em matérias imperfeitas; o talento, se prefere assim, de adivinhar o que é certo. É um talento que nenhuma regra jamais vai ensinar e que mesmo a experiência nem sempre dá. Ele muitas vezes coexiste com muita lentidão e estupidez com um poder de expressão muito fraco[607].

---

[605] É o serviço de receita fiscal da federação norte-americana, pertencente ao Departamento do Tesouro norte-americano. Guardando as devidas proporções e particularidades legislacionais, a citada instituição desenvolve um trabalho institucional fiscal tal qual a Receita Federal desenvolve aqui no Brasil. (N. E.)
[606] Anna Quindlen, "No Bright Lines", *New York Times*, 6/jul/1991, p. A21.
[607] STEPHEN, James Fitzjames. *Liberty, Equality, Fraternity*. Indianapolis: Liberty Found, 1993, p. 212.

CAPÍTULO VII | O VOCABULÁRIO DOS UNGIDOS

Processos sistêmicos tendem a recompensar pessoas por tomar decisões acertadas —criando grande ressentimento entre os ungidos, que acreditam merecer recompensas por serem articulados, politicamente ativos e moralmente fervorosos.

Responsabilidade Pessoal

Muitas das palavras e expressões usadas na mídia e entre acadêmicos sugerem que as coisas podem simplesmente *acontecer* às pessoas, ao invés de serem causadas por suas próprias escolhas e comportamento. Dizem haver uma "epidemia" de gravidez entre os adolescentes, ou de uso de drogas, como essas fossem coisas como a gripe, que as pessoas pegam só por estarem no lugar errado, na hora errada. De forma similar, o juiz-chefe David Bazelon falou de "forças que levam pessoas a cometerem crimes"[608]. Na economia também, dizem que os pais são "forçados" a trabalhar para conseguirem "pagar as contas", mesmo que a família possua carros luxuosos, uma segunda moradia, roupas de marca e uma piscina. Os pais, é claro, têm todo o direito de tomar as decisões que desejarem, mas sugerir que as pessoas não tiveram nenhuma escolha é precisamente o que o vocabulário dos ungidos faz repetidamente e nos mais variados assuntos — que ele reduz a um problema fútil através de afirmações deterministas.

Frequentemente afirma-se que as pessoas não têm "acesso" a vários trabalhos, instituições financeiras ou crédito, quando na verdade elas podem não ter se comportado ou agiram de tal maneira a não terem os mesmos acessos que outros. "Acesso" é apenas um exemplo de várias expressões *ex ante* — "oportunidade", "viés" e "teto de vidro", por exemplo — usadas para descrever resultados *ex post* a fim de se antecipar quanto às questões do porquê da obtenção daqueles resultados. Se um há um teto de vidro para um emprego, significa que é invisível — essa afirmação deve ser aceita sem nenhuma evidência. Nessa verborragia está implícita a noção de que as regras foram manipuladas a favor ou contra algum indivíduo ou grupo. Entretanto, se isso é verdade, ou até onde é verdade, é exatamente o que precisa ser discutido — não contornado através de truques verbais.

---

[608] BAZELON, David L. *Questioning Authority*, p. 23.

As pessoas que não escolhem gastar seu dinheiro em planos de saúde, mas sim em outras coisas, não tiveram seu "acesso" negado pela "sociedade". Ao contrário, elas recebem tratamento médico às custas das outras pessoas, seja através de programas sociais específicos ou de várias outras maneiras, como por exemplo usando salas de emergência de hospitais para coisas que não são emergenciais, ou que se tornaram emergências apenas porque nada foi feito até o problema médico ter se tornado grande demais para ser ignorado. A frequência com a qual as pessoas escolhem gastar seu dinheiro com coisas diferentes do que um plano de saúde —especialmente quando são jovens e saudáveis — e a frequência com a qual não têm plano de saúde devido às circunstâncias fora de seu controle é a questão crucial que é esquivada verbalmente quando se fala de "acesso". Milhões de indivíduos de famílias com renda de US$ 50 mil dólares ou mais não têm plano de saúde[609]— claramente, não é porque lhes falta "acesso", mas porque escolheram gastar seu dinheiro em outras coisas. A escolha, assim como o comportamento e performance, é muitas vezes contornado pelos ungidos.

Critérios de performance muitas vezes são tidos como meras barreiras subjetivas que refletem os preconceitos daqueles que as criaram. Deste modo, o professor Stanley Fish, da Universidade de Duke, acusa de "falsidade" aqueles que se opõem a ações afirmativas, que querem todos competindo pelas mesmas regras, dizendo que "o campo já está injusto" em favor da maioria porque "as habilidades necessárias ao sucesso são nutridas por instituições e práticas culturais que sistematicamente excluem as minorias desfavorecidas"[610]. Com a palavra "excluir" sendo usada de maneiras bem elásticas hoje, fica difícil saber se essa frase é diferente de dizer que pessoas com experiências culturais diferentes têm pré-requisitos para atividades diversas de maneira variada. De forma similar, o ex-presidente de Harvard, Derek Bok, disse que aplicar os mesmos critérios de admissão tanto para alunos de grupos de minoria quanto para todos os outros seria uma maneira de "excluí-los da universidade"[611]. Entre outras coisas, isso ignora o fato de que os negros estavam se formando tanto da graduação quanto da pós-graduação em Harvard no sécu-

---

[609] Emplyee Benefit Research Institute, *Special Report and Issue Brief Number 133*. Jan/1993, p. 25.
[610] Stanley Fish, "Reverse Racism or How the Pot Got to Call the Kettle Black", *Atlantic Monthly*, nov/1993, p. 130.
[611] BOK, Derek. *Beyond the Ivory Tower*. Cambridge, Mass.: Harvard University Press, 1982, p. 103.

CAPÍTULO VII | O VOCABULÁRIO DOS UNGIDOS

lo XIX, quando as chances eram muito baixas de que eles fossem admitidos sob critérios mais leves. A falácia mais fundamental, entretanto, está em usar palavras *ex ante*, como "excluir", para descrever resultados *ex post*.

Uma personificação generalizada da "sociedade" é outra tática verbal que foge da questão da responsabilidade social. Esse uso da palavra "sociedade" é uma versão mais sofisticada da ideia de "o diabo que me fez fazer". Como grande parte do resto do vocabulário especial dos ungidos, ela é usada como uma palavra mágica que faz a escolha, o comportamento e a performance desaparecerem. Com essas três inconveniências fora da jogada, os resultados futuros podem ser explicados com condições preexistentes. O sucesso então se transforma em "privilégio" e o fracasso em "desvantagem" — por definição.

Mesmo coisas inanimadas como os clássicos da literatura são chamados de "escritos privilegiados", não como escritos que conquistaram apreciação de muitas gerações sucessivas. Conceitos como uma realização são exatamente o que o novo vocabulário busca deslocar. Através de um raciocínio de tudo-ou-nada, é obviamente possível demonstrar que nem todo indivíduo ou grupo teve as mesmas condições favoráveis ou desfavoráveis. De fato, é difícil imaginar como qualquer coisa inferior a onisciência e onipotência poderia criar uma igualdade dessas. No entanto, isso ainda é radicalmente diferente de dizer que resultados *ex post* são simplesmente resultados de circunstâncias *ex ante*. Por exemplo, volumosas evidências de países ao redor do mundo demonstraram repetidamente grupos específicos de imigrantes que começam suas vidas passando necessidades em um novo país, aceitando trabalhos desprezados pela população nativa, ainda assim, no final, conseguem ascender ao nível econômico daqueles à sua volta.

Os "chineses estrangeiros" fizeram isso por todo o Sudeste Asiático e em várias nações ocidentais. Os judeus fizeram o mesmo em vários países. A história dos Estados Unidos da América viu essa conquista se repetir diversas vezes com vários grupos de europeus imigrantes e com os japoneses, os cubanos, entre outros. Essa evidência é sugestiva, não decisiva. Há espaço para debate, mas um debate com substância é completamente diferente de antecipação verbal, a arma escolhida pelos ungidos.

Na visão dos ungidos, não só as outras pessoas devem ser moralmente ou intelectualmente incapazes de tomar as decisões corretas para si mesmos, de forma individual, as tradições utilizadas para suprir seus próprios pensamentos e os processos sistêmicos que coordenam seus desejos concorrentes e entradas adicionais — o mercado, por exemplo — também devem ser considerados inadequados, sem a intervenção benigna dos ungidos. Uma tomada de decisão considerada superior é o fio que liga as variadas cruzadas que capturaram a imaginação e geraram o fervor dos ungidos em diversos momentos, seja essa superioridade moral na forma de movimentos eugênicos, economia keynesiana ou ativismo ambiental. Todas exigem com urgência que a sabedoria superior dos ungidos seja imposta às massas ignorantes, de forma a evitar desastres.

Mérito versus Performance

Subjacente a grande parte das críticas sociais está a ideia de que mérito individual não consegue explicar todas as diferenças nos resultados de indivíduos ou de grupos. O professor Stanley Fish, da Universidade de Duke, por exemplo, condenou o *Scholastic Aptitude Test*[612] (Teste de Aptidão Escolar) porque ele não mede o mérito[613]. Outros condenam as rendas obtidas no mercado pelas mesmas razões. Qualquer que seja o peso dessas considerações do mérito, caso fôssemos Deus no Dia do Julgamento, fazendo uma avaliação retrospectiva, a situação é radicalmente diferente quando estamos tentando estabelecer regras ou políticas *prospectivas* em uma sociedade de seres humanos com conhecimento necessariamente limitado e habilidades limitadas para monitorar o sentimento no coração de qualquer outra pessoa.

Os requerimentos para julgar o "mérito" excedem em muito os requerimentos para julgar comportamento ou performance. Não sabemos quanta habilidade inata alguém tem, dessarte não podemos avaliar quanto da performance observada foi devido a ganhos inesperados da natureza, ao invés de serem resultados de esforços exaustivos, disciplinados ou louváveis. Além disso, comportamento e performance individuais dependem de fatores que vão muito além do indivíduo — incluindo a cultura geral à sua volta, ou a subcultura

---

[612] Uma espécie de Enem norte-americano. (N. E.)
[613] Stanley Fish, "Reverse Racism", p. 132.

especial, a família específica e a performance complementar de outros. Se Einstein (1879-1955) tivesse nascido em uma família de camponeses analfabetos em um país de Terceiro Mundo, nem ele e nem o mundo ganhariam os benefícios de seu potencial. Contudo, isso está a anos-luz de dizer que observadores podem analisar camponeses do Terceiro Mundo e decidir quais seriam Einstein em um contexto completamente diferente, ou se alguém sabe como transformar o universo cultural do Terceiro Mundo, ou qualquer outro mundo. A menos que alguém considere como "irrelevantes" os pré-requisitos inerentes à civilização e ao progresso.

Mesmo em um nível mais mundano, nada parece ser mais um puro exemplo de conquista individual quanto um jogador de *baseball* acertando um *home run*[614], mas mesmo assim a quantidade de *home runs* depende de fatores que vão além daquele jogador específico. Ted Williams (1918-2002), por exemplo, fazia *home runs* com maior frequência, em proporção à quantidade de vezes que acertava a bola com o taco, do que Roger Maris (1934-1985) e Hank Aaron (1934-2021)[615] — ainda assim, Williams nunca chegou perto do histórico de *home runs* de Babe Ruth (1895-1948), que Maris e Aaron quebraram. A diferença é que Williams recebeu muito mais *walks*[616] do que Maris ou Aaron — na verdade, a frequência era próxima da soma dos dois juntos[617] — e isso se deve a quem estava com o taco depois de cada um desses jogadores.

Conceder um *walk* a Ted Williams drasticamente reduzia o perigo de um *home run*, mas dar um *walk* a Maris ou a Aaron apenas traria Mickey ou Matle ou Eddie Matthews (1931-2001) ao taco, cada um deles entre os melhores em *home runs*, liderando a liga naquele departamento por quatro anos cada. Batedores individuais devem, obviamente, acertar seus próximos *home runs*, mas o jogador *on-deck*[618] depende muito de como a bola será arremessada — ou se ela será arremessada.

---

[614] *Home run* é quando o rebatedor consegue rebater a bola de uma forma que o permita circundar as bases. (N.E.)

[615] Durante sua carreira, Ted Williams rebateu *home runs* em 6,8 % de seus tempos oficiais no taco – isto é, sem contar as vezes em que ele correu – enquanto as porcentagens correspondentes foram de 5,4 % para Roger Maris e 6,1 % para Hank Aaron. *The Baseball Encyclopedia*. Nova York: Macmillan, 1990, p. 617, 1180, 1601.

[616] *Walk* é quando o batedor consegue alcançar a primeira base. (N.E.)

[617] Ted Williams correu 2.019 vezes durante sua carreira, comparado às 1.402 vezes de Hank Aaron e às 652 vezes de Roger Maris. *Ibid.*

[618] *On-deck* é o próximo jogador da fila a rebater. (N. E.)

Em resumo, a performance não pode por causa apenas do mérito individual, quando a influência de outros indivíduos e circunstâncias estão em jogo. O argumento para recompensar a performance é que é possível fazê-lo, não que é o mesmo que recompensar o mérito. De maneira similar, responsabilizar pessoalmente indivíduos pelas consequências de suas próprias ações é um recurso social para controle prospectivo, não um julgamento moral cosmicamente retrospectivo.

A arrogância de imaginar que alguém pode julgar o mérito, ao invés de julgar comportamento e performance, pode ser vista em tentativas de educadores darem notas a alunos de acordo com o bom uso de suas habilidades, não de acordo com sua performance em relação com algum critério fixo, ou em relação a outros alunos. Essa arrogância está em sintonia com a visão dos ungidos e com o vocabulário usado para expressar essa visão. Por outro lado, a *inabilidade* de pessoas normais em fazer avaliações válidas, mesmo com respeito a performance e comportamentos observáveis, também faz parte da visão dos ungidos e encontra expressões em palavras como "estereótipos", "viés" e "preconceito" — todas largamente usadas sem qualquer evidência que as corroborem, ou sequer sendo exigido tal evidência.

Um dos usos do conceito do mérito é o de alegar que recompensas variadas produzidas por forças econômicas do mercado não são merecedoras. Novamente, isso pressupõe implicitamente que é possível para um ser humano determinar o mérito — de outra forma, todos os sistemas e políticas e econômicas concebíveis produzirão recompensas cujo mérito não tem fundamento. Além do mais, aplicar o critério impossível de méritos remove os benefícios possíveis por meio do critério mais viável de se utilizar a performance ao satisfazer os desejos do consumidor integralmente. Se, por exemplo, um novo produto é introduzido por cinco fabricantes diferentes — cada um em uma versão um pouco diferente — então, é possível que nenhum dos cinco compreenda totalmente o que é que o consumidor quer exatamente, como também não é necessário que qualquer um dos cinco seja mais inteligente ou cauteloso do que os outros. Mesmo assim, se acontecer de um desses produtores estar mais próximo dos desejos dos consumidores do que os outros, o fabricante poderá ficar rico com um grande aumento de vendas, enquanto alguns de seus concorrentes menos sortudos não conseguirão vender o suficiente para evitar a falência. O ganho desmerecido do fabricante sortudo, entretanto, serve ao

CAPÍTULO VII | O VOCABULÁRIO DOS UNGIDOS

propósito social maior de permitir que os consumidores recebam o produto mais próximo de seus desejos e impeça que os recursos econômicos sejam desperdiçados na produção de outras versões menos satisfatórias.

Muitas vezes, é precisamente a atração pela chance de acertar o grande prêmio que faz com que todos os fabricantes apostem em aventuras novas, as quais alguns parecem provar serem benéficas para o público. Insistir em uma aproximação maior do mérito reduziria os incentivos e os benefícios da sociedade que fluem desses incentivos. E não seria igualmente uma injustiça privar consumidores inocentes dos benefícios que poderiam ter, pelo bem de uma ideia abstrata importante apenas para alguns da *intelligentsia* — e pouco examinada, mesmo por eles?

Na visão dos ungidos, males como pobreza, sexo irresponsável e crimes derivam primeiramente da "sociedade", não das escolhas e comportamentos individuais. Acreditar em responsabilidade pessoal destruiria todo o papel especial dos ungidos, cuja visão os coloca no papel de salvadores das pessoas tratadas injustamente pela "sociedade". Como nenhuma sociedade jamais tratou todos justamente, sempre haverá exemplos reais do que os ungidos acreditam. O passo fatal é transformar esses exemplos em explicações universais de males sociais — e continuar sem conhecer as evidências contrárias.

A Certeza dos Ungidos

O que está em jogo para os ungidos em suas discussões de políticas públicas é a sua própria imagem de pessoas cujo conhecimento e sabedoria são essenciais ao diagnóstico de males sociais e às "soluções". Acreditar que seu conhecimento e compreensão são grosseiramente inadequados para o que tentam — mesmo que o conhecimento de todos outros também seja grosseiramente inadequado para tamanha engenharia social — seria o mesmo que fazer seu mundo inteiro desabar. *Eles devem acreditar que eles sabem — e que eles sabem mais que os outros.*

A certeza absoluta há muito é uma marca registrada dos ungidos. Quando John Maynard Keynes (1883-1946) previu difíceis problemas econômicos resultantes de uma *sub*população na sociedade ocidental — às vésperas de um grande aumento populacional — ele disse que nós sabemos "com muito mais certeza do que sabemos sobre qualquer outro fator econômico ou social relacionado ao futuro" que estamos enfrentando um nível populacional "estacionário ou em declínio"[619]. De maneira similar, quando Lyndon Johnson falou das "condições que geram desespero e violência", ele complementou: "Todos nós sabemos quais são essas condições" e prosseguiu listando as explicações que faziam parte da visão social predominante[620]. Suas políticas seguiram a lógica daquela visão e o fracasso dessas políticas em alcançar seus objetivos, seja em seu tempo ou depois, nos faz questionar a visão oculta em si. Quaisquer que sejam seus fracassos como política social, aquela visão tem uma estrutura lógica de suposições e ideias, assim como uma história de séculos.

Especialização

Como a especialização é uma maneira de lidar com as inadequações da mente humana, não deveria ser surpresa que aqueles com a visão dos ungidos, muitas vezes, enxergam negativamente a especialização, ou que seu vocabulário reflita isso. Decisões cósmicas exigem mentes com alcance cósmico — e dizer que essas mentes não existem, que a experiência humana deve ser dividida em pedaços menores e mais fáceis de se lidar, é o mesmo que negar a visão dos ungidos. Enquanto isso, aqueles com a visão trágica expressaram as virtudes da especialização. Adam Smith atribuiu muito do progresso econômico à "divisão do trabalho"[621], Edmund Burke disse que ele "reverenciava" o especialista em sua especialidade[622] e Oliver Wendell Holmes disse que os especialistas eram mais necessários do que os generalistas, cujas pressuposições ele ridicularizava[623]. Entretanto, estas opiniões são opostas às opiniões entre os ungidos.

Um sintoma do desprezo pela especialização entre os ungidos é seu uso generalizado do termo "microcosmo". Desta forma, uma faculdade, por

---

[619] J. M. Keynes, "Some Economic Consequences of a Deelining Population", *Eugenics Review*, abr/1937, p. 14.
[620] "Excerpts from President Lyndon B. Johnson's Address to the Nation on Civil Disorders", 27/jul/1967, *Report of the National Advisory Commission on Civil Disorders*, 1/mar/1968, p. 297; "Transcript of Johnson's TV Address on the Riots", *New York Times*, 28/jul/1967, p. A11.
[621] SMITH, Adam, *The Wealth of Nations*. Nova York: Modern Library, 1937, p. 3-21.
[622] BURKE, Edmund. *Reflections on the Revolution in France*. Nova York: Everyman's Library, 1967, p. 42.
[623] HOLMES, Oliver Wendell. *Collected Legal Papers*. Nova York: Peter Smith, 1952, p. 47-48.

CAPÍTULO VII | O VOCABULÁRIO DOS UNGIDOS

exemplo, pode ser considerada um microcosmo da sociedade — mesmo que a sua razão de existência seja a sua atividade especializada —, ou seja, sua diferença do resto da sociedade. O olho não é um microcosmo do corpo, apesar de realizar muitos dos mesmos processos biológicos que outros órgãos (como usar nutrientes e expelir resíduos), pois sua importância está no fato de fazer algo que nenhuma outra parte do corpo faz.

"Interdisciplinaridade" é outro chavão popular entre os ungidos, refletindo sua aversão, ou a falta de apreciação, pela especialização. Isso é compreensível, dadas as suas suposições subjacentes sobre o alcance da mente humana, pelo menos, da maneira que ela existe neles ou em colegas de mesma opinião. No entanto, disciplinas acadêmicas existem precisamente porque a mente humana tem dificuldades em entender as coisas por inteiro e de forma espontânea, ou em julgar "o todo". Desta forma, os matemáticos precisam ser separados para aulas especiais, mesmo que seja um ingrediente em um vasto espectro de outras atividades. Para os ungidos, essas separações parecem ser meramente arbitrárias e eles estão sempre explicando — como se fosse uma grande descoberta da parte deles — que todas essas várias disciplinas interagem com o mundo real. Entretanto, os especialistas não são solipsistas. Eles simplesmente estão cientes das limitações da mente humana e das implicações destas limitações, o que passa longe dos ungidos.

Muito do que se chama "interdisciplinaridade" por aqueles com a visão dos ungidos não é interdisciplinaridade coisa nenhuma. É uma *não*-disciplinaridade, no sentido de que simplesmente ignora os limites entre as disciplinas. Física Química é verdadeiramente interdisciplinar, pois requer o domínio de duas disciplinas diferentes — física e química —, mas muitos outros "estudos" étnicos, de gênero, e outros, não exigem qualquer tipo de domínio de qualquer disciplina. Eles são não-disciplinares.

Não importa quantas disciplinas possam ser dominadas por algum indivíduo, isso não faz com que essas disciplinas não sejam separadas, assim como o fato de que um *quarterback* específico saber tocar o violino não significa que a distinção entre futebol americano e música seria menor. Enquanto aqueles com a visão dos ungidos constantemente lamentam as "barreiras artificiais" entre áreas diferentes, como disse o juiz da Suprema Corte, William J. Brennan[624], ou então afirmam "a conexão orgânica entre educação e expe-

---

[624] William J. Brennan, "Foreword", BAZELON, David L. *Questioning Authority*, p. xii.

riência pessoal", como fez John Dewey[625], aqueles com a visão trágica, que pedem que mais de uma área seja estudada, fazem-no sem jamais sugerir que as barreiras entre essas áreas sejam apagadas. O juiz Holmes pediu que aqueles que trabalham com o direito aprendam economia[626] — mas não para diminuir a distinção entre o direito e a economia. Em contraste, Ronald Dworkin insistiu pela "fusão" da lei e da teoria moral[627], muito mais em sintonia com a perspectiva irrestrita criada pelos ungidos. Quando o juiz William O. Douglas pediu por "ar fresco soprando de outras disciplinas" para "ventilar a lei"[628], ele estava igualmente refletindo as pressuposições subjacentes a sua visão de mundo.

Uma das ramificações da ideia de que a especialização é arbitrária é a aplicação de conceitos apropriados de uma área para outra área, na qual elas não só estão deslocadas como também são contraprodutivas. Acusações de que corporações são "antidemocráticas" supõem que as normas da ordem política serão benéficas quando aplicadas em um contexto institucional muito diferente, estabelecido para propósitos completamente diferentes. De maneira similar, a imposição de requerimentos para um "devido processo" imposto pelos tribunais em instituições como escolas, arbitrariamente supõe que o que é benéfico em um tipo de instituição especializada será benéfico em uma instituição bem diferente que busca propósitos muito diferentes.

DANDO OS NOMES

Diversos problemas são antecipados e inúmeras brechas na lógica são encobertas, simplesmente utilizando os nomes dados a várias coisas — "capitalismo", "a esquerda", "a direita", "direitos humanos" etc. Alguns exemplos podem sugerir como é fácil escapar da necessidade da lógica e da evidência, simplesmente repetindo nomes que diminuem a consciência das pessoas, a fim de que elas literalmente não saibam sobre o que estão falando.

---

[625] John Dewey, "Traditional vs. Progressive Education", *Inteligence in the Modern World: John Dewey's Philosophy*. Joseph Ratner (ed.). Nova York: Modern Library, 1939, p. 660.
[626] HOLMES, Oliver Wendell. *Collected Legal Papers*, 187, 301.
[627] DWORKIN, Ronald. *A Matter of Principle*. Cambridge, Mass.: Harvard University Press, 1985, p. 144.
[628] DOUGLAS, William O. *The Court Years: 1939-1975*. Nova York: Random House, 1980, p. 174.

CAPÍTULO VII | O VOCABULÁRIO DOS UNGIDOS

Capitalismo

Desde que o capitalismo foi nomeado por seus inimigos, talvez não seja surpresa que o nome engane completamente. Apesar do nome, o capitalismo não é um "ismo". Não é uma filosofia, mas uma economia. Fundamentalmente, ele é nada mais, nada menos, que uma economia que não é dirigida por autoridades políticas. Não há instituições capitalistas; diversas maneiras de executar atividades econômicas podem prosperar sob o "capitalismo" — ou seja, na ausência de controle superior. Você pode conseguir comida de um restaurante, ou você pode comprar do supermercado e cozinhar você mesmo, ou então pode plantar a comida em sua própria terra e processá-la até chegar à mesa de jantar. Todos esses exemplos são tão "capitalistas" quanto os outros. Em qualquer momento, caravanas, supermercados ou métodos computadorizados para comprar podem ser usados, mas nenhum deles é nada mais do que a modalidade do momento. Eles não definem o capitalismo, sendo simplesmente uma das inúmeras maneiras de fazer as coisas quando nossas escolhas não são limitadas pelas autoridades.

Muitos argumentam que o capitalismo não oferece uma mensagem moral satisfatória. Isto é como dizer que o cálculo não contém carboidratos, aminoácidos ou outros nutrientes essenciais. Tudo falha dentro de critérios irrelevantes. Mesmo assim, ninguém vê isso como uma forma de invalidar ou deslegitimar o cálculo. Mais uma vez, a aplicação seletiva de critérios arbitrários é utilizada quando promove a visão dos ungidos.

A "Esquerda" e a "Direita" Política

Entre os muitos rótulos imprudentes que ganharam força, a dicotomia entre a esquerda política e a direita política é uma das mais notáveis, não só por sua grande aceitação, mas também pela sua grande falta de definição — ou até mesmo tentativa de definição. Apenas a esquerda é definida — inicialmente pelos tipos de ideias das pessoas que se sentavam no lado esquerdo da Assembleia Nacional francesa no século XVIII. Contudo, enquanto a esquerda é definida, pelo menos de maneira geral, a *dicotomia em si* permanece indefinida porque "a direita" permanece indefinida. Aqueles que se opõem à esquerda são chamados de direita — e quando discordam intensamente, ou são opostos em um vasto espectro de questões, são chamados de "extrema direita". Entretanto, essa é uma leitura um pouco ptolomaica do universo político, com a esquerda política no centro do universo e todos aqueles que discordam — seja em qualquer direção — chamados de "a direita".

  Seja se tratando de libertários de livre mercado ou estadistas, desde monarquistas a ideias fascistas, oponentes da esquerda são chamados de "a direita". Nos Estados Unidos da América, especialmente, o termo relacionado "conservador" é rotineiramente usado para englobar pessoas que não têm o desejo de preservar o *status quo*, ou retornar a um *status quo ante*. Friedrich Hayek, por mais de meio século um oponente principal das políticas esquerdistas no cenário internacional, foi então considerado um conservador, se não parte da "extrema direita". Entretanto, Hayek em pessoa escreveu um artigo chamado, "Porque não sou conservador"[629]. Milton Friedman também repudiou o rótulo de "conservador"[630] e escreveu um livro chamado *Tirania do Status Quo*[631]. Entretanto, ele é tido como um dos principais intelectuais "conservadores" de seu tempo, apesar de muitas das coisas que apoiava nunca terem existido em qualquer sociedade, ou — como *voucher* escolar — não existiam quando ele começou a falar a respeito. Entre os assim chamados "conservadores negros", é praticamente impossível encontrar alguém que deseja regressar a qualquer área, esse grupo se opondo tanto às políticas de discriminação racial do passado e às políticas de preferências raciais que vieram depois.

  Apesar do livre mercado claramente ser a antítese do controle da economia pelo Estado, como apoiam os fascistas, a dicotomia esquerda-direita faz parecer que os fascistas são apenas versões mais extremas de "conservadores", no mesmo sentido que o socialismo é uma versão mais extrema do Estado de Bem-Estar. Contudo, essa visão de um espectro político simétrico não corresponde a nenhuma realidade empírica. Aqueles que apoiam o livre mercado têm uma visão mais geral na qual o papel do governo na vida das pessoas deve ser minimizado, dentro dos limites decididos pela necessidade de se evitar a

---

[629] F. A. Hayek, "Why I Am Not a Conservative", *The Essence of Hayek*, Chiaki Nishiyama e Kurt B. Leube (eds.). Stanford, Calif.: Hoover Institution Press, 1984, p. 281-298.
[630] FRIEDMAN, Milton. *Capitalism and Freedom*. Chicago: University of Chicago Press, 1962, p. 5-6.
[631] No Brasil encontramos a seguinte edição: FRIEDMAN, Milton. *Tirania do Status Quo*. Rio de Janeiro: Record, 1984. (N. E.)

CAPÍTULO VII | O VOCABULÁRIO DOS UNGIDOS

anarquia e uma necessidade de manter a defesa militar contra outras nações. Em nenhum sentido o fascismo é uma extensão dessa ideia. É, de fato, a antítese de todo esse tipo de raciocínio. Ainda assim, muitas conversas em termos de esquerda e direita sugerem que há um espectro político que vai de centro para conservador e para "extrema direita" neofascista até o fascismo de fato.

A única lógica para esse conceito é que ele permite que oponentes discrepantes da visão dos ungidos possam ser amontoados e menosprezados através de culpa por associação.

O CATEGÓRICO *VERSUS* O INCREMENTAL

O vocabulário dos ungidos é cheio de palavras que refletem sua rejeição por trocas incrementais e ideias de "soluções" categóricas. É mais fácil enxergar na lei e nos textos da *intelligentsia* legal, nos quais os indivíduos e as trocas sociais são transformados em "direitos" legais categóricos. Ronald Dworkin talvez tenha demonstrado melhor essa ideia quando ele disse: "Direitos individuais são trunfos políticos de indivíduos"[632]. Assim como o trunfo ganha da carta mais alta em qualquer outra categoria, esses "direitos" têm precedência sobre diversas outras considerações de peso que não estão na forma de direitos. Portanto, os "direitos" dos criminosos têm precedência ao controle do crime, o "direito" a vários "benefícios sociais" tem precedência sobre os interesses dos pagadores de impostos, os "direitos" daqueles com direito a indenizações por injustiças passadas têm precedência sobre os interesses de contemporâneos deslocados reclamando de "discriminação reversa" etc. Os direitos ganham dos interesses nessa visão.

Em seu pior estado, essa linha de argumento distingue arbitrariamente algum tipo de indivíduo, ou grupo específico, para torná-lo sagrado e deixa outros para serem sacrificados no altar erigido ao sacrossanto. Os beneficiários específicos escolhidos vão de minorias raciais, ou étnicas, a pessoas com Aids, ou espécies de animais em perigo de extinção. Outra alternativa são as prioridades categóricas que podem ser estabelecidas e definidas através de benefícios específicos ao invés de pessoas ou espécies — sendo a comida mais impor-

---

[632] DWORKIN, Ronald. *Taking Rights Seriously*. Cambridge, Mass.: Harvard University Press, 1980, p. xi.

tante que a música, cuidados médicos mais importantes que transporte etc. Contudo, não importa o quão sensata a ordem de precedência pareça ser, utilizar uma ordem de *categorias* é o passo fatal. Com certeza todos concordariam que a vida em si é mais importante que a fotografia. No entanto, será que alguém eliminaria toda uma indústria fotográfica para que uma pessoa pudesse viver por trinta segundos a mais? A vida é de fato mais importante que a fotografia, no sentido geral e elíptico que normalmente usamos — mas não no sentido categórico utilizado em modelos intelectuais ou proscrições legais. É precisamente pela dependência de modelos intelectuais e proscrições legais para decisões categóricas que arriscamos com consequências absurdas e desastrosas.

    Entre as muitas objeções ao pensamento categórico, está a sua incompatibilidade com um mundo de valores decrescentes. Em uma situação na qual um indivíduo, ou uma sociedade, tem dois benefícios disponíveis, dizer que o benefício X é "correto" e o benefício Y não, é o mesmo que dizer que o aumento mais trivial de uma extensão do benefício X vale as perdas mais devastadoras de uma maior redução do benefício Y. Até mesmo as coisas mais essenciais — comida, por exemplo, como foi comentado no *Capítulo 5* — chegam ao ponto em que maiores incrementos reduziriam os valores, que poderiam até atingir um valor negativo; uma regra que faz com que o ato de dar mais importância a alguma coisa de forma categórica traga o risco de se chegar a um ponto de grandes sacrifícios de uma coisa para se obter benefícios triviais em outra — ou nenhum benefício. Praticamente ninguém apoiaria algo assim com essa linguagem simples e clara. É apenas na linguagem arrogante e enrolada de "direitos", "prioridades", "benefícios" e coisa do tipo, que os mesmos resultados categóricos são divulgados, só que em outras palavras.

    A visão da precedência categórica é tema central do celebrado livro de John Rawls, *A Theory of Justice* (1971), onde foi declarado que "os direitos garantidos pela justiça" não estão sujeitos ao "cálculo dos interesses sociais"[633]. Resumindo, deixe que a justiça seja feita mesmo que os céus tenham que cair — sem consideração com o que isso significa àqueles que vão receber o céu em suas cabeças. Rawls foi bem claro quanto ao estabelecimento de prioridades categóricas no que ele chamou de "ordem lexical":

---

[633] RAWLS, John. *A Theory of Justice*. Cambridge, Mass.: Harvard University Press, 1976, p. 4. Em português encontramos a seguinte edição: RAWLS, John. *Uma Teoria da Justiça*. 4ª Ed. São Paulo: Martins Fontes, 2016. (N. E.)

CAPÍTULO VII | O VOCABULÁRIO DOS UNGIDOS

Esta é uma ordem que exige a satisfação do primeiro princípio da sequência antes de podermos seguir para o segundo, o segundo deve ser satisfeito antes de considerar o terceiro e assim em diante. Um princípio não entra em jogo até que aqueles anteriores a ele tenham sido totalmente cumpridos ou não se aplicarem. Uma sequência em série evita, então, a necessidade de equilibrar os princípios: os primeiros na sequência têm um peso absoluto, por assim dizer, com respeito aos seguintes, e não há exceções[634].

De acordo com Rawls, "os princípios da justiça devem ser ranqueados em sequência lexical, de tal forma que a liberdade possa ser restringida apenas em prol da liberdade"[635]. O princípio da "justa igualdade de oportunidade" — que significa "potencial igual em todos os setores da sociedades para aqueles com dotes e motivações similares"[636] — não pode ser infringido pelo bem de uma soma maior de benefícios disponíveis para a sociedade por meio de arranjos sociais alternativos[637]. Ou seja, não se deve haver trocas incrementais, mas sim prioridades categóricas nas quais uma coisa "triunfa" sobre a outra.

Não teria nenhum problema alguém adotar essa rigidez de forma voluntária, se fosse apresentado de forma clara e aberta. O perigo é que palavras arrogantes e termos obscuros podem levar muitos por pântanos turvos e sinuosos de teorias abstratas até o mesmo resultado desastroso.

"DISTRIBUIÇÃO" DE RENDA

Apesar de haver volumosa e fervorosa literatura sobre "distribuição de renda", a questão é que a maior parte da renda *não* é distribuída: ela é *ganha*. As pessoas geram renda ao pagar uns aos outros por bens e serviços. Enquanto a renda inteira de muitas pessoas vem de um salário pago a elas por um empregador, muitas outras coletam quantias individuais por todo tipo de coisa, de engraxar sapatos a cirurgias, e é a soma total de todas as quantias que consti-

---

[634] *Ibid.*, p. 43.
[635] *Ibid.*, p. 250.
[636] *Ibid.*, p. 301.
[637] *Ibid.*, p. 302.

tuem sua renda. Outras rendas são distribuídas de um ponto central como cheques de seguridade, pagamentos de benefícios, seguro-desemprego e coisas do tipo. Contudo, estas não são as maneiras como a maior parte das pessoas recebe a sua renda.

Dizer que "a riqueza é tão injustamente distribuída na América", como fez Ronald Dworkin[638], está muito errado, pois a maior parte da riqueza nos Estados Unidos da América não é distribuída *de maneira nenhuma*. As pessoas criam, ganham, guardam, gastam.

Se alguém acredita que renda e riqueza não deveriam ser originárias como são agora, mas sim que elas deveriam ser distribuídas como generosidade de algum ponto central, então, esse argumento deveria ser exposto de forma aberta, clara e honesta. Contudo, falar como se atualmente tivéssemos um certo resultado de distribuição A, que deveria ser alterado para se transformar no resultado de distribuição B, é misturar os assuntos e disfarçar uma mudança institucional radical de simples ajuste de preferências. A palavra "distribuição" pode obviamente ser usada em mais de um sentido. Em um sentido puramente estatístico, podemos falar da "distribuição" de altura na população, sem acreditar que alguém em Washington decide a altura que todos deveriam ter para depois encaminhar essas alturas por correio. O que não podemos fazer, moral ou logicamente, é ficar alternando entre esses dois conceitos de distribuição bem diferentes. Jornais são distribuídos em um sentido — eles são enviados da gráfica para locais espalhados para serem vendidos a leitores —, mas as alturas são distribuídas apenas no outro sentido.

Aqueles que criticam a "distribuição" de renda atual nos Estados Unidos da América estão criticando os resultados estatísticos de processos sistêmicos. Eles geralmente não estão nem discutindo o destino econômico de seres humanos de carne e osso, pois o posicionamento econômico de dado indivíduo varia muito em relativamente poucos anos. O que está realmente sendo dito é que *os números não parecem estar certos para os ungidos* — e que é isso que importa, que toda a miríade de propósitos dos milhões de seres humanos, que realizam transações uns com os outros no mercado, deva ser subordinada ao objetivo de apresentar uma certa tabela estatística para os observadores ungidos.

---

[638] Ronald Dworkin, "Will Clinton's Plan Be Fair?", *New York Review of Books*, 13/jan/1994, p. 22.

CAPÍTULO VII | O VOCABULÁRIO DOS UNGIDOS

Questionar se algo é "justo", ou algum outro indicador de validação de dados estatísticos existentes, oriundo de transações econômicas voluntárias, é o mesmo que questionar se aqueles que gastaram seu próprio dinheiro para comprar o que queriam de outras pessoas têm o direito de fazê-lo. Dizer que um garoto que engraxa sapatos ganha "pouco", ou que um cirurgião ganha "demais", é dizer que terceiros deveriam ter o direito de antecipar as decisões daqueles que decidiram gastar seu dinheiro com seus sapatos ou com cirurgias. Dizer que a "sociedade" deve decidir o valor de diversos bens e serviços é dizer que decisões individuais nessas questões devem ser substituídas por decisões coletivas, tomadas por políticos superiores. Contudo, dizer isso abertamente requer razões persuasivas para explicar por que decisões coletivas são melhores que decisões individuais e por que terceiros julgarão melhor do que aqueles que estão decidindo suas próprias trocas às próprias custas.

Novamente, ninguém seriamente consideraria um objetivo tão arrogante e presunçoso, caso fosse apresentado de maneira aberta, clara e honesta. Eles podem, entretanto, ser levados a esse caminho caso os ungidos consigam alternar entre definições de "distribuição" sem serem detectados, como exige o argumento.

BÊNÇÃOS E MALDIÇÕES DEFINICIONAIS

Uma família inteira de palavras autolisonjeiras serve como bênção para a visão dos ungidos. "Progresso" e "progressista" são exemplos conhecidos. No entanto, *todos* são a favor do "progresso", por definição. Elas se diferenciam apenas nos detalhes, apesar de que essas diferenças podem ser extremas e até violentas. Palavras como "progresso" ou "progressista" se colocam como superiores em assuntos específicos, pressupondo arbitrariamente um desejo diferencial em suas mudanças preferidas, sem ter que debater sua relevância — ou sequer reconhecer sua relevância.

Por outro lado, as crenças e comportamentos de outras pessoas podem cair em desfavor à opinião pública por conta de rótulos arbitrários que substituem qualquer relevância. Qualquer um que tenha analisado e rejeitado alguma proposta específica apoiada pelos ungidos é acusado de ter "ignorado" a proposta. Não importa quanto tempo, atenção meticulosa, volume de evidências ou análise detalhada entraram na conclusão, considera-se que ela foi "dispensada" se rejeita como resultado parte da visão dos ungidos. Desta forma, qualquer um que concluir que a discriminação racial, por exemplo, explica menos as diferenças de renda entre grupos raciais ou étnicos do que normalmente se supõe, será acusado de ter "ignorado" a discriminação como fator, não importa quão extensa seja a história ou os dados analisados antes de chegar àquela conclusão. Esse uso do termo "dispensar" é muito comum em críticas de livros[639], por exemplo, e serve como substituto para confrontar os argumentos nos livros que contestam algum aspecto da visão dos ungidos. Elas antecipam a própria possibilidade de que há alguma coisa a se argumentar.

A Ciência e os "Peritos"

Uma das bênçãos mais comuns dos ungidos é o uso da palavra "ciência" para descrever ideias que concordam com a sua visão, mas que não têm nem a convicção, nem o rigor intelectual da ciência. Dessarte, as especulações de sociólogos, psicólogos e psiquiatras se tornaram parte do sistema criminal de justiça sob o disfarce de "ciência". No caso histórico *Durham*, de 1954, que expandiu a defesa por insanidade para os criminosos, o juiz Bazelon falou da "ciência da psiquiatria"[640], de "disciplinas científicas relevantes" no geral[641] e de "conhecimento científico" que supostamente corrompia o teste anterior para descobrir se o criminoso era são o suficiente para diferenciar o certo do errado[642]. O juiz William J. Brennan também falou de "peritos nas ciências comportamentais" e de abrir "as portas dos tribunais da nação ao discernimentos das ciências sociais"[643]. Ele também aplicou o conceito médico de "etiologia" ao crime — a ser revelado por antropólogos, assistentes sociais e outros parecidos[644]. Permitir que

---

[639] Veja, p. ex., a revista *Race and Culture*, no *Wilson Quarterly*, 4/out/1994, p. 196.
[640] *Durham x. United States*, 214 F.2d 862 a 871.
[641] *Ibid.*, p. 45.
[642] *Ibid.*, p. 46.
[643] William J. Brennan, Jr., "Foreward", *ibid.*, p. xi.
[644] *Ibid.*, p. xii.

essas pessoas protejam criminosos da punição com teorias foi igualado, pelo juiz Bazelon, a abrir "o processo legal para o maior leque de informações possível"[645].

A ideia de julgar criminosos depois de buscar "informação de toda e qualquer fonte sobre suas vidas"[646] ignora, ou menospreza, o fato óbvio de que apenas aqueles cujos testemunhos vão aliviar ou justificar têm qualquer incentivo para apresentar essas "informações". Parentes, amigos e parceiros do crime têm esses incentivos. Contudo, por que deveríamos esperar que esses vizinhos, professores e outros com conhecimento em primeira mão, que contradiz essas "informações", aparecessem e se colocassem em uma situação passiva de retaliação? O testemunho dado pelos "peritos" em "ciências sociais" também tem grandes chances de ser assimétrico. Diversos estudos sobre inclinações ideológicas de intelectuais os colocam claramente no campo daqueles com a visão dos ungidos, no qual a punição é condenada. Por que as especulações daqueles com a visão dos ungidos deveria ter prioridade sobre as penas escritas pelas leis aprovadas por oficiais eleitos? Essa pergunta é esquivada ao chamar aquelas especulações de "ciência".

A característica mais importante da ciência — a verificação empírica — é com frequência omitida por completo por aqueles com a visão dos ungidos. Grande parte de sua destreza verbal é utilizada para se esquivar da evidência empírica. A ironia é que não se coleta ou busca dados empíricos sobre a frequência de erro desses "cientistas". Um psiquiatra ou psicólogo cujo testemunho libertou centenas de criminosos, que cometerem dezenas de crimes violentos após serem soltos, será ouvido mais uma centena de vezes sem nenhum registro do estrago que ele já causou. Nada poderia ser menos científico.

Um dos exemplos dessa pompa "científica" é o uso difundido do termo "parâmetros" para significar limites, não seu significado matemático comum usado em equações. O que geralmente chamam de "parâmetros" nas discussões de políticas sociais seria mais correto ser chamado de perímetro. É claro que isso não criaria uma ilusão de "ciência".

---

[645] *Ibid.*, p. xxi.
[646] BAZELON, David L. *Questioning Authority: Justice and Criminal Law*, p. 50.

INFLAÇÃO VERBAL

Além de palavras e expressões específicas que revelam a mentalidade daqueles com a visão predominante, há uma tendência maior entre os ungidos de utilizar a inflação verbal. É dessa forma que as vicissitudes comuns da vida se transformam em "traumas". Qualquer situação que eles desejam mudar se transforma em uma "crise", independente de ela estar pior do que o normal, ou se já não melhorava por conta própria.

Inflação verbal, assim como inflação monetária, não teria nenhum efeito se todos entendessem o que está acontecendo e pudessem se ajustar de acordo imediatamente. Um aumento de preço em dez vezes mais não significaria nada se todos pudessem adicionar um zero nos valores de todos os contratos, leis, dinheiro em mãos etc., e se o fizessem imediatamente. A inflação tem um efeito econômico exatamente porque não existe tal flexibilidade instantânea e total. No mundo real de ajustes atrasados, o tomador de empréstimo paga menos do que deve, os funcionários recebem menos do que lhes foi prometido e o governo trapaceia e paga sua dívida nacional em dólares que valem menos do que os dólares que pegou emprestado. De maneira similar, a inflação verbal permite a algumas pessoas trapacear. Quando "assédio", "discriminação" ou até "estupro" são redefinidos para incluir coisas que vão além do significado original dessas palavras, não haveria nenhuma mudança, desde que todos entendessem esse novo significado e se os mesmos estigmas sociais e punição da lei não fossem aplicados à essa vasta gama de novas coisas que esses novos significados agora englobam.

Em ambos os casos, a hiperinflação não é um jogo de soma zero. A inflação monetária não só redistribui os benefícios, mas ela também pode reduzir a soma total desses benefícios, através do enfraquecimento da credibilidade da unidade monetária e assim enfraquecendo a previsibilidade de todo o sistema do qual ela faz parte, causando uma queda de produtividade na economia conforme as pessoas limitam o que fazem e planejam para evitar riscos cada vez maiores. Por motivos similares, as relações humanas sofrem quando a moeda verbal comum às interações sociais perde o seu significado e previsibilidade, de forma que as pessoas agora devem se proteger de novos riscos se isolando mais uns dos outros e reduzindo a cooperação. Por exemplo, quando meros dados estatísticos são o suficiente para colocar um empregador em um caro processo por conta de um significado inflacionado da palavra "discriminação", locais com menor concentração de trabalhadores de grupos de minoria se tornam menos atraentes como locais para fábricas e escritórios. Isso trabalha em detrimento dos próprios trabalhadores de minoria para os quais essa inflação de significado foi criada. Também trabalha em detrimento da economia como um todo, pois os recursos não são mais usados onde o seriam com maior produtividade na ausência de tantas novas incertezas criadas por palavras inflacionadas. Algumas outras palavras inflacionadas — "homofobia", "violência" e "falta de esperança" —agora merecem uma análise mais aprofundada.

"Homofobia"

Autores que escrevem há anos, ou até décadas, sem jamais terem mencionado homossexuais agora são denunciados por "homofobia" porque começaram a escrever sobre o assunto depois que a epidemia da Aids apareceu — e não tomaram o posicionamento "politicamente correto". Como pode alguém ter "fobia" de algo que ele pouco notava? Muitas pessoas nunca souberam ou sequer se importavam com o que os homossexuais estavam fazendo, até que se tornou um perigo, como resultado da epidemia da Aids. Se as reações daquelas pessoas foram justificadas ou não, é um assunto a ser debatido. Entretanto, atribuir seus posicionamentos como "fobia" é um raciocínio circular, quando não há nenhuma evidência dessa fobia além do posicionamento em si. Como é comum do vocabulário dos ungidos, é uma maneira de evitar um debate significativo.

Entre os autores que escolheram os posicionamentos não "politicamente corretos" quanto a questão da Aids estava o falecido Randy Shilts (1951-1994), cujo *bestseller And the Band Played on: Politics, People, and the AIDS Epidemic* (1987)[647] é uma assustadora análise das irresponsabilidades políticas, baseadas no medo de ofender o *lobby* gay organizado, que levaram a milhares de mortes desnecessárias antes que medidas sanitárias mais elementares fos-

---

[647] SHILTS, Randy. *And the Band Plays On: Politics, People and the AIDS Epidemic*. Nova York: St. Martin/s Press, 1987.

sem tomadas para reduzir a propagação da Aids. Sem dúvidas ele também seria chamado de "homofóbico" se não fosse homossexual assumido que depois morreu de Aids.

"Violência"

Uma das palavras inflacionadas da moda em nossa época é "violência" — usada para descrever quaisquer circunstâncias sociais ou políticas públicas que você não concordar, não importa o quão pacíficas sejam as circunstâncias ou políticas no uso comum das palavras. Dessa forma, qualquer "poder que oprime" é violência de acordo com algumas pessoas[648], o que permite infinitas interpretações, baseado no que se escolhe chamar de opressão.

Jesse Jackson se refere a "violência econômica"[649], Ralph Nader fala da "violência" causada ao meio ambiente pelas corporações e governo[650] e Jonathan Kozol faz referência a "desigualdades selvagens" no financiamento público de escolas[651]. Similarmente, o professor Kenneth B. Clark (1914-2005) respondeu às preocupações públicas sobre assaltos com uma referência a "constantes assaltos sociais" como "os crimes de bairros em ruínas, discriminação no trabalho e educação inferior dos criminosos". Assim, o professor Clark pôde falar sobre "comunidades assaltadas", "regiões assaltadas" e "escolas assaltadas que podem criar 'assaltantes' urbanos'"[652].

Para alguns, "violência" metafórica serve como uma justificativa explícita de violência real ou "contraviolência" como é chamada[653]. Para outros, a justificativa é apenas implícita. Ainda assim, outros estão meramente praticando a política da inflação verbal.

---

[648] JOHNSON, Paul. *Enemies of Society*. Nova York: Atheneum, 1977, p. 246. Em português encontramos a seguinte edição: JOHNSON, Paul. *Inimigos da Sociedade*. Rio de Janeiro: Nórdica, 1977. (N. E.)
[649] Phil Gailey, "Jackson Condemns 'Economic Violence' as He Opens Headquarters in Iowa". *New York Times*, 20/mar/1987, p. A14; Gerald F. Seib, "Jesse Jackson Enters Presidential Race Vowing na End to 'Economic Violence'". *Wall Street Journal*, 12/out/1987, p. A44.
[650] Citado em SANFORD, David. *Me and Ralph: Is Nader Unsafe for America?* Washington, D.C.: New Republic Book Co., 1976, p. 125.
[651] KOZOL, Jonathan. *Savage Inequalities: Children in America's Schools*. Nova York: HarperCollins, 1991.
[652] Kenneth B. Clark, "In Cities, Who is the Real Mugger? *New York Times*, 14/jan/1985, p. 17.
[653] "Herbert Marcuse". *New York Times Magazine*, 27/out/1968. Veja também JOHNSON, Paul. *Enemies of Society*, p. 237, 245.

CAPÍTULO VII | O VOCABULÁRIO DOS UNGIDOS

"Falta de Esperança"

Uma das expressões mais infladas que tem papel chave em promover a visão dos ungidos e suas políticas sociais é a "falta de esperança". Circunstâncias sociais infelizes são quase que automaticamente descritas como "sem esperança", sem evidência ou sequer um sinal de consciência da relevância das evidências. Retóricas políticas abundam com muitas afirmações impossíveis de serem verificadas empiricamente de os pobres "estão sem esperança" — ou que seria o caso, na ausência dos programas sociais do governo. Figuras públicas como Hodding Carter III usou esses termos como justificativas para programas de "guerra à pobreza" da administração Johnson, na qual ele trabalhou[654]. O colunista do *The New York Times*, Tom Wicker, também afirmou que os programas da administração Johnson "deram esperança aos norte-americanos"[655].

Na ausência de qualquer evidência de que não existe esperança fora da visão dos ungidos, pode ser útil analisarmos a história. Dezenas de milhões de imigrantes vieram aos Estados Unidos da América, na maioria das vezes começando do zero e subindo a escala socioeconômica, no processo criando e celebrando o "sonho americano". Longe de não terem esperança, esses imigrantes, em suas cartas entusiasmadas para amigos e familiares na Europa, fizeram outros milhões cruzarem o Atlântico[656]. Mais recentemente, como já foi observado, tanto a pobreza quanto a dependência estavam em queda por anos antes da "guerra à pobreza" da administração Johnson. A renda dos negros crescia, não apenas em números absolutos como também em relação à renda dos brancos[657]. Nos cinco anos anteriores à aprovação do Civil Rights Act em 1964, os negros prosperavam em posições profissionais em um ritmo maior do que nos cinco anos posteriores à aprovação daquela lei[658]. Nacionalmente, as

---

[654] Hodding Carter III, "'Disarmament' Spells Defeat in War on Poverty". *Wall Street Journal*, 11/ago/1983, p. 21.
[655] Tom Wicker, "L.B.J.'s Great Society". *New York Times*, 7/mai/1990, p. A15.
[656] TAYLOR, Philip. *The Distant Magnet: European Emigration to the U.S.A.* Nova York: Harper & Row, 1971, p. 86-88.
[657] Compare U.S. Bureau of the Census, *Current Population Reports*, Série P-60, nº 167. Washington. D.C.: U.S. Government Printing Office, 1990, p. 9, 168.
[658] Veja SOWELL, Thomas. *Civil Rights: Rhetoric or Reality?* Nova York: Morrow, 1984, p. 49; Daniel P. Moynihan, "Emploument, Income, and the Ordeal of the Negro Family", *Daedalus*, Fall 1965, p 752.

notas nos exames SAT subiam, doenças venéreas estavam em rápida queda e a taxa de homicídio tinha números baixos recorde. Era desses tempos "sem esperança" que os ungidos vieram nos resgatar.

[CAPÍTULO VIII]

[CAPÍTULO VIII]
Desastre nos Tribunais

A lei perdeu sua alma e se tornou selva.
— BERTRAND DE JOUVENEL (1903-1987)[659]

A lei é mais do que a soma de todos os estatutos, regulamentações, provisões constitucionais e interpretações jurídicas em vigência. O que garante a coerência a todos eles e o apoio público, sem o qual eles não poderiam ser aplicados, é que eles são expressões de uma noção implícita de que nós vivemos pelas regras, não por decretos arbitrários ou anarquia. O ideal seria "um governo de leis e não de homens" e, enquanto nem esse nem nenhum outro ideal jamais foi realizado em 100%, essa iniciativa de tudo-ou--nada banalizaria praticamente tudo que importa na vida.

Existe uma diferença fundamental entre uma sociedade na qual um governante pode confiscar a riqueza, ou a esposa de qualquer súdito, e uma na qual o cidadão mais pobre pode se recusar ao mais alto soberano a entrar em sua casa. Existe uma diferença fundamental entre uma época em que o grande jurista inglês Coke (1552-1634) estremeceu quando o rei James (1566-1625) ameaçou agredi-lo fisicamente com suas próprias mãos — resistir seria considerado traição, punível com a morte — e um mundo onde a Suprema Corte dos Estados Unidos da América pudesse ordenar ao presidente Nixon (1913-1994) a entregar evidências a um promotor especial. Nenhuma banalização,

---
[659] JOUVENEL, Bertrand de. *On Power: The Natural History of Its Growth*. Indianapolis: Liberty Fun, 1993, p. 351.

por mais esperta que seja, pode apagar essas diferenças. Séculos de luta, sacrifício e derramamento de sangue foram necessários para criar o ideal de um governo de leis acima de qualquer governante ou órgão político.

A lei nesse sentido é mais do que qualquer conjunto de decretos e decisões específicas — sendo estes comuns a todo tipo de sociedade, das mais livres às mais totalitárias. Entretanto, a lei em seu sentido completo não pode existir sob o totalitarismo, como os próprios totalitários reconhecem. Esse argumento foi muito bem feito pelo autor soviético que disse: "o comunismo não significa a vitória da lei socialista, mas a vitória do socialismo sobre qualquer outra lei"[660]. Da mesma forma não havia nenhuma lei limitando Hitler (1889-1945), não mais do que qualquer lei ou conceito de lei limitando o que Stalin (1878-1953) podia fazer. De maneira similar, um sultão do Império Otomano podia ordenar a execução de qualquer pessoa no mesmo momento a qualquer hora por qualquer motivo, ou sem motivo algum.

Por "Estado de Direito" não se entende que simplesmente haverá decretos a serem seguidos, mas sim que leis colocadas em prática podem ser usadas para punir e que apenas decretos legais, limitados a alguns princípios aceitos — incluídos nas constituições de alguns países — podem ser usados. Toda sociedade tem suas regras, mas nem toda sociedade tem um Estado de Direito. Quando Bertrand de Jouvenel disse que a lei havia perdido sua alma, ele quis dizer que o grande conceito da lei estava sendo corroído, ou prostituído, até que virou nada mais do que um conjunto de regras e decisões, que podem ser mudadas sem aviso e que refletiam nada mais que um exercício arbitrário de poder — a própria antítese da lei. Essa é a direção que a lei norte-americana está sendo levada por aqueles com a visão dos ungidos.

O Estado de Direito e a visão dos ungidos são inerentemente contrários. O juiz que executa a lei como está escrita e a lei que surge do processo político de um Estado democrático está refletindo os valores e experiências dos ignorantes, não dos ungidos. Aquele juiz com a visão de elite, ao encontrar qualquer situação indevidamente limitada, quando não intolerável, age de maneira consistente com as premissas da visão deles. Apenas indo além da lei escrita é que eles podem impor sua sabedoria superior e virtudes e nesse pro-

---

[660] Citado em HAYEK, F. A. *Law, Legislation and Liberty*, Vol. II: *The Mirage of Social Justice*. Chicago: University of Chicago Press, 1976, p. 86.

cesso se apoderar da decisão dos outros. "Interpretações" radicais e criativas da Constituição, dos estatutos e dos contratos dão esse poder aos juízes. Enquanto aqueles com a visão trágica criticam as pressuposições dos juízes que contornam os processos sistêmicos da sociedade — como nas transações econômicas, práticas sociais e tradições legais, por exemplo — aqueles que supõem uma capacidade mais radical não são impedidos por qualquer medo de desordenar esses processos sistêmicos de maneira imprudente.

Talvez a expressão clássica da oposição ao Estado de Direito foi feita pelo autor socialista Anatole France (1844-1924), quando ele disse, sarcasticamente: "A lei, em sua igualdade majestosa, proíbe os ricos e os pobres de dormirem sob as pontes, de mendigar pelas ruas ou roubar pão"[661]. O impacto diferencial das mesmas leis em pessoas em circunstâncias sociais diferentes é razão chave para o afastamento dos ideais de um conjunto de processos imparciais na lei e no governo, o que transforma o governo e a lei em instrumentos de políticas direcionadas a resultados sociais prescritos. Além disso, esses resultados prescritos muitas vezes são concebidos no âmbito de uma perspectiva cósmica de justiça, na qual, para alcançar a justiça "verdadeira", não é o suficiente tratar todos de maneira igual depois que entram no sistema legal, se eles ingressam no sistema com desigualdades preexistentes que devem ser compensadas. Os objetivos são tão ambiciosos — a visão dos ungidos — por trás da distorção e flexibilização da lei, que isso ficou conhecido como "ativismo jurídico".

Foi na busca pela justiça cósmica que a lei perdeu cada vez mais seu sentido, se transformando mais e mais em uma série de pronunciamentos *ad hoc*, os quais os ativistas jurídicos chamam de "critérios em evolução" ou "uma constituição viva".

JUSTIÇA CÓSMICA

A busca por uma ampla justiça que vá além dos limitados confins do sistema legal tradicional, ou da Constituição historicamente escrita, toma mui-

---

[661] BARTLETT, John. *Bartlett's Familiar Quotations*. Boston: Little, Brown, 1968, p. 802.

tas formas. Por exemplo, a clara e simples afirmação da Constituição de que ninguém é "obrigado em qualquer processo criminal a servir de testemunha contra si mesmo" foi distorcido na teoria do direito para acobertar a seguinte situação:

> A polícia prendeu Eugene Frazier pelo assalto à lanchonete Mike's Carry Out. Depois que seus direitos foram lidos e lhe deram uma cópia do *Aviso de Miranda*, Frazier assinou um formulário de "consentimento para falar" e disse a um policial que ele entendeu seus direitos e não queria um advogado. Quando um policial começou a questioná-lo sobre o assalto do Mike's Carry Out, Frazier o interrompeu e admitiu ter roubado o mercado High's. O policial começou a anotar o que Frazier dizia, mas o réu o interrompeu, dizendo: "Não escreva nada. Eu vou te contar, mas não quero que anote nada que eu digo".
>
> O policial guardou o bloco de anotações e escutou em silêncio enquanto Frazier contou sobre o assalto ao High's. Depois de cinco minutos, Frazier confessou um assalto ao Mercado Meridiano. Duas horas depois, Frazier encerrou o interrogatório, dizendo: "É isso; é tudo que eu vou dizer para você". Quando a polícia pediu para o réu escrever sua confissão ou assinar um resumo por escrito, Frazier se recusou: "Não, eu não vou assinar nada", ele disse[662].

Quando Frazier apelou à condenação pelos assaltos que confessou no Circuito de Tribunais de Apelação do Distrito de Columbia, de acordo com o juiz-chefe David Bazelon, "ficamos preocupados" com a aparente incompreensão do assaltante de que sua confissão não valeria caso não fosse escrita. Consequentemente, o ônus da prova estava agora com o governo, que devia demonstrar que Frazier desistiu de seus direitos constitucionais "consciente e inteligentemente" — e o caso foi mandado de volta para o tribunal de julgamento. Quando o julgamento aconteceu novamente e a maioria no Circuito de Tribunais de Apelação votou por manter a condenação, o juiz Bazelon discordou com base no fato de que usar a confissão "negava a pessoas como Frazier um tratamento igual e genuíno perante a lei" porque o *Aviso de Miranda*

---

[662] BAZELON, David L. *Questioning Authority: Justice and Criminal Law*, Nova York: Knopf, 1988, p. 152-53.p. 50.

CAPÍTULO VIII | DESASTRE NOS TRIBUNAIS

deve ser informado de maneira "tão clara, que ninguém com a mínima inteligência poderia entendê-lo mal"[663].

Apesar de o juiz Bazelon não ter triunfado neste caso específico, ele é revelador pelo tipo de raciocínio que fez com que o Tribunal de Apelações mandasse o caso de volta para julgamento antes de mais nada. Em nenhum momento o assaltante foi "obrigado a servir de testemunha contra si mesmo", nas palavras da Quinta Emenda. Esse problema inteiro surgiu porque os juízes foram além da Quinta Emenda na busca de um ponto de vista mais cósmico de justiça. O juiz Bazelon expressou a questão como muitos outros com a visão dos ungidos já o fizeram: "Suspeitos educados e respeitáveis normalmente conhecem seus direitos de permanecer em silêncio e a um advogado"[664]. Em resumo, a função dos tribunais era tida não como a de simplesmente tratar a todos igualmente nos confins do sistema legal, mas sim *compensar desigualdades preexistentes*. Eles deveriam buscar a justiça cósmica.

A perspectiva cósmica obviamente vai além da lei. Contudo, seja em qual área que apareça, seus seguidores rapidamente afirmam que as pessoas não tiveram "livre escolha" no que fizeram. Dessarte, temos Noam Chomsky que afirmou: "liberdade é uma ilusão e escárnio quando as condições para exercermos a liberdade de escolha não existem" — e essas condições não existem para "a pessoa obrigada a vender sua força de trabalho para sobreviver"[665], ou seja, para qualquer um que trabalhe para sobreviver. Qualquer limitação circunstancial ou consequências em potencial, que dependam das decisões das pessoas, fazem com que suas escolhas não sejam livres "de verdade". No entanto, esse conceito de liberdade de escolha exige um universo sem limites. Apenas Deus poderia ter liberdade de escolha — e apenas no primeiro dia da criação, já que Ele seria confrontado no segundo dia com o que havia feito no primeiro.

Um direito constitucional após o outro foi distorcido para além de qualquer coisa que englobavam quando foram escritos — porém, apenas quando os direitos concordavam com a visão dos ungidos. Quando um direito constitucional vai contra, ou inibe, algum aspecto dessa visão, aquele direito

---

[663] *Ibid.*, p. 53.
[664] *Ibid.*, p. 51.
[665] Noam Chomsky, "Equality", *The Noam Chomsky Reader*. James Peek (ed.). Nova York: Pantheon, 1987, p. 185.

constitucional tem chances muito maiores de ser reduzido ou ignorado. Por exemplo, a Quinta Emenda, ao proibir que qualquer pessoa seja julgada "duas vezes pelo mesmo crime", foi removida juridicamente no caso de policiais absolvidos em tribunais estaduais por tratamento criminoso de suspeitos em custódia, como Rodney King (1965-2012), para depois serem processados no tribunal federal pelos mesmos atos como ofensas civis. De maneira similar, as proteções dos direitos a propriedade da Quinta Emenda são rotineiramente sobrescritos com outras considerações — quase qualquer outra consideração — em diversos casos[666]. A indignação dos ungidos é refletida na teoria legal que é seletivamente cósmica.

Mesmo que a justiça cósmica buscasse ser igual e consistente para todos, entretanto, ela ainda entraria em um desastroso conflito com a lei dos rendimentos decrescentes. A proliferação de novos detalhes técnicos na lei criminal, em torno da prisão e julgamento, após certo limite corre o risco de perigos maiores ao público por parte dos criminosos em liberdade sob fiança, esperando seu julgamento, enquanto temos um sistema judiciário sobrecarregado que demora cada vez mais para concluir cada julgamento devido a esses detalhes técnicos. Alguns anos depois da revolução do sistema criminalista dos anos 1960, um juiz de apelação da Califórnia disse:

> É quase que com melancolia nostálgica que lembramos como, apenas cinco anos atrás, era possível sustentar o julgamento de uma condenação que chegou com um caso tão óbvio de culpa inquestionável e resolvê-lo sem maiores complicações[667].

"Direitos" expandidos judicialmente permitiram a apelação de decisões de tribunais estaduais em cortes federais, levando a um aumento em apelações para *habeas corpus* de um número pouco menor do que cem, em 1940, para mais de doze mil em 1970. Ao comentar sobre esse crescimento explosivo, um juiz de um tribunal de apelação de Nova York observou os efeitos desse

---

[666] Veja, p. ex., EPSTEIN, Richard. *Takings: Private Property and the Power of Eminent Domain*. Cambridge, Mass.: Harvard University Press, 1985.
[667] Juiz Roy L. Herdon da Corte de Apelação da Califórnia, citado em MACKLIN, Fleming, *The Price of Perfect Justice: The Adverse Consequences of Current Legal Doctrine on the American Courtroom*. Nova York: Basic Books, 1974, p. 17.

CAPÍTULO VIII | DESASTRE NOS TRIBUNAIS

papel mais amplo do judiciário federal, responsável por avaliar as decisões dos tribunais de apelação estaduais:

> Em todo o nosso trabalho em milhares de casos estaduais de prisioneiros, ainda não ouvi falar de um no qual um homem inocente tenha sido preso. O resultado de nossa vã intromissão na busca de uma agulha não existente em um celeiro ainda maior tem sido um sério detrimento à administração da justiça criminal pelos estados[668].

Isso não quer dizer não existe literalmente nenhum homem inocente preso em um país com duzentos e cinquenta milhões de pessoas. Simplesmente levanta o questionamento se a intromissão nos tribunais estaduais de apelação vai revelar muitos, ou pelo menos um — e a qual custo, não só em termos de dinheiro, mas em termos de um número maior de pessoas inocentes sacrificadas como vítimas de criminosos violentos, que andam livremente pelas ruas por mais tempo, enquanto os processos criminais rangem lentamente pelo que parece ser para sempre. Resumindo, enquanto salvar indivíduos inocentes de serem condenados é importante, a dúvida é se é *mais* importante do que poupar outros indivíduos igualmente inocentes da violência e morte nas mãos dos criminosos. Salvar um réu inocente por décadas vale o sacrifício de dez vítimas inocentes de homicídio? Cem vítimas? Mil? Quando reconhecermos que não há soluções, apenas trocas, não podemos mais buscar a justiça cósmica, mas sim fazer nossas escolhas entre alternativas verdadeiramente disponíveis — e estas não incluem garantir que nenhum mal pode possivelmente acometer um indivíduo inocente. A única maneira de garantir que nenhum inocente seja condenado injustamente é remover o sistema de justiça criminalista e aceitar os horrores da anarquia. Ninguém deveria apoiar essa situação. Essa é simplesmente a direção que o sistema legal seguiu em sua busca por justiça cósmica. A máxima "o melhor é o inimigo do bom" é mais tragicamente demonstrada nos casos em que crimes violentos são convertidos em delitos menores pelos custos proibitivos de julgar mais casos em um sistema atolado com a proliferação de detalhes técnicos nascidos de uma caça quixotesca por justiça cósmica. Isso é parte do que

---

[668] Juiz J. Edward Lumbard, citado em *ibid.*, p. 27.

o juiz Macklin Fleming apropriadamente chamou, no título de seu livro, *O Preço da Justiça Perfeita* (1974)[669].

Nada caracteriza mais a busca por justiça cósmica quanto as tentativas de compensar os erros históricos, não apenas para indivíduos específicos que foram condenados injustamente ou vitimados de outra maneira, mas para categorias inteiras de pessoas cujos infortúnios de seus antepassados devem ser compensados na geração atual. Dados os imensuráveis fatores que influenciam o bem-estar ou infortúnios atuais de grupos ou indivíduos, a pressuposição de ser capaz de desembaraçar todos esses fatores e determinar quanto se deve por conta das injustiças da história é inacreditável. Já vimos no *Capítulo 4* o quão fácil é confundir o que é e o que não é o "legado da escravidão". Contudo, os seus princípios se aplicam de maneira mais ampla. Como seriam as pessoas da Espanha hoje se não tivessem sido conquistados pelos mouros e então passado por séculos de luta pela libertação do domínio mouro? Como seriam os egípcios se o Nilo não existisse? Como seriam os sul-asiáticos se não existisse a monção? Seria difícil o suficiente chegar a uma avaliação defensável como especulação intelectual, muito menos uma conclusão convincente dentro dos padrões dos tribunais da lei. Mesmo assim, juízes que buscam a justiça cósmica fazem suposições radicais sobre questões históricas igualmente complexas.

Um processo de seleção de jurados cada vez mais complexo e demorado também segue em oposição à lei dos rendimentos decrescentes. Questionários detalhados para os jurados responderem — incluindo perguntas muito pessoais, que eles são obrigados a responder, em desrespeito aos direitos de "privacidade" que são tão importantes em outros contextos — e o uso de onerosos especialistas como consultores na seleção de jurados são apenas alguns dos custos dessa tentativa de alcançar uma aproximação da justiça cósmica. Entretanto, mesmo deixando de lado os atrasos imediatos e outros custos, esse processo complexo permite que julgamentos, vereditos e sentenças inteiras possam ser levadas à apelação, mesmo quando não há a mínima dúvida sobre a culpa do réu e quando até mesmo seus próprios advogados não alegam mais inocência. Tudo isso faz parte do custo da luta pela justiça cósmica.

---

[669] MACKLIN, Fleming, *The Price of Perfect Justice: The Adverse Consequences of Current Legal Doctrine on the American Courtroom*. Nova York: Basic Books, 1974. Não há tradução da referida obra para o português, no entanto, optamos por traduzi-lo aqui a fim de compor o sentido da exposição do autor. (N. E.)

ATIVISMO JURÍDICO

O processo geral de puxar e distorcer a lei escrita — e especialmente a Constituição — para chegar a resultados desejados por juízes foi chamado de "ativismo jurídico". Não é apenas um exemplo da visão dos ungidos em ação, como também um mecanismo crucial através do qual outros aspectos dessa visão — a busca pela justiça cósmica através da ação afirmativa, por exemplo — foram impostos como a "lei do país", quando legisladores eleitos relutaram ir tão além quanto os juízes não eleitos. Como muitas outras expressões, como toda a linguagem, aliás, o termo "ativismo jurídico" é, por si só, sujeito a várias interpretações e distorções. No padrão dessas interpretações e distorções, fica novamente visível a visão dos ungidos, não só na maneira que alguns litigantes são tratados como mascotes ou alvos, mas também na maneira mais geral na qual o exercício do poder sai dos ignorantes para os ungidos.

Definições e Distorções

Atividade, como tal, não é base do ativismo jurídico. Não há nada que impeça um ativista jurídico de ser preguiçoso, ou o seu oponente, o praticante de "restrições jurídicas", de ser um dínamo de energia. O ativismo jurídico não pode ser quantificado de acordo com quantas leis ou decisões em instâncias inferiores conseguiu derrubar, já que é a *fundamentação* que levou à sua derrubada que define o ativismo jurídico ou a restrição jurídica. Assim como com grande parte da linguagem, a expressão "ativismo jurídico" é apenas uma maneira elíptica de indicar uma coisa específica — mas o que essa coisa é independe do que pode ser extraído de palavras isoladas. Depende do significado concreto que essas palavras têm no contexto específico em que são utilizadas. Isso não é incomum. A palavra "interbase" tem um significado muito diferente em um laboratório do que tem em um campo de *baseball* e "fechar" significa algo totalmente diferente no mercado imobiliário do que em corridas de cavalos. Usar banalizações para fugir é algo comum entre os ungidos nas discussões de ativismo jurídico e restrição jurídica em outras áreas; será necessário definir esses termos cuidadosamente antes de analisar os fenômenos que representam.

Expressões como "devido processo", "liberdade de expressão" e outras da Constituição podem ser interpretadas de uma grande variedade de maneiras possíveis, baseando-se apenas no significado do dicionário e aplicando-as de acordo com o seu próprio sentido do que quer dizer na prática. No entanto, essas expressões existem e têm longa história nas leis da Inglaterra, antes mesmo da Constituição dos Estados Unidos da América ter sido escrita. Portanto, o significado *histórico* dessas expressões, no contexto legal em que eram usadas, era muito mais limitado do que todos os sentidos concebíveis que podemos tirar do dicionário e aplicar de acordo com nossas próprias ideias. Aqueles que escreveram a Constituição norte-americana eram obviamente familiarizados com termos como "devido processo", "liberdade de expressão" etc., da lei inglesa e não indicavam nenhuma intenção de dar a elas significados diferentes dos que já tinham.

Aqueles que hoje apoiam a "restrição jurídica" definem-na como os juízes interpretando as leis, incluindo a Constituição, de acordo com o significado que aquelas palavras tinham quando aquelas leis foram escritas. O juiz Robert H. Bork (1927-2012), por exemplo, disse que juízes deveriam tomar suas decisões "de acordo com a Constituição histórica"[670]. De maneira mais ampla, o juiz Richard Posner escreveu que o juiz autodisciplinado era "o agente honesto a favor dos outros, até que a vontade dos mais importantes não possa mais ser distinguida"[671]. O juiz Oliver Wendell Holmes acreditou ser seu trabalho "garantir que o jogo era jogado de acordo com as regras, seja isso de meu agrado ou não"[672]. De acordo com Holmes: "Quando sabemos o que a fonte da lei exige, nossa autoridade acaba"[673]. Em uma de seus julgamentos na Suprema Corte, Holmes disse: "Eu não tenho liberdade para discutir a justiça dessa lei"[674]. Essa era uma pergunta cósmica e ele não havia sido contratado pelo Cosmo.

Aqueles que argumentam a favor dessa visão do papel do juiz — por "restrição jurídica" — frequentemente afirmam que os juízes deveriam, no

---

[670] BORK, Robert H. *Tradition and Morality in Constitutional Law*. Washington, D.C.: American Enterprise Institute, 1984, p. 7.
[671] POSNER, Richard. *The Federal Courts: Crisis and Reform*. Cambridge, Mass.: Harvard University Press, 1985, p. 221.
[672] HOLMES, Oliver Wendell. *Collected Legal Papers*. Nova York: Peter Smith, 1952, p. 307.
[673] *Kuhn v. Fairmont Coal Co.*, 215 U.A. 349 a 372.
[674] *Untermeyer v. Anderson*, 276 U.S. 440.

CAPÍTULO VIII | DESASTRE NOS TRIBUNAIS

geral, seguir a "intenção original" das leis e, em específico, a Constituição. Mesmo assim, ironicamente, essa mesma expressão foi tomada pelos oponentes e ganhou novos significados distantes daquele usado pelos outros. O professor Ronald Dworkin, por exemplo, argumentou contra a intenção original com base na dificuldade ou impossibilidade de discernir quais "eventos mentais" passavam pelas mentes dos legisladores ou autores da Constituição[675]. É claro que *ninguém votou no que estava na mente de alguém*. O que foi promulgado na lei foi o significado daquelas palavras para os outros — em resumo, o significado público das palavras. Como colocou o juiz Holmes, a questão relevante não era "o que esse homem quis dizer, mas o que aquelas palavras viriam a significar na boca de uma pessoa que fala inglês, usando-as nas circunstâncias que era usadas"[676]. Aqueles que pediram por restrição jurídica foram bem explícitos no fato de que *não* pretendiam entrar no assunto das psiques dos legisladores, mas começar com o *significado público* das palavras usadas pelos legisladores, no momento em que foram usadas. Para Holmes, a interpretação legal do que alguém disse não significa "entrar na mente dela"[677]. O que era necessário era um *significado público* de suas palavras, não as intenções subjetivas ou psicologia pessoal de quem as usa. Holmes disse: "Não questionamos o que a legislação quis dizer; perguntamos apenas o que o estatuto quis dizer"[678].

De maneira similar, o juiz Bork escreveu:

> [...] aquilo que os legisladores acreditam estar aprovando deve ser tido como o que o público daquele período teria entendido das palavras. É importante ser claro quanto a isso. Não é uma busca por intenção subjetiva. Se alguém encontrar uma carta do George Washington para Martha dizendo a ela que o que ele quis dizer pelo poder de cobrar impostos não era o que as outras pessoas pensavam, isso não iria alterar nossa interpretação da Constituição nem um pouco[679].

---

[675] DWORKIN, Ronald. *A Matter of Principle*. Cambridge, Mass.: Harvard University Press, 1985, p. 40, 43-44.
[676] HOLMES, Oliver Wendell. *Collected Legal Papers*, p. 204.
[677] *Ibid.*
[678] *Ibid.*, p. 205.
[679] BORK, Robert H. *The Tempting of America: The Political Seduction of the Law*. Nova York: Free Press, 1990, p. 144.

Apesar dessas afirmações claras e inconfundíveis, da época de Holmes até a época de Bork, distorções grotescas dessa ideia permaneceram como regra ao invés de serem exceções entre aqueles com a visão dos ungidos. O juiz William J. Brennan, por exemplo, disse que juízes que seguiam a intenção original teriam que "saber exatamente o que Framers pensava"[680] e é claro que isto era impossível. O professor Stephen Macedo, de Harvard, foi contra a opinião de Bork sobre intenção original porque "afirmações públicas muitas vezes não refletem intenções verdadeiras"[681] — como se isso foi uma revelação ou relevante. O professor Jack Rakove, de Stanford, tomou um posicionamento similarmente arrogante com respeito ao apoio da restrição jurídica por parte do procurador-geral Edwin Meese, ao entrar nas intenções subjetivas dos autores da Constituição — o fato de que James Madison (1751-1836) "falou a todos na Convenção com grande paixão intelectual" e que ele tinha "medo" de certas políticas a respeito da propriedade e religião e que ele, "em particular descreveu" as emendas constitucionais de uma certa maneira[682].

Há muito mais envolvido aqui do que apenas mal-entendidos. O poder está no centro da disputa. Mesmo que o colunista do *The New York Times* Anthony Lewis tenha escrito sobre as "expressões em expansão [da Constituição] que trariam um sentido contemporâneo a cada geração"[683], gerações não votam na constitucionalidade das leis. Os juízes o fazem. Dessarte, as decisões da geração atual não estão substituindo aquelas das gerações anteriores: as decisões dos juízes estão substituindo aquelas da geração atual ao impor suas próprias revisões do que uma geração passada disse. A substituição de significados históricos por "significados contemporâneos" é uma grande transferência de poder para os juízes, não só de outras ramificações do governo, mas do povo também. É uma erosão do autogoverno e uma imposição da visão social dos juízes em seu lugar. O fato de os ungidos serem a favor disso não é surpresa.

Uma Constituição foi criada com um propósito, prescrever e restringir qual poder pode ser exercido, por quem e dentro de quais limites. Diferente da

---

[680] William J. Brennan, "The Constitution of the United States: Contemporary Ratification", discurso na Georgetown University, 12/out/1985, p. 4.
[681] MACEDO, Stephen. *The New Right v. The Constitution*. Washington, D.C.: Cato Institute, 1987, p. 10.
[682] Jack Rakove, "Mr. Meese, Meet Mr. Madison", *Atlantic Monthly*, dez/1986, p. 81.
[683] Anthony Lewis, "The March Toward Equality", *Atlantic Monthly*, set/1964, p. 63.

CAPÍTULO VIII | DESASTRE NOS TRIBUNAIS

Constituição da Inglaterra, que não existe como um documento tangível, mas como uma coleção de tradições, a Constituição dos Estados Unidos da América foi escrita para fixar os limites do poder do governo — não para sempre, somente até que uma mudança autorizada fosse feita de maneira autorizada. As palavras imperativas da Constituição — "O Congresso não legislará" — tinha, claramente, uma intenção de passar um significado com sentido, não simplesmente fornecer um "texto" para que os juízes "desconstruam" e montem de volta com o sentido que desejam.

Ativistas jurídicos e os teóricos legais que promovem o ativismo jurídico querem libertar as decisões dos juízes das limitações da Constituição conforme foi escrita e as limitações da legislação aprovada. Eles buscam decisões judiciais que alcancem mais longe do que os confins para englobar princípios globais mais radicais. Ronald Dworkin, por exemplo, rejeitou a "interpretação direta" das palavras na Constituição porque isso iria limitar os direitos constitucionais a "aqueles reconhecidos por um grupo limitado de pessoas em uma data fixa na história"[684]. Em outras palavras, os juízes têm liberdade para buscar a justiça cósmica. De acordo com o juiz William J. Brennan, "a genialidade da Constituição não está em qualquer significado estático que ela poderia ter tido em um mundo morto e passado, mas sim na adaptabilidade de seus grandes princípios para lidar com os problemas e as necessidades atuais"[685]. Para o juiz-chefe Earl Warren também, a ideia de uma construção rigorosa das palavras da Constituição era "ridículo" e "uma questão ilegítima" por causa das "circunstâncias sempre em mudança", incluindo circunstâncias "muito além da visão, até mesmo, do mais sábio Pai Fundador"[686].

Afirmações similares abundam pela vasta literatura na teoria do Direito. A ênfase posta em circunstâncias mutáveis e na necessidade de mudanças legais para lidar com elas é parte central da fanfarra legal sobre alguma coisa que nem sequer é um problema — pois absolutamente ninguém nega que houve grandes mudanças desde o século XVIII. Essa fanfarra verbal serve apenas para distrair o que crucialmente está em questão: *quem* deve realizar essas alterações legais e *com qual autoridade*? O poder é a questão — e a usurpação do poder. A própria Constituição claramente contempla mudanças legais

---
[684] DWORKIN, Ronald. *Taking Rights Seriously*. Cambridge, Mass.: Harvard University Press, 1980, p. 134.
[685] William J. Brennan, "The Constitution of the United States: Contemporary Ratification", p. 8.
[686] WARREN, Juiz-Chefe Earl. *The Memoirs of Earl Warren*. Garden City, N.Y.: Doubleday, 1977, p. 332-33.

— de outra contrária, por que criar um Congresso para legislar ou um presidente com a responsabilidade de aplicar as decisões, ou criar todo um procedimento legal para emendas na própria Constituição?

A questão envolvendo ativismo jurídico não é se deve haver "mudança" — já que ninguém é contra a "mudança" genérica —, mas quem deve exercer o enorme poder de prescrever a natureza específica e a direção da mudança e *com autorização de quem*? Mais especificamente, isso deve ser feito de maneira aberta, através das autoridades responsáveis por essa tarefa pela Constituição e pelos eleitores, ou deve ser feita de maneira furtiva por juízes que não foram eleitos, usando truques verbais para atribuir à Constituição coisas que ela nunca disse? A questão é com quem fica o poder, não a "mudança".

O que o Estado de Direito quer dizer, entre outras coisas, é que certas questões já foram resolvidas, pelo menos no que diz respeito à lei. Dessarte, os cidadãos do país podem depender da lei em seus planos e ações até que chegue uma mudança explícita através de novos estatutos ou emendas constitucionais. A ocasião dessas mudanças fornece avisos prévios de que agora todos estamos vivendo sob novas regras. O ativismo jurídico muda tudo isso radicalmente. Organizações e indivíduos descobrem tardiamente que estão violando "critérios em evolução" — descobertas estas que às vezes custam milhões de dólares em indenizações. Mais importante, a interpretação vaga de palavras nos contratos, estatutos e na própria Constituição dá poderes aos juízes e reabre questionamentos que já haviam sido decididos quando aqueles contratos, estatutos e a Constituição haviam sido redigidos — impondo as ideias dos juízes a respeito do que deveria ter sido feito com relação às decisões das partes envolvidas. Longe de definir os limites do poder governamental e obrigações contratuais, o ativismo jurídico permite que os juízes se intrometam nas decisões tomadas dentro desses limites — e chamem as decisões com as quais antipatizem de "inconstitucionais".

Grande parte das críticas às decisões do ativismo jurídico focaram nos méritos e deméritos das políticas específicas impostas por estas decisões. Entretanto, por mais que essas políticas mereçam ser criticadas, o prejuízo mais fundamental não está nessas políticas específicas, mas no enfraquecimento do próprio conceito e propósitos da lei. Juízes descontrolados fazem com se perca toda a confiança na lei. Uma consequência óbvia é que isso facilita a extorsão

CAPÍTULO VIII | DESASTRE NOS TRIBUNAIS

legalizada quando aqueles com "bolsos fundos" — que muitas vezes são apenas valores acumulados de vários bolsos bem vazios de contribuintes ou acionistas — temem se defender na justiça contra os pedidos de indenização mais frívolos ou exagerados, por medo do como as ideias ou emoções arbitrárias de algum juiz ou júri podem estar naquele momento. Entretanto, desistir dos benefícios de "um governo de leis e não de homens" vai muito além disso. Vai ao encontro ao coração de uma sociedade livre e independente, que está sendo substituída por leis *ex post facto* que não tiveram suas origens na legislação e sim através de decretos judiciais. O fato das decisões políticas específicas impostas pelos juízes possam ser contraprodutivas é secundário.

Aqueles que desejam que os juízes não sejam limitados pelo documento que autoriza o Poder Judiciário, nem pelos princípios concordados naquele documento, estão essencialmente buscando a justiça cósmica. Por mais que a justiça cósmica possa parecer superior, os juízes não têm autorização do cosmo, assim como os seres humanos não têm capacidades cósmicas, mesmo quando têm suposições cósmicas.

Uma das defesas mais conhecidas do ativismo jurídico é aquela em que os tribunais foram "forçados" a agir porque o Congresso, o presidente ou outras autoridades ou instituições "falharam" em agir. Apenas pressupondo a *necessidade* da política X é que devemos acreditar que a falha de todas as outras instituições de agir deve ser interpretada como imperativo para que uma única instituição imponha a política X. Apenas quando a política é favorecida pelos ungidos que esse tipo de *non sequitur*[687] pode passar despercebido. Todo o sistema constitucional de equilíbrio e verificação — criado precisamente para impedir que qualquer ramificação do governo aja com soberania — é então alegremente deixado de lado por aqueles que enxergam os tribunais como último recurso para a criação de políticas que refletem a visão dos ungidos, mas que não podem se tornar lei de outra forma.

Mesmo que as grandes mudanças que aconteceram ao longo dos séculos depois que a Constituição foi escrita forneçam pontos de partida para os apoiadores do ativismo jurídico, as decisões judiciais específicas que geraram maior controvérsia em décadas recentes envolveram coisas comuns e bem conhecidas da época da sua escritura: aborto, orações nas escolas, a prisão de

---
[687] Ver nota 159.

criminosos, segregação das raças, votos com pesos diferentes e execuções[688]. A maior parte do esplendor retórico sobre mudanças tecnológicas e outras não tem relação com as controvérsias específicas discutidas. Assim como um longo período de tempo também não é necessário ou suficiente para explicar o ativismo jurídico. O Civil Rights Act de 1964 foi aprovado quando ainda estavam vivos e, em alguns casos, até enquanto ainda exerciam seus mandatos, os juízes que votaram junto com o juiz William J. Brennan para não seguir "uma interpretação literal" de suas palavras no caso *Weber*[689] de 1979. A interpretação majoritária da Suprema Corte foi tão diretamente oposta às claras palavras da lei, que um outro juiz fez ligação entre a fuga da corte dessas palavras às grandes fugas de Houdini[690].

O mesmo juiz Brennan, que afirmou antes que diferenciar a intenção original dos legisladores era praticamente impossível[691], nesse caso enxergou as intenções dos legisladores tão claramente — a "principal preocupação" do Congresso pelo "empenho dos negros em nossa economia"[692] — que ele desconsiderou as simples palavras do Civil Rights Act, que proibia *qualquer* discriminação racial em programas de treinamento de aprendizes, como aquele que excluiu um trabalhador branco, Brian F. Weber, para poder incluir trabalhadores negros com menos qualificação. Também não pode ser afirmado que o Congresso não havia pensado nessas possibilidades, pois a história da legislação do Civil Rights Act é abundante nas discussões da possibilidade de "discriminação reversa" — e abunda em repúdios de qualquer tipo de política como essa[693].

Entre os incríveis raciocínios de preferências compensatórias para minorias selecionadas a serem impostas pelas cortes está aquele de que essas preferências apenas equilibram preferências prévias dos membros da população majoritária. De acordo com o colunista do *The New York Times*, Tom Wic-

---

[688] Os casos da Suprema Corte em questão são, respectivamente, *Roe v. Wade*, 410 U.S. 113 (1973); *Engel v. Vitale*, 370 U.S. 421 (1962); *Miranda v. Arizona*, 384 U.S. 436 (1966); *Brown v. Board Education of Topeka, Kansas*, 347 U.S. 483 (1954); *Baker v. Carr*, U.S. 369 U.S. 186 (1962) e *Furman v. Georgia*, 408 U.S. 238 (1972).
[689] *United Steelworkers of America v. Brian F. Weber*, 443 U.S. 193 (1979) a 207, nota 7.
[690] *Ibid.*, a 222.
[691] William J. Brennan, "The Constitution of the United States: Contemporary Ratification", p. 4.
[692] *United Steelworkers of America v. Brian F. Weber*, 443 U.S. 193 (1979) a 207, nota 7.
[693] U.S. Equal Employment Opportunity Commission, *Legislative History of Titles VII and IX of Civil Rights Act of 1964*. Washington, D.C.: U.S. Government Printing Office, sem data, p. 1007-08, 1014, 3005-06, 3013, 3060, *passim*.

ker, "a vida norte-americana nunca foi tão 'imparcial, daltônica ou sem preferências'"[694]. Contudo, isso traz o questionamento tão comum em outros contextos: deve a lei tentar a justiça cósmica intertemporal, ou simplesmente aplicar as mesmas regras para todos no único plano temporal sobre o qual tem jurisdição — o presente e o futuro? Além disso, a decisão de optar por justiça cósmica intertemporal cabe aos juízes, seja obtendo autorização da Constituição ou de estatutos votados por autoridades eleitas? Essas perguntas tão óbvias são esquivadas por serem redefinidas como "simplistas". Um juiz federal no Texas forneceu um exemplo típico dessa tática:

> Os réus argumentaram que qualquer tratamento preferencial a um grupo baseado em raça viola a Décima-Quarta Emenda e, portanto, é inconstitucional. Entretanto, essa aplicação simplista da Décima-Quarta Emenda ignoraria a longa história de difundida discriminação racial em nossa sociedade para a qual foi adotada para remediar e as complexidades de atingir os objetivos societais de superar os efeitos passados dessa discriminação[695].

Assim como em diversos outros contextos, a palavra "simplista" não foi parte de um argumento, mas serviu como substituta para um argumento. Interpretar a Décima-Quarta Emenda tal como ela é — tratamento igual para todos — não é ignorar a história que levou à criação daquela Emenda. Frente à gritante discriminação contra os negros, aqueles que escreveram a Décima-Quarta Emenda poderiam ter escolhido diversas respostas — tratamento compensatório para os negros, tratamento igual para os negros, tratamento igual para todos etc. Eles tomaram essa decisão quando escreveram a Emenda, assim como aqueles que escreveram o Civil Rights Act de 1964 fizeram a mesma escolha quando escreveram essa legislação. Também não há nenhuma indicação das pesquisas de opinião pública, ou qualquer outra fonte, de um objetivo "societal" de compensar o passado, não importa o quanto esse objetivo possa fazer parte da visão dos ungidos. Em resumo, toda essa retórica vaga e arrogante reabre uma decisão que já havia sido tomada e sancionada em lei — nunca revogada ou emendada, exceto através de "interpretação" judicial.

---
[694] Tom Wicker, "Justice or Hipocrisy?" *New York Times*, 15/ago/ 1991, p. A23.
[695] *Cheryl H. Hopwood et al. v. the State of Texas*, U.S. District Court, Western District of Texas, Austin Division, n° A 92 CA 563 SS, 1994, p. 2-3.

Uma dependência similar na visão dos ungidos, em vez de na palavra da Constituição ou estatutos votados por autoridades eleitas, aconteceu em um caso muito diferente, *Planned Parenthood versus Casey*, um caso de aborto. Mais uma vez, "critérios em evolução que marcam o progresso de uma sociedade em amadurecimento" foram citados — dessa vez, pelos juízes Sandra Day O'Connor, David Souter e William Kennedy[696] — como base para a decisão tomada.

O significado maior da questão do ativismo jurídico *versus* restrições jurídicas vai além de uma questão de teorias específicas de interpretações legais, ou dos méritos e deméritos das políticas sociais específicas envolvidas em casos específicos. De fato, vai até os alicerces de uma sociedade autônoma e livre. Quando aqueles com a visão dos ungidos se alinham por trás do ativismo jurídico, como eles fazem, não é por causa de uma possível coincidência de que todos eles por um acaso preferem uma teoria legal a outra. O ativismo jurídico é um mecanismo através do qual aquela visão pode ser imposta a um público que não a apoia, sem ter sido passada pelas autoridades eleitas que não ousariam votar em muitas coisas daquela visão, incluindo a expansão dos direitos dos criminosos, cotas e ações afirmativas e outras políticas controversas pelas quais o público e os ungidos estão em lados opostos.

Algumas das próprias afirmações em opiniões da Suprema Corte revelam a extensão da ligação do ativismo jurídico com a visão dos ungidos, usando esta como base para decisões que não têm fundamento nas palavras da Constituição, ou em qualquer outro estatuto aprovado por legisladores. Por exemplo, ao derrubar uma pena de morte no caso de um assassino que cometeu seu crime aos 15 anos de idade, o juiz John Paul Stevens (1920-2019) citou "padrões de decência em constante evolução", que tornavam possível a proibição da Oitava Emenda a "punição cruel e incomum"[697]. Apesar de alegar que essa execução seria "abominável à consciência da comunidade"[698], as referências específicas do juiz Stevens foram as "opiniões expressas por organizações profissionais respeitadas" a "outras nações que partilham de nossa ascendência anglo-saxônica" e aos "principais líderes da comunidade europeia

---

[696] *Planned Parenthood v. Casey*, 112 S. Ct. 2791 (1992) a 2813.
[697] *Day-Brite Lightning, Inc. v. Missouri*, 342 U.S. 421 (1952) a 423.
[698] *Olsen v. Nebraska*, 313 U.S. 246 (1941) a 247.

ocidental"[699] — em resumo, aos ungidos. Claramente, não haveria em primeiro lugar nenhum problema frente a Suprema Corte a não ser que a comunidade *em geral*, onde esse assassinato aconteceu, tivesse optado pela pena de morte, mesmo para assassinos de 15 anos de idade. De maneira similar, em um outro caso, a Suprema Corte falou sobre como a decisão seria enxergada pela "parte consciente da nação"[700].

O efeito do ativismo jurídico é que ele permite que a visão dos ungidos vete as decisões legalmente impostas pela comunidade, mesmo quando estas não estão em conflito com a Constituição escrita. Além disso, esse veto é exercido em nome da Constituição e até em nome da comunidade, pelo menos daqueles que se consideram parte da comunidade "com consciência".

Atividade Seletiva

Tribunais cujas decisões são baseadas na lei escrita e nos significados históricos da Constituição estão praticando a restrição jurídica, mesmo que isso os faça se empenhar em muitas atividades, emitindo ordens judiciais ou derrubando eventual legislação que não seja consistente com a Constituição. Por outro lado, tribunais cujas decisões permitem outras considerações como decisivas estão praticando o ativismo judicial, mesmo que isso leve a aceitação passiva de políticas e legislações que vão contra as garantias constitucionais. Em resumo, a atividade não é marca do ativismo judicial. É a natureza e fundamento daquela atividade que importa.

Um tribunal que permite suas próprias ideias de "critérios em evolução" e "consciência da comunidade" tenha prioridade com relação à lei escrita e a Constituição histórica está praticando o ativismo judicial — mesmo que isso signifique *fazer nada* quando direitos a propriedade estão sendo violados por ocupações ou por uma legislação que ignora as proteções da Quinta Emenda contra a apreensão de propriedades pelo governo sem o devido julgamento ou compensação justa. Um juiz que aplicaria a lei escrita nesses casos estaria seguindo a "restrição jurídica", mesmo que ele possa ser mais ativo

---

[699] *Day-Brite Lightning, Inc. v. Missouri*, 342 U.S. 421 (1952) a 423.
[700] *Williamson v. Lee Optical Co.*, 348 U.S. 483 (1955) a 488.

emitindo ordens judiciais ou declarando inconstitucionais as legislações que ferem a Constituição. Historicamente, a revolução jurídica, que começou com as indicações à Suprema Corte pelo presidente Franklin D. Roosevelt (1882-1945), tornou-se mais tolerante com o tipo de legislação que antes era derrubada por ser inconstitucional. Mesmo um clássico ativista jurídico como o juiz William O. Douglas poderia usar a linguagem da restrição jurídica — "Não estamos lidando com uma superlegislatura"[701], por exemplo — em casos envolvendo "programas econômicos e sociais"[702], "a área do trabalho empresarial"[703], ou "condições de negócios e indústrias"[704].

Apesar de, em princípio, o ativismo jurídico possa ser expressado com inatividade, muitas das decisões judiciais que atraíram a atenção do público e controvérsias nas décadas recentes foram de casos em que os tribunais foram ativos em derrubar legislação e decisões de outros tribunais. Isso confundiu a questão ao invés de defini-la. A clara linha da consistência nas decisões dos ativistas judiciais — seja no aumento da tolerância à legislação que infringe os direitos à propriedade, ou o direito constitucional de formar contratos, por um lado, ou então derrubar leis abortivas estaduais, ou prescrever procedimentos para a polícia local quando realizarem prisões, por outro — é que os juízes não têm suas ações limitadas pelas regras vigentes criadas por outros, mesmo quando os significados históricos daquelas decisões são bem claros, porém, estão livres para se esquivarem dessas regras através de "interpretações" baseadas em filosofias sociais mais abrangentes, ou uma ideia de justiça cósmica.

Desta forma, por exemplo, o fato de que a proibição de "punição cruel e incomum" da Oitava Emenda claramente não incluía a pena de morte, que era permitida e regulamentada por outras emendas constitucionais aprovadas ao mesmo tempo, não impediu que ativistas jurídicos derrubassem penas de morte sem nenhuma fundamentação na Constituição histórica e em legislação subsequente. Além disso, a Suprema Corte até afirmou, como um princípio geral, sua emancipação dessas limitações históricas. Por exemplo:

---

[701] *Planned Parenthood v. Casey*, 112 S. Ct. 2797 (1992) a 2805.
[702] *Ibid.*, a 2806.
[703] *Ibid.*, a 2859-60.
[704] *Ibid.*, a 2860.

CAPÍTULO VIII | DESASTRE NOS TRIBUNAIS

Nem a Declaração de Direitos, nem as práticas específicas dos estados no período da adoção da Décima-Quarta Emenda, marcam os limites externos da esfera de liberdade que a Décima-Quarta Emenda protege[705].

Em resumo, a Suprema Corte se libertou de suas amarrações e significados históricos, dependendo agora de seu próprio "julgamento fundamentado"[706]. Como esse julgamento *ad hoc* poderia ser lei, no sentido de regras conhecidas previamente por outros, não foi dito.

Precedentes versus a Constituição

Restrições judiciais tradicionalmente envolvem não só uma relutância em ir além da Constituição histórica e nos estatutos devidamente decretados (nos quais esses não violam a Constituição), mas também uma relutância em derrubar decisões prévias de tribunais nas quais o público dependia para tomar suas decisões e fazer seus planos. Resumindo, tenta deixar intacta uma estrutura de lei conhecida previamente, através da qual os cidadãos podem guiar suas ações. Entretanto, um longo período de ativismo jurídico torna difícil, senão impossível, para os tribunais subsequentes aderirem simultaneamente ambos os princípios de restrição jurídica. Para sustentar os significados originais da Constituição, ou da legislação estatutária, pode ser necessário derrubar precedentes que violam esses significados.

Conforme juízes federais mais inclinados à restrição jurídica começaram a ser indicados nos anos 1980, depois de muitas décadas nas quais juízes ativistas haviam redesenhado o cenário legal, o dilema que aparecia repetidamente perante esses novos juízes era entre manter os precedentes criados por ativistas ou os significados históricos da lei escrita. Por exemplo, ao discordar da opinião de que o "julgamento fundamentado" atual era o critério das interpretações constitucionais em um caso de aborto, o juiz William Rehnquist (1924-2005) voltou-se para as circunstâncias históricas nas quais a Décima-Quarta Emenda foi aprovada:

---
[705] *Ibid.*, a 2879.
[706] *Ibid.*, a 2874.

No período de adoção da Décima-Quarta Emenda, proibições estatutárias ou restrições ao aborto eram comuns; em 1868, pelo menos 28 dos então 37 estados e 8 territórios tinham decretos que baniam ou limitavam o aborto [...]. Quanto a isso, não se pode dizer que qualquer tradição profundamente enraizada de prática relativamente irrestrita do aborto em nossa história apoia a classificação do direito ao aborto como "fundamental" sob o artigo do devido processo na Décima-Quarta Emenda[707].

Essa abordagem sequer menciona a questão cósmica sobre se uma mulher tem "o direito de fazer o que quiser com seu próprio corpo", como é muitas vezes colocado. A pergunta era se as proteções de liberdades atuais da Décima-Quarta Emenda das interferências estaduais englobavam o aborto. A conclusão do juiz-chefe Rehnquist foi de que "a Corte estava errada" no caso *Roe versus Wade* quando classificou a decisão de uma mulher de interromper sua gravidez como "direito fundamental" *sob a Décima-Quarta Emenda*[708]. Se era um direito fundamental em algum sentido cósmico não era uma questão dentro da jurisdição de um tribunal criado para aplicar a Constituição e os decretos. Como disse o juiz Antonin Scalia: "É difícil manter a ilusão de que estamos interpretando a Constituição e não inventando uma nova, quando reformamos suas disposições tão alegremente"[709]. A "liberdade de abortar seu bebê não nascido" é, obviamente, "uma liberdade de grande importância a muitas mulheres", ele disse, mas o "problema é se é uma liberdade protegida pela constituição dos Estados Unidos da América".

Dada essa abordagem histórica das restrições jurídicas, o juiz-chefe Rehnquist e outros dissidentes pediram que o precedente de 1973 *Roe* fosse revogado em 1992:

> Nossa vigilância constitucional não cessa meramente porque falamos sobre um assunto; quando fica claro que uma interpretação constitucional prévia não serve, somos obrigados a reexaminar a questão.

Apesar da restrição jurídica não ter prevalecido nesse caso, em alguns outros casos anteriores interpretações corajosas das leis foram reduzidas. A der-

---
[707] *Ibid.*, a 2861.
[708] "Supreme – But Also Court", *New York Times*, 30/jun/1991, p. E14.
[709] "Runaway Supreme Court", *New York Times*, 2/fev/1992, p. E16.

rubada de precedentes gerou denúncias da mídia e de intelectuais acadêmicos que haviam aplaudido o ativismo judicial destruidor de precedentes da era da Corte de Warren. Um editorial do *The New York Times* foi típico neste sentido:

> A reversão irresponsável de precedentes: esse não é o papel da Suprema Corte. Os nove juízes são de fato supremos e muitas vezes têm a palavra final. Porém, eles são também um tribunal, limitados contra a obstinação e injustiça. O templo de mármore não foi construído para que os nove possam se encontrar para decidir entre eles assuntos de interesse público.

Nenhuma reclamação similar foi feita quando a Corte de Warren revogou precedentes que eram mais numerosos e de maior duração. Mesmo assim, o *Times* continuou a repreender a Corte Rehnquist por "desprezo por precedentes" e seu colunista Tom Wicker acusou os novos juízes de "hipocrisia" e expressou seu próprio desprezo pelos presidentes que os indicaram e "tagarelaram por restrição judicial"[710]. Mesmo na própria Suprema Corte, o juiz Thurgood Marshall (1908-1993) reclamou de um "ataque de longo alcance aos precedentes da Corte"[711]. Nada disso reconheceu que as novas anulações de precedentes eram necessários por conta de anulações de precedentes anteriores, todas aplaudidas por aqueles que agora falam dos precedentes como se fossem sagrados.

Apesar desses alardes por parte dos ungidos, a Suprema Corte permaneceu dividida na questão de respeitar os precedentes *versus* anular precedentes que não concordavam com a linguagem dos estatutos ou da Constituição. Os juízes Antonin Scalia e Clarence Thomas claramente mostraram que estão preparados para reverter precedentes que não têm base na Constituição ou no texto dos estatutos. No caso de 1994, *Holver versus Hall*, por exemplo, o juiz Thomas rejeitou a "desastrosa desventura da Suprema Corte na elaboração de políticas" em suas prévias interpretações do Voting Rights Act. Essas práticas judiciais "não continuarão", ele disse. "Não por mais um mandato, não até o próximo caso, não por mais um dia sequer"[712]. Entretanto, os tão aclamados

---

[710] Tom Wicker, "This Radical Court", *New York Times*, 29/jun/1991, p. A23.
[711] Linda Greenhouse, "The Conservative Majority Solidifies", *New York Times*, 30/jun/1991, p. E1.
[712] *Holder v. Hall* (1994), 114 S. Ct. 2581 a 2592.

"de centro" da Corte — juízes Sandra Day O'Connor, William Kennedy e David Souter — frequentemente tentam encontrar um meio termo ou compromissos judiciosos. Entre esses "do centro", Sandra Day O'Connor foi talvez a mais esperta ao perceber as fracas pretensões usadas nas elaborações de políticas — e, ao mesmo tempo, a mais relutante em anular precedentes. O termo arrogante "jurisprudência" foi evocado com frequência pela juíza O'Connor de uma maneira que parecia se resumir em dizer: isso pode não estar na Constituição ou nos estatutos, mas os juízes falaram, então, temos de seguir.

Precedentes não devem ser menosprezados. As pessoas e as instituições podem basear grandes decisões na lei da maneira que ela existe e interrupções constantes podem ser custosas ou até desastrosas. Entretanto, o efeito final da abordagem da juíza O'Connor parece pegar o pior de ambos os lados: os precedentes irresponsáveis ou criados de maneira cínica do passado se tornam sagrados enquanto negam aos cidadãos a segurança da lei conhecida — pois precedentes criados tipicamente não são leis claras, apenas uma promessa de ajustes judiciais em progresso, como no caso *Planned Parenthood versus Casey*, no qual restrições estaduais ao aborto eram permitidas, desde que essas restrições não colocassem um "fardo indevido" na mulher em questão. Essa norma não é uma lei. É uma carta cheia de intromentimentos judiciais sem fim, com resultados legais conhecidos apenas após a conclusão. A lei de fato perdeu sua alma e se transformou em selva.

[CAPÍTULO IX]

[Capítulo IX]
Realidade Opcional

> *[...] ideologia [...] é um instrumento de poder; um mecanismo de defesa contra a informação; um pretexto para restrições morais astutas ao fazer ou aprovar o mal com uma consciência limpa; e finalmente, uma maneira de banir o critério da experiência, ou seja, de eliminar completamente ou adiar indefinidamente os critérios pragmáticos do sucesso e fracasso.*
> — Jean-François Revel (1924-2006)[713]

A recapitulação neste capítulo de nossa exploração da visão dos ungidos vai começar com sua maior conquista e seu maior perigo, que são uma mesma coisa: a visão se tornou autônoma e autojustificada — ou seja, independente de evidências empíricas. É isto que a torna tão perigosa, não por causa de um conjunto de políticas em específico que possam ser falhas ou contraprodutivas, mas porque o isolamento da evidência praticamente garante um infinito suprimento de polícias e práticas fatalmente independentes da realidade. Essa visão autônoma e autojustificada se tornou uma medalha de honra e uma declaração de identidade: afirmá-la é ser um de *nós* e se opor a ela é ser um *deles*. Além disso, a penetração da visão dos ungidos em todos os níveis do sistema norte-americano de educação garante suprimentos futuros

---

[713] REVEL, Jean-François. *The Flight From Truth: The Reigh of Deceit in the Age of Information*. Nova York: Random House, 1991, p. 228.

de pessoas doutrinadas com essa visão e também convencidos de que eles devem "fazer a diferença" — a elaboração de políticas públicas deve ser vista como gratificação ao ego ao impor a sua visão aos outros através do poder do governo.

Os princípios centrais da visão predominante podem ser resumidos em cinco proposições:

1. Situações sociais dolorosas ("problemas") existem não por conta dos limites inerentes ao conhecimento ou recursos, ou por conta das inadequações inerentes aos seres humanos, mas sim porque outras pessoas não detêm a sabedoria ou a virtude dos ungidos;
2. Crenças evoluídas representam apenas um grupo "socialmente construído" de ideias, não refletem a realidade. Por conseguinte, a maneira que "problemas" podem ser "solucionados" é a de aplicar a racionalidade articulada dos ungidos, ao invés de depender das tradições evoluídas ou processos sistêmicos que surgem das experiências das massas;
3. Causalidade social é intencional, não sistemática, de forma que se deve condenar várias características da experiência humana que são infelizes, ou parecem ser anômalas para os ungidos;
4. Grandes perigos sociais ou biológicos podem ser evitados apenas pelo governo por meio da imposição da visão dos ungidos às pessoas menos esclarecidas;
5. Oposição à visão dos ungidos se deve não a uma leitura de evidências complexas e inconclusivas, mas existe apenas porque falta intelecto ou moral em seus oponentes, às vezes ambas as coisas.

Talvez até mais importante do que os princípios específicos dessa visão é o fato de que essas proposições não são tratadas como hipóteses a serem testadas, mas como axiomas autoevidentes. A evidência raramente é solicitada ou apresentada — e evidências contrárias são muitas vezes ignoradas ou respondidas apenas com escárnio.

Seja lidando com crime, política externa, economia, meio ambiente ou mil outros assuntos, o primeiro pré-requisito é de que essas questões devem ser concebidas em termos que bajulem os egos dos ungidos. A questão não é sobre como reduzir o crime, mas como mostrar a superioridade dos ungidos

CAPÍTULO IX | REALIDADE OPCIONAL

aos ignorantes na questão do crime, falando de coisas como "a raiz do problema". Na política externa, a questão não é como melhor garantir a vida e o sustento do povo norte-americano e sim como demonstrar a virtude e sabedoria superiores dos ungidos, promovendo um cavalheirismo desinteressado por todo o mundo, uma visão que transformou pombos da Guerra Fria em gaviões pós-Guerra Fria da Bósnia ao Haiti. Qualquer conceito, teoria ou política que cumpre a função vital de validar o senso de justiça diferencial dos ungidos tem posição especial para se tornar parte de sua visão, mesmo com pouca ou nenhuma evidência — na verdade, apesar da enorme evidência do contrário.

A adoção como mascotes de todo tipo de pessoas que podem criar altos custos para seus companheiros humanos — seja no crime, doença ou comportamento de parasita — claramente cumpre os requisitos de bajulação dos ungidos com sua visão superior, o que permite que eles vejam questões sociais em termos de como a "sociedade" tratou mal suas "vítimas", que devem ser resgatadas pelos ungidos. Essa visão requer que o comportamento das mascotes, suas escolhas e performances sejam menosprezadas como fatores de resultados infelizes, o que é entendido na frase de superioridade: "culpando a vítima". Rejeitar a moralidade tradicional também permite aos ungidos acreditar que, por todo o mundo, milhões de pessoas de todas as raças, crenças e nacionalidades vinham, por milhares de anos, se enganando totalmente ao pensar que códigos morais são necessários para a sobrevivência da civilização — um erro que deve ser corrigido pelas recém-cunhada sabedoria do *zeitgeist*.

A destreza verbal tem um papel chave em proteger a visão dos ungidos das vicissitudes de meros fatos. Através da mágica das definições, ninguém jamais pode contrair Aids por "contato casual" e ninguém jamais vai ser morto por um "morador de rua". Qualquer descoberta recente de como alguém pode pegar Aids vai ser portanto removida da categoria "contato casual" e qualquer morador de rua que cometer homicídio vai ser, a partir de então, chamado na mídia de "à deriva" ou "em situação transitória" — não "morador de rua".

De fato, a própria ideia de testar convicções contra a realidade é atacada por coisas como desconstrução, relativismo cultural e a prática de descrever conclusões incompatíveis como "percepções" ou "estereótipos" e atribuir uma "falsa consciência" àqueles que o fazem. Apesar dessas e outras táticas, realidades tridimensionais inflexíveis são reduzidas a tendências psicológicas unidimensionais — diferenças na renda entre homens e mulheres, por exemplo, por causa de "instituições indiferentes" e "empregadores exploradores", como disse Barbara Ehrenreich[714]. Qualquer informação nada lisonjeira sobre qualquer grupo tratado como mascote pelos ungidos é atribuída a intenções malignas contra aquele grupo, quando essa mesma informação vem de alguém de fora, ou de "ódio a si mesmo", quando vem de alguém de dentro. Como apontou Hannah Arendt (1906-1975): transformar questões de fato em questões de intenção foi uma das maiores conquistas dos regimes totalitários do século XXI. É uma conquista perigosa que sobreviveu ao colapso de impérios fascistas e comunistas, tornando-se um marco para grande parte da *intelligentsia* ocidental.

A separação da realidade está tão próxima de estar completa, que a questão raramente surge, se é que surge, assim como se o mundo dentro da mente dos ungidos fosse diferente do mundo de fora. O fato de que existe uma visão em primeiro lugar — uma estrutura de pressuposições, sem a qual mesmo suas crenças mais sinceras são infundadas — é algo percebido de vez em quando por aqueles com a visão trágica[715], mas raramente, ou talvez nunca, por aqueles com a visão dos ungidos. Para os ungidos, sua visão e realidade são a mesma coisa. Contudo, o mundo de suas mentes tem poucas das duras limitações do mundo habitado por milhões de outros seres humanos. O papel crucial de uma visão é o de permitir que uma vasta gama de convicções seja tida presumivelmente como verdade até que seja definitivamente refutada por evidência incontestável — algo raramente encontrado fora dos laboratórios científicos. Outra maneira de falar a mesma coisa é que essa visão coloca todo o ônus da prova nos outros.

O MUNDO DOS UNGIDOS

O mundo dos ungidos é um lugar bem organizado — ou, para dizer de outra forma, todo desvio do mundo real com relação à sua organização é

---

[714] Barbara Ehrenreich, "Sorry, Sisters, This Is Not the Revolution", *Time*, primavera de 1990, p. 15.
[715] Veja, p. ex., MAGNET, Myron, *The Dream and the Nightmare: The Sixtie's Legacy to the Underclass*. Nova York: Morrow, 1993, p. 155; STEPHEN, James Fitzjames, *Liberty, Equality, Fraternity*. Indianapolis: Liberty Fund, 1993, p. 169.

CAPÍTULO IX | REALIDADE OPCIONAL

considerado culpa de outra pessoa. Se a estatística do desemprego ou admissão nas universidades não batem com a ideia prévia dos ungidos, então isso indica discriminação. Se alguém é vítima de um dos "milhares de choques naturais dos quais a carne é herdeira", a culpa é de outra pessoa que deveria ter previsto e feito algo para prevenir que acontecesse. Ambas as suposições levaram a um grande aumento de processos e indenizações enormes sob definições, em constante expansão, de discriminação e de responsabilidade civil. Se um assassino não teve uma infância tão feliz quanto imagina-se que todos os outros tiveram, isso se torna uma razão para reduzir sua sentença.

Nesse mundo altamente previsível e altamente controlável, onde políticos profetas podem "investir" dólares de impostos nas "indústrias do futuro", onde criminosos podem ser "reabilitados", pode-se ensinar "habilidades de pais" para mães irresponsáveis e onde todo tipo de problema social pode ser "solucionado", há um óbvio papel em expansão para o governo e para os ungidos em ditar o que o governo deve fazer. Anseios não realizados e inibições irritantes não têm lugar nesse mundo organizado dos ungidos, onde até um suprimento inadequado de heróis e conquistas históricas de grupos são culpa de outras pessoas, provavelmente dos historiadores. É um mundo onde a própria realidade é "socialmente construída" e portanto pode ser "desconstruída" e assim montada de novo da maneira que desejar.

Não é difícil entender o porquê de alguém preferir viver nesse tipo de mundo, em vez de habitar um mundo de opções inerentemente restritivas, escolhas trágicas e invariáveis trocas incrementais no lugar de "soluções" categóricas e emocionalmente satisfatórias. A única questão é se está dentro de nossos poderes escolher entre esses mundos alternativos — no final, perguntar se a realidade é opcional.

O contínuo desejo de tornar "acessíveis" coisas específicas por meio de políticas públicas, ou de ter o governo fornecendo uma lista sempre em crescimento de "necessidades básicas", sugere que as realidades econômicas transmitidas pelos preços são vistas como convenções sociais arbitrárias, não como expressões de limitações inerentes e custos inescapáveis. De maneira similar, o desejo de poupar "estigmas" às pessoas por seu comportamento acaba por tratar esses estigmas como representações de limitações arbitrárias por parte dos outros, ao invés de retaliação social pelos custos reais criados pelos estigmatizados — e como dissuasão para outros que podem criar mais custos na ausência dos estigmas.

A visão dos ungidos separa efeitos de causas. A própria possibilidade de que muitas desigualdades do resultado são causadas pelas desigualdades das causas é muitas vezes colocada de lado rapidamente por aqueles com a visão dos ungidos, tanto que estatísticas sobre resultados desiguais se transformam em acusações automáticas contra a "sociedade". Há muitas discussões sobre aqueles que têm e não têm, mas pouca discussão sobre aqueles que *fazem* e os que *não fazem*, aqueles que contribuem e aqueles que meramente se aproveitam. O uso difundido da palavra "inaceitável" em circunstâncias sociais sugere que a realidade depende de nossa aceitação dela.

Essa abordagem inteira teve o efeito final de isolar as pessoas e as políticas da consciência de como e por que suas ações traziam consequências infelizes. Ao tratar a realidade como algo maleável e experiências desagradáveis como facilmente evitáveis, essa abordagem ignora as poderosas forças por trás da realidade, incluindo os perigosos, porém naturais, impulsos dos seres humanos. Ao invés de sermos tratados como inerentemente limitados pela realidade, essa abordagem trata a realidade como se fosse limitada pelo que aceitamos. Um governo ativista alimenta essa ilusão porque ela pode de fato trazer mudanças dramáticas em circunstâncias específicas — apesar que sempre com um custo retirado de outro lugar, mesmo que muitos desses custos sejam ignorados, negados ou finalmente tratados como surpresas, "problemas" novos que surgem para serem "solucionados" com ainda mais programas. Dessa forma, aqueles que, durante décadas, apoiaram políticas cujos efeitos colaterais incluem massiva destruição de moradias de baixo custo — programas de renovação urbana, controle de aluguel e plano diretor com crescentes custos e restrições ao meio ambiente, por exemplo — estão entre aqueles mais chocados e revoltados com o aumento do número de moradores de rua. Aqueles que mais consistentemente enfraqueceram a força policial e outros elementos da lei estão entre aqueles mais chocados pelo aumento da criminalidade e violência.

No mundo dos ungidos, a natureza humana pode ser modificada a qualquer momento. Dizer que uma política específica necessita da alteração nas disposições e valores de outras pessoas pode parecer uma perspectiva assustadora, mas, para os ungidos, é uma oportunidade de ouro. "Conscientizar" outras pessoas ou ajudá-las a "crescer" são ideias muito atraentes àqueles com a visão dos ungidos. De maneira similar, enquanto a polarização é para os outros algo a se temer, para aqueles com a visão dos ungidos ela é a confir-

CAPÍTULO IX | REALIDADE OPCIONAL

mação de sua própria superioridade sobre os ignorantes. De fato, o próprio conceito de polarização geralmente só é aplicado às ações dos ignorantes ao resistir à imposição da nova uniformidade. Seja o transporte escolar obrigatório para equilíbrio racial, ou a imposição de novas políticas para *gays* no Exército, para os ungidos estas não são polarizações que estão criando. Apenas aqueles em oposição que estão criando a polarização.

Uma das consequências sinistras dessas atitudes é que não há nenhum ponto final lógico ao criar polarizações que podem dividir a sociedade, ou ter repercussões que podem menosprezar não só essas políticas como também as instituições básicas de uma sociedade livre. "Fortes homens" fascistas historicamente emergiram com apoio público daqueles aborrecidos ou alarmados com a destruição da lei e da ordem e dos valores tradicionais. Não há nada na visão predominante que faça os ungidos pararem antes que as coisas cheguem a esse ponto. Ao contrário, os avisos desta catástrofe iminente podem ser vistos pelos ungidos como indicadores bem-vindos de sua própria superioridade moral sobre os ignorantes.

Essa visão de mundo egocêntrica e que bajula a si mesma também está relacionada com a constante busca por coisas "novas" e "empolgantes" e uma "liberação" das limitações impostas por seres inferiores. Entretanto, quando esquecemos a suposição de que os ungidos são maravilhosamente especiais — o mesmo que dizer, quando reconhecermos "um respeito decente pela opinião da humanidade", como está na Declaração de Independência — tudo muda. Na vida social, quanto mais fundamental é uma verdade, maior a probabilidade de ela ter sido descoberta muito tempo atrás — e de ter sido repetida de milhares de maneiras diferentes até atingir o ponto do tédio total. Nesse contexto, ao tornar a empolgação e a novidade alicerces de uma ideia é arriscar abandonar a verdade por bugigangas ideológicas.

Se a verdade é chata, a civilização é enfadonha. As limitações inerentes na vida civilizada são frustrantes de inúmeras maneiras. Mesmo assim, aqueles com a visão dos ungidos muitas vezes enxergam essas limitações como imposições arbitrárias, coisas das quais eles — e todos nós — podemos nos "libertar". A desintegração social que se seguiu a essa liberação raramente provocou qualquer reconsideração séria sobre qualquer conjunto de suposições — a visão — que leva a esses desastres. Aquela visão é muito bem protegida do *feedback*.

Proteção contra Feedback

Frequentemente se acusa a *intelligentsia* e outros membros dos ungidos de terem teorias e políticas baseadas na falta de bom senso. Contudo, o fato de o bom senso ser algo comum faz com que ele não tenha qualquer apelo para os ungidos. Como eles podem ser mais inteligentes e nobres que todos e, ao mesmo tempo, concordar com todos? Em tudo, da arte *avant-garde*, música e drama a animais exóticos e atividades "radicais chiques", a ênfase está em como são diferentes, especiais. Um coro de reclamações do público contra o que estão fazendo ou apoiando não é uma razão para reconsiderar, mas sim música para seus ouvidos. Desdenhar do "clamor do público", como é chamado quando há protestos contra decisões nos tribunais, é uma medalha de excelência. Tudo isso, é claro, contribui para proteger a visão dos ungidos do *feedback* da realidade.

Consistente com esse padrão de buscar a diferenciação a praticamente qualquer custo está a adoção de uma variedade de indivíduos antissociais e grupos como objetos especiais de cuidado — ou seja, exemplos especiais da visão mais ampla e arrogante dos ungidos. De assassinos múltiplos a mendigos fedorentos, esses elementos antissociais foram adotados como mascotes, assim como animais exóticos. Os estigmas impostos a eles pelo resto da sociedade meramente fornecem outra oportunidade para que os ungidos culpem a própria sociedade pela falha em "resolver" os "problemas" dessas pessoas. Novamente, por terem se comprometido com essa ideia arrogante de massas ignorantes, os ungidos bloquearam sua própria rota de fuga quando evidências começam a acumular de que suas mascotes mereceram os estigmas que receberam e não têm grandes chances de se transformarem magicamente por meio dos inúmeros programas e projetos que os ungidos criaram em seus benefícios. Outra avenida para a realidade foi bloqueada.

Um sintoma da separação dos limites da realidade é a tendência de tratar os números como se tivessem vida própria — por exemplo, extrapolações de dados estatísticos sem qualquer análise séria dos processos reais que geraram esses números. Isso é comum, não apenas nas projeções de uma "superpopulação" e projeções da "escassez de recursos", mas até na afirmação de que está errado criticar os tribunais pelo aumento das taxas de criminalidade que seguiram às revoluções das leis criminalistas dos anos 1960 por conta da

· CAPÍTULO IX | REALIDADE OPCIONAL

base "anormalmente baixa de crimes nos anos 1960 e início dos anos 1970"[716]. Em outras palavras, esses números aparentemente estavam programados para subirem de qualquer maneira — não por razões específicas e discerníveis, ancoradas na realidade, mas simplesmente porque eram "anormalmente baixos".

Pode-se facilmente dizer que a taxa de criminalidade estava anormalmente alta quando o país estava em crescimento, com fronteiras sem lei ainda sendo estabilizadas e quando suas cidades tiveram um crescimento sem precedentes devido a uma grande população poliglota de imigrantes — e que quando essas e outras influências adversas desapareceram com o tempo, as taxas de criminalidade também cessaram. No entanto, dizer isso seria o mesmo que dizer que os números não tinham vida própria, mas refletiam processos sociais verdadeiros — e que isso, por sua vez, sugere que a taxa crescente de criminalidade que se seguiu à revolução judicial no sistema de justiça criminal também foi resultado de fatos verdadeiros do mundo real. Entretanto, a relutância em dizer que as pessoas são responsáveis pelas consequências de suas ações — ainda que no sentido comum, muito menos no sentido moral — é aqui estendida aos juízes.

Essa abordagem é parte de um padrão mais geral entre aqueles com a visão dos ungidos; um padrão exemplificado pelo uso da palavra "epidêmico" para descrever um certo comportamento, inclusive o uso de drogas e as consequências em comportamentos sexuais, como a gravidez e a Aids. Sem um senso da tragédia da condição humana, e por conta das dolorosas trocas implícitas por limitações inerentes, os ungidos estão livres para acreditar que as infelicidades que observam e as anomalias que encontram são devido ao público não ser tão sábio ou virtuoso quanto eles. Tanto as suas concepções de questões sociais quanto o vocabulário que usam para debater são impregnados com ideias de "proteger" esse grupo ou "libertar" aquele outro — em ambos os casos, obviamente dos ignorantes ou das ações malignas de outras pessoas. É um mundo de vítimas, vilões e salvadores, com os ungidos no último patamar, no mais heróico papel. Desta forma, nessa visão, o Terceiro Mundo é pobre porque as nações mais prósperas os deixaram assim, os problemas na comunidade negra são causados pela comunidade branca, as mulheres são

---

[716] SILBERMAN, Charles E. *Criminal Violence, Criminal Justice.* Nova York: Random House, 1978, p. 19.

menos representadas em certas ocupações porque os homens as barram — e assim por diante. Explicações alternativas para todos esses fenômenos abundam em evidência, mas as alternativas à visão dos ungidos são rapidamente descartadas com escárnio.

Aqueles com a visão dos ungidos são especialmente relutantes em enxergar a natureza humana como fonte dos males que eles desejam erradicar. Ao invés disso, eles procuram causas *especiais* de males específicos. Não existe melhor exemplo dessa abordagem como as insistentes tentativas de chegar às causas — as "causas raiz", como dizem — do crime. Parece não haver nenhuma consciência de que as pessoas cometem crimes porque são seres humanos. Ou seja, os impulsos naturais das pessoas devem favorecê-los perante os outros, ignorando o prejuízo que causam na sua tentativa de satisfazer seus próprios desejos da maneira mais fácil. Se a maioria das pessoas não se comporta dessa maneira, sem vergonha nenhuma, é porque elas passaram por um longo processo para serem civilizadas — e porque esse processo é apoiado pela lei. A civilização foi adequadamente chamada de "uma fina crosta em cima de um vulcão"[717]. Os ungidos estão constantemente tocando nessa crosta.

Os perigos em uma visão não vêm apenas das suas respostas, mas também da maneira que formulam suas perguntas. O conceito de "distribuição de renda", por exemplo, faz com que as estatísticas sejam analisadas com certos preconceitos, de forma que as posições em constante mudança dos indivíduos sejam vistas como relações duradouras entre classes. O hábito de analisar políticas em termos dos objetivos que elas buscam e os valores que representam, sem mencionar as opções ilimitadas que pressupõem, leva-nos a uma direção completamente diferente de uma análise dos incentivos criados, dentro das limitações existentes, e o resultado provável desses incentivos e limitações.

É o entrelaçamento do intelecto e do ego que é tão perigoso, pois torna a visão altamente resistente a qualquer fato que ameace a estrutura existente de convicções e suposições. Guerras culturais são tão desesperadas porque elas não são simplesmente sobre os méritos e deméritos de políticas específicas. São sobre a ideia inteira dos ungidos de si mesmos — se eles têm o precipitado papel de vanguarda, ou o patético papel de pessoas vaidosas ou narcisistas.

---

[717] BARTLETT, John. *Bartlett's Familiar Quotations*. Boston: Little, Brown, 1968, p. 851.

CAPÍTULO IX | REALIDADE OPCIONAL

"Soluções" e Antecipações

Em vista do entrelaçamento do ego e da visão, é compreensível que aqueles com a visão dos ungidos tantas vezes busquem impor alguma "solução" ao invés de permitir que trocas incrementais sejam feitas através de processos sociais sistêmicos por aqueles diretamente envolvidos. Uma "solução" representa uma reivindicação à sabedoria ou virtude superiores, enquanto meras trocas variáveis não refletem nada mais que a variedade da escala de preferências e circunstâncias entre milhões de indivíduos. A linguagem de "problemas" e "soluções" muitas vezes não apenas ignora a realidade das trocas, como também esconde a imposição dos valores dos ungidos aos outros. Por exemplo, imagine uma sociedade que pode escolher entre a situação 1 e a situação 2, conforme demonstrado na tabela a seguir. Pela simplicidade, vamos supor que há três coisas benéficas cujas quantidades podem variar de acordo com qual política governamental for escolhida.

SITUAÇÃO 1	SITUAÇÃO 2
10.000 unidades de A	5.000 unidades de A
10.000 unidades de B	10.000 unidades de B
10.000 unidades de C	15.000 unidades de C

Para aqueles que preferem 5.000 unidades incrementais de C a 5.000 unidades incrementais de A, a situação 1 é um "problema" e a situação 2 é uma "solução". Contudo, obviamente, para aqueles com a preferência contrária, é na situação 2 que está o problema e a situação 1 é a solução. Apenas impondo o conjunto de preferências de um grupo aos outros uma solução poderá até ser definida, mas não alcançada. No entanto, isso não é um obstáculo para aqueles com a visão dos ungidos, pois a superioridade de suas preferências é tida como tão certa, que sua imposição aos outros raramente é notada. Críticas e evidências recebem menos atenção ainda.

A Batalha para Controlar a Memória

Evasões desesperadas de evidências contrárias e a difamação daqueles que apresentam essas evidências são indicadores dos altos riscos nas guerras culturais contemporâneas, que não são a respeito de políticas alternativas, mas mundos alternativos e papéis alternativos para os ungidos nesses mundos. Como a retidão diferencial é fundamental à visão dos ungidos, deve-se demonstrar que seus oponentes não estão meramente enganados, mas moralmente deficientes. Como falou adequadamente Jean-François Revel, essa abordagem "substitui a discussão intelectual de argumentos pelo extermínio moral de pessoas"[718]. Essa difamação ou demonização daqueles que fazem oposição às suas ideias não só tem o efeito desejado de desacreditar a oposição, mas também o efeito não intencional de bloquear o caminho da volta de posições que se tornaram cada vez menos sustentáveis com a passagem do tempo e a acumulação de evidências contrárias. A própria ideia de que aqueles ignorados e tidos como simplistas ou maus poderia estar correta — mesmo que em apenas uma questão — é algo, na melhor hipótese, irritante, e na pior, potencialmente devastador. Os meios desesperados e a retórica acirrada dos ungidos, quando confrontados com resultados completamente contrários ao que esperavam, são sintomáticos da situação impossível em que eles se encontram — ou, melhor, em que eles se colocaram. Seu último refúgio nessa situação são suas boas intenções.

Para os ungidos, é desesperadamente importante ganhar, não simplesmente porque eles acreditam que uma política ou conjunto de ideias e valores são melhores para a sociedade, mas porque toda a sua ideia de si mesmos está em risco. Dados os altos riscos, não é difícil entender os ataques dos ungidos àqueles que discordam deles e suas tentativas de reprimir fontes alternativas de valores e ideias, com códigos da academia e com o "politicamente correto" sendo os exemplos principais de um padrão difundido de tabus. Aqui eles não estão contentes em silenciar vozes contemporâneas, eles também querem silenciar a história e as tradições — a memória nacional — também. Isso também é um perigo maior do que os perigos resultantes de políticas específicas.

A memória é o que faz de nós quem somos. Se perdêssemos toda a nossa memória quando dormimos à noite, seria o mesmo que morrer e uma

---

[718] REVEL, Jean-François. *The Flight From Truth*, p. 142.

nova pessoa acordasse em nosso corpo na manhã seguinte. A história é a memória de uma nação — e essa memória está sendo apagada por historiadores encantados com a visão dos ungidos. Desprezo por meros fatos é acompanhado de corajosas interpretações conhecidas como história "revisionista", que leva preocupações ideológicas contemporâneas de volta para o passado. Essa destruição da memória nacional e o registro da visão preferida em seu lugar, é mais uma expressão da ideia de que a realidade é opcional.

Um desenvolvimento muito similar na lei trata a Constituição não com os significados que ela tinha quando foi escrita, mas como uma pequena parte do que o público quer hoje que ela signifique. Essa é a "Constituição viva" de "critérios em evolução", refletindo o que "pessoas pensantes" acreditam. Essas rejeições radicais do passado são mais do que uma moda passageira ou vaidade pessoal. Se trata da perigosa destruição da experiência conquistada com tanto sacrifício por milhões de seres humanos, vivendo por séculos de luta com a tragédia da condição humana e a substituição desse rico legado por teorias infundadas e fantasias narcisistas.

Através desse tipo de raciocínio, assassinos foram soltos em nosso meio, indústrias inteiras foram incapacitadas e meios de vida destruídos para que os ungidos pudessem "fazer sua voz ser ouvida" a respeito da sua própria "preocupação" superior sobre alguma subespécie obscura, ou outra questão simbólica que demonstra sua superioridade à "sociedade". A própria lei foi prostituída a serviço de cruzadas ideológicas e a habilidade da sociedade de se defender contra tudo, de criminosos ao vírus da Aids, foi prejudicada em nome de "direitos" novos especialmente criados para indivíduos infringirem custos e danos a outros com impunidade. A coesão social que torna possível a vida civilizada foi afrouxada pelos ataques sistemáticos às famílias, aos valores comuns e à cultura comum a todos.

PROCESSOS DE TOMADA DE DECISÃO

Entre as inúmeras, variadas e infindáveis cruzadas ideológicas dos ungidos, um padrão comum é discernível. Geralmente, uma cruzada inicia quando alguma discrepância significativa é encontrada entre o mundo como eles veem e o mundo como ele existe. Para os ungidos, para fazer tanto sentido quanto a noite após o dia, a realidade deve ser endireitada de acordo com sua visão. Logicamente, pode-se concluir da mesma maneira que é a teoria que precisa ser alterada de acordo com a realidade. Entretanto, essa possibilidade raramente recebe muita consideração. O fato de a realidade ter sobrevivido ao teste do tempo e da experiência, enquanto a viabilidade de sua visão ainda precisa ser provada na prática, também raramente leva muita atenção. Além disso, o processo pelo qual a sociedade se move de uma situação atual para a situação desejada pelos ungidos raramente é analisado por *suas características como um processo*. Alguns processos podem de fato ser especificados — uma "guerra à pobreza", programas de "reabilitação" de criminosos, "educação sexual" nas escolas — mas uma avaliação crítica das características desses processos pouquíssimas vezes é levada adiante. A discussão tende a ser tida em termos de objetivos, não de incentivos, e a pressuposição no lugar da evidência.

O fato de que esquemas sociais grandiosos, que soam tão plausíveis para as elites intelectuais, não apenas fracassam, como provam ser desastrosamente contraprodutivos, não é de maneira nenhuma uma surpresa quando esses esquemas são analisados em termos de características dos processos pelos quais eles operam, ao invés de pelos objetivos que buscam, ou as visões às quais eles se adequam. No centro de muitos desses esquemas está a tomada de decisão por terceiros. Terceiros geralmente sabem menos, mesmo quando convencidos de que sabem mais, além de não terem os incentivos daqueles que se beneficiam diretamente pelo acerto e sofrem pelo erro.

O conhecimento adquirido até nos processos mais "comuns" — a fabricação de um lápis, por exemplo — geralmente existem como a soma de muitos círculos pequenos e sobrepostos de habilidades de informações individuais que, juntos, somam uma vasta expansão de informação, experiência e compreensão. Como foi pontuado em uma dissertação celebrada anos atrás, nenhum ser humano sabe o suficiente para fazer sequer um simples lápis de grafite[719]. Nenhuma única pessoa sabe como minerar o grafite, processar a madeira, produzir a borracha, fabricar a tinta e realizar todos os investimentos, *marketing*, inventário e decisões de distribuição necessárias para colocar um lápis nas mãos do consumidor final. Isso é claramente mais verdadeiro no caso

---

[719] Leonard Read, "I, Pencil", *The Freeman*, dez/1958, p. 32-37.

do fabricante de um automóvel ou computador, ainda mais em relação a processos sociais mais complexos que permitem o funcionamento da civilização.

Mesmo que os círculos de conhecimento individuais adquiridos por membros dos ungidos fossem de fato maiores que o círculo médio de conhecidos daqueles à sua volta, esses círculos maiores que a média ainda serão uma pequena fração de um vasto total. Permitir que os ungidos tenham prioridade às decisões de milhões de outras pessoas é confinar o conhecimento adquirido às decisões que existem dentro dos círculos dos ungidos — desta forma, diminuindo o conhecimento que pode ser usado a uma fração do que está disponível. Não é uma surpresa que decisões piores geralmente surgem desse processo. Realmente, decisões perigosas frequentemente são a consequência.

Ao se considerar como um pequeno defeito no raciocínio pode destruir completamente toda uma análise elaborada, é realmente impressionante esperar que intelectuais construam políticas sociais comparáveis àquelas que surgem da interação sistemática de milhões de outros seres humanos, continuamente se ajustando às consequências que refletem as preferências reveladas dos outros e as mudanças nas oportunidades e nas limitações da tecnologia. A estrutura complexa e altamente sofisticada de *O Capital* (1867), de Marx, por exemplo, repousa no final das contas em suposições toscas e atrapalhadas sobre o papel especial do trabalho no processo econômico[720]. Pressuposições radicais sobre saber as "causas raiz" do crime, extrapolações sem sentido para produzir histeria sobre "superpopulação" e "escassez de recursos" e confusões superficiais dos impostos e da receita tributária que dominam as discussões do *déficit* orçamentário federal, são apenas alguns dos resultados intelectuais fatalmente falhos, que buscam alterar as interações sistêmicas com "soluções" impostas.

Uma das implicações da observação comum de que "não tem como errar sobre questões passadas" é que as pessoas que julgam resultados, assim como as transações econômicas no mercado, têm uma tarefa bem menos assustadora do que as pessoas que projetam planos sociais, que exigem que elas estejam corretas simultaneamente em inúmeras suposições, perfeitas na lógica da qual as implicações complexas dessas suposições são derivadas e, ao mesmo tempo, prescientes sobre uma realidade em constante mudança, na qual os eventos estão acontecendo.

---

[720] Veja, p. ex., SOWELL, Thomas. *Marxism: Philosophy and Economics*. Nova York: Morrow, 1985, p. 190-200.

Adicione a isso o fato de admitir publicamente que erros fundamentais podem ser fatais para toda uma carreira política e as diferenças entre os dois processos de tomada de decisão se tornam ainda maiores quando a necessidade de admitir e reverter erros é levada em consideração. Nada pior que uma vergonha privada momentânea — se isso — como consequência para aquele consumidor que muda seus padrões de compra normais para se ajustar aos preços diferentes, ou à disponibilidade cambiante de novos produtos ou serviços, ou a outros eventos inesperados. Entretanto, basta imaginar a resposta se um líder político admitisse que iniciou, ou apoiou, políticas que destruíram a vida de milhares de pessoas em alguma indústria ou setor da economia específicos, por muito menos que admitiu ser responsável pela morte de milhares de soldados norte-americanos em uma guerra desnecessária, cujas condições foram mal interpretadas.

Dados os severos pré-requisitos para chegar às conclusões corretas através do planejamento racional das atividades de uma economia, ou se empenhar em engenharia social de sucesso, não é surpresa que tomar essas decisões através dos processos políticos muitas vezes acaba em fracasso. Quanto mais compreensivas essas decisões coletivizadas e controle centralizado, mais compreensivo o fracasso — o fiasco econômico da Europa Oriental sob o comunismo é um exemplo clássico. Por outro lado, realizar meramente uma grande redução na quantidade de controle político na economia produziu aumentos drásticos em prosperidade em um tempo relativamente curto e em cenários discrepantes como a Alemanha pós-Segunda Guerra, o Sri Lanka nos anos 1970 ou os Estados Unidos da América durante os anos 1980. Uma das razões dessa experiência não fazer parte da memória social usada para guiar tomadas de decisão políticas subsequentes é a experiência ser tão filtrada pela mídia, e a própria natureza desses processos de filtragem tem seus vieses embutidos, fora os vieses daqueles que operam a mídia.

VISÕES, POLÍTICAS E A MÍDIA

As políticas práticas, obviamente, têm muitas dimensões além de visões. Entretanto, alguns tipos de visões são mais convenientes para o mundo político. A visão predominante dos ungidos é particularmente bem adaptada às políticas e a visão trágica é particularmente mal adaptada. Qualquer um

CAPÍTULO IX | REALIDADE OPCIONAL

pode ser um "problema" diante de seus olhos e desejar "solucioná-lo", ou enxergar uma "necessidade não atendida" e desejar atendê-la. O que é mais difícil é entender as implicações de causalidade sistemática dentro de opções limitadas. A visão mais fácil e mais emocionalmente satisfatória é claramente a visão dos ungidos. Os políticos podem reduzi-la a *slogans* e imagens mais facilmente e a mídia pode dramatizar tudo mais facilmente. Existe um viés inerente na mídia, sem dizer respeito às filosofias pessoais dos jornalistas.

Ao longo dos anos, estudos constantemente mostraram as pessoas na mídia como se fossem esmagadoramente mais da esquerda política, mas esse tipo de inclinação na mídia pode não ser tão importante quanto o viés inerente por meio do qual tanto a mídia de transmissão quanto a mídia impressa operam. Rádio, televisão e filmes podem dramatizar rapidamente qualquer situação individual, de maneira tal que as maiores relações e as suposições implícitas por trás da situação não possam ser dramatizadas. Por exemplo, a mídia não consegue identificar, muito menos dramatizar, todos aqueles indivíduos que morreriam por conta de alguma doença fatal, se não fosse por terem sido vacinados. Contudo, nada é mais fácil de dramatizar do que o raro indivíduo que pegou a doença da própria vacina e agora foi assolado pela doença, está mental ou fisicamente debilitado ou morrendo. Quando o governo cria algum programa novo, nada é mais fácil do que mostrar qualquer benefício que o programa gerou. De fato, aqueles que lideram o programa serão muito cooperativos em trazer esses benefícios para a atenção da mídia. No entanto, é praticamente impossível rastrear os impostos usados para financiar o programa e demonstrar que usos alternativos do mesmo dinheiro poderiam ter sido mais benéficos.

Em resumo, as inclinações da mídia a faz mostrar o que acontece bem debaixo de nossos narizes, sem dar importância para o quanto isso custou em outra área. Um fazendeiro da Califórnia sempre pode mostrar ao público da televisão a sua rica colheita, que conseguiu plantar graças a projetos para trazer água do governo. No entanto, ninguém consegue filmar as plantações que estariam crescendo em outros lugares, a custos menores para a economia, se não houvesse financiamento público para encorajar o uso de água que chega ao deserto com grandes custos, ao invés da água que chega gratuitamente das nuvens, em outros lugares. Também não há uma maneira da câmera da televisão mostrar quais desempregados poderiam ter empregos, se as leis de salário-mínimo não tivessem deixado tão caro contratá-los em seus níveis de habilidade e experiência atual — desta forma, impedindo-os de conseguir a experiência e habilidade adicional que precisam. Não há uma maneira de identificar e entrevistar as pessoas que estariam morando confortavelmente em apartamentos na cidade de Nova York que atualmente estão abandonados ou fechados com tábuas por conta de leis de controle de aluguel que os tornaram economicamente inviáveis. Independente do viés ideológico das pessoas na mídia, não tem como a câmera mostrar todos os negócios que existiriam na ausência das regulamentações do governo e custos obrigatórios.

Aparências enganosas existem muito antes do crescimento da moderna mídia de massa. Entretanto, nunca antes essas aparências alcançaram tantas pessoas, com tanta rapidez e com tanta aparente realidade.

O que torna o viés embutido da mídia de massa tão perigoso é que ele sustenta um viés similar na tomada de decisão política, que busca fazer o bem embaixo de nossos narizes, sem consideração para implicações maiores e no longo prazo. Por outro lado, injúria visível é mais fácil de dramatizar do que os benefícios em longo prazo pelos quais se aguentam essas injúrias. Poderia a escravidão ter terminado com a Guerra Civil se as câmeras de televisão tivessem mostrado os horrores diários da marcha de Sherman pela Geórgia, ou os terríveis sofrimentos de civis na Vicksburg sitiada? Os sofrimentos televisionados da guerra na Indochina ajudaram a trazê-la ao seu fim — levando a mais sofrimento e ainda mais mortes depois que os comunistas dominaram aquela região, mas esses sofrimentos (incluindo os campos de execução de Kampuchea) não foram televisionados. Não poder televisionar os horrores sob regimes totalitários é outro viés embutido na mídia, que só consegue mostrar sofrimentos em uma sociedade livre — assim tornando essas sociedades alvos mais fáceis.

A mídia pode até criar simpatia por assassinos ao entrevistar suas mães e esposas, que afirmam sua inocência, ou colegas criminosos que dão a eles um álibi dizendo que estavam em outro lugar quando o crime foi cometido. Apenas a visão de um homem desamparado no corredor da morte pode ser tocante. A mídia não consegue mostrar o mesmo homem quando se regozijava na selvageria do crime que o levou até lá, não consegue mostrar a felicidade sádica quando ele estuprava e torturava uma menininha que chorava pela sua vida. Se eles pudessem mostrar isso na televisão, muitas daquelas pessoas que se reuniram fora da prisão para protestar por sua execução seriam, na verdade, voluntários para realizar a execução.

CAPÍTULO IX | REALIDADE OPCIONAL

A perigosa dramatização de meias-verdades é o talento fatal da câmera de televisão ou do cinema. Mesmo com pessoas honestas e equilibradas, o perigo estaria sempre presente e precisaria sempre ser uma preocupação. Como a mídia é esmagadoramente tendenciosa a uma ideologia, o viés humano e o viés da mídia apenas reforçam um ao outro.

Adicione a isso a filosofia do jornalismo de defesa e o resultado pode ser o que tem sido chamado de "mentindo pela justiça"[721] — ou seja, tomar prioridade nas decisões das outras pessoas dizendo a elas apenas o que leve às conclusões desejadas. Pela pura repetição de imagens de famílias comuns que ficaram nas ruas por infortúnios imprevisíveis, a mídia pode criar uma imagem totalmente distorcida da população moradora de rua, da qual essas pessoas compõem uma fração pequena. Pela pura repetição de certos tipos de experiências dramatizadas, como "esposas agredidas", a mídia pode criar a impressão de que um dos grupos menos agredidos da sociedade é o grupo mais agredido, quando até mesmo dados mostram que uma proporção maior de homens e mulheres solteiras são agredidas do que as mulheres casadas. Isso vai além do viés inerente à mídia para a criação deliberada de uma situação que foi adequadamente caracterizada por Paul Weaver:

> A mídia é menos uma janela para a realidade e mais um palco onde autoridades e jornalistas atuam em ficções escritas por eles e serventes a eles[722].

A facilidade com a qual a mídia pode escolher quais imagens forjar e espalhar pelo país alimenta a ilusão perigosa de que a realidade é opcional.

CONSEQUÊNCIAS PASSADAS E PERIGOS FUTUROS

Depois que a visão dos ungidos ganhou um escopo cada vez maior na educação e nas políticas públicas dos Estados Unidos da América e de outras sociedades ocidentais durante as décadas, começando com os anos 1960, a degeneração social se tornou palpável, documentada além da conta e imensa

---
[721] WHITE Jr., Richard W. *Awakenings: What the Homeless Crisis Tells Us*. San Francisco: ICS Press, 1992, *capítulo 1*
[722] Paul H. Weaver, "Selling the Story", *New York Times*, 29/jul/1994, p. A13.

em um vasto espectro de fenômenos sociais — queda nos padrões educacionais, crescimento de crimes, famílias desfeitas, altos números de gravidez na adolescência, crescimento do uso de drogas e níveis sem precedentes de suicídio entre adolescentes. Essa devastação social não se deve à pobreza, pois o padrão material de vida estava em forte crescimento durante esse período. Não foi por causa da repressão, por uma variedade sem precedentes de "direitos" que surgiu dos tribunais e da legislação para liberar as pessoas das limitações da lei enquanto elas eram liberadas de limitações sociais pela popularização de atitudes "não julgar". Essa degeneração social também não foi causada pelas interrupções de guerra ou catástrofes naturais, pois se tratou de um longo período de paz e a ciência venceu muitas doenças que atormentavam a raça humana por séculos, além de fornecer maneiras melhores de proteger as pessoas de terremotos e outros atos de destruição da natureza. Foi de fato uma era de feridas autoinfligidas.

    Os perigos totais da visão dos ungidos não podem se revelar imediatamente. Mesmo os próprios ungidos estão atualmente sob a influência residual das inibições morais, religiosas e filosóficas tradicionais. Na medida em que sua visão prevalece e perdura, entretanto, gerações sucessivas dos ungidos terão influência cada vez menor dessas limitações tradicionais em ruínas e a lógica pura de sua visão poderá operar mais completamente. Por outro lado, entre aqueles que não se convenceram das virtudes dessa visão, o espírito de resistência pode ruir e o sentimento de raiva para com suas consequências pode ser entorpecido pelo acúmulo de precedentes por políticas e ações que antes teriam considerado intoleráveis.

    Nos ungidos encontramos toda uma classe de, supostamente, "pessoas pensantes" que incrivelmente pensam muito pouco sobre substância e muito sobre expressões verbais. Para que esse relativamente pequeno grupo de pessoas possa acreditar que são mais sábios e nobres que o rebanho comum, adotamos políticas públicas que impõem custos altos a milhões de outros seres humanos, não apenas com impostos, mas em empregos perdidos, desintegração social e a perda da segurança pessoal. Raramente um grupo tão pequeno custou tanto a tantas pessoas.

[ÍNDICE REMISSIVO E ONOMÁSTICO]

ÍNDICE REMISSIVO E ONOMÁSTICO

A

Aaron, Henry Louis "Hank" (1934-2021), 263
Academia de Ciência de São Petersburgo, 68
Adams, John (1735-1826), 2º presidente dos Estados Unidos da América, 103
África do Sul, 68, 182
África Subsaariana, 108
Alasca, 46
Alternatives to Incarceration (Alternativas ao Encarceramento), 209
American Association of Blood Banks, 221
American Biology Teacher, 43
American Economic Review, The, 176
Americans for Democratic Action, 25
American School Board Journal, 41
"Americorp", 245
Anatole France, nascido François-Anatole Thibault (1844-1924), 287
Apartheid, 182
Apple Computers, 106
Arendt, Hannah (1906-1975), 314
Ásia, 235
Assam, Índia, 67
Assassinato a Sangue Frio [*The Onion Field*], de Harold Becker, 218
Assembleia Nacional francesa do século XVIII, 269
Associação Cristã de Moços, 129
Austrália, 69, 200
Aviso de Miranda, 288

B

Bach, Johann Sebastian (1685-1750), 189
Balcãs, 108
Banco de Buenos Aires, 69
Band Plays On, And the: Politics, People and the AIDS Epidemic [*Banda tocou, E a*], de Randy Shilts, 279
Banfield, Edward C. (1916-1999), 25
Bazelon, David L. (1909-1993), 46-50, 53, 153-54, 210-11, 214-15, 252, 259, 276-77, 288-89
Beethoven, Ludwig van (1770-1827), 189
Biblioteca pública de Nova Jersey, 205

Bird, Rose Elizabeth (1936-1999), 215-18, 225
Blackmun, Harry Andrew (1908-1999), 134, 204, 236-37
Bok, Derek C. (1930-), 260
Bombaim, Índia, 67
Bork, Robert H. (1927-2012), 294-96
Brahms, Johannes (1833-1897), 109, 189
Brennan Jr., William J. (1906-1997), 47, 52, 157, 219-20, 267, 276, 296-97, 300
Brown, Lester R. (1934-), 117
Bumpers, Dale Leon (1925-2016), 117-18
Burke, Edmund (1729-1797), 21, 138, 159, 167-68, 266

C

Caminho da Servidão, de Friedrich A. Hayek, 22
Campos de execução de Kampuchea, 328
Canadá, 65
Capital, O, de Karl Marx, 325
Carter, James Earl "Jimmy" (1924-), 39º presidente dos Estados Unidos da América, 118, 126, 128, 170
Casa Branca, 37, 128, 247
Caso *Durham versus United States*, 50, 211, 276
Caso *Escobido versus Illinois* (1964), 49
Caso *Gideon versus Wainwright* (1963), 49
Caso *Mapp versus Ohio* (1961), 49
Caso *McNaughten*, 211
Caso *Miranda versus Arizona* (1966), 49, 51, 54, 254
Caso *Planned Parenthood versus Casey*, 302, 308
Caso *Scopes II*, 237-38
Cáucaso, 202
CBS, 80
Ceilão, *ver* Sri Lanka
Centros de Controle de Doenças (Centers for Disease Control, CDC), 80, 99, 221

Chamberlain, Arthur Neville (1869-1940), ex-primeiro-ministro do Reino Unido, 155-56
Chattanooga, Tennessee, 172
Chevron, 226
Chicago, 231
Chicago Tribune, 231
Children's Defense Fund, 63, 90, 232
Chile, 69
Christian Science Monitor, The, 230-31
Chrysler Corporation, 105
China, 155
Cingalês, povo do Ceilão, 68, 71
Circuito de Cortes de Apelação do Distrito de Columbia, 46, 50
Civil Rights Act em 1964, 281, 300-01
Clark, Kenneth B. (1914-2005), 280
Clifford, Clark McAdams (1906-1998), 127
Clube de Roma, 104, 119-21
Coke, *sir* Edward (1552-1634), 285
Comunismo, 23, 128, 286, 326
Condorcet, nascido Marie Jean Antoine Nicolas de Caritat, Marquês de Condorcet (1743-1794), 21, 155, 168, 171, 209
Congressional Budget Office, 78
Congressional Quarterly, 33
Congresso dos Estados Unidos da América, 31-32, 35, 40-41, 44, 105, 128, 144, 235-36, 297-98, 300
Connecticut, 45
Conselho de Assessores Econômicos, 35
Conselho Nacional de Igrejas, 200
Constituição dos Estados Unidos da América (1787), 137-38, 144, 165. 215, 235-37, 239-40, 287-88, 293-99, 301-08, 323
Corry, John (1667-1726), 197
Cortes de Apelação, 46, 50
Corvair, modelo da Chevrolet, 111, 113-15
Council of Community Blood Centers, 221

ÍNDICE REMISSIVO E ONOMÁSTICO

Crime in America, de Ramsey Clark, 48-49
Crime of Punishment, The, de Karl Menninger, 54
Criminal Violence, Criminal Justice, de Charles E. Silberman, 55
Cruz Vermelha, 221

D

Danziger, Sheldon H (1948-), 38
Davi (Bib.), 116
Davis, David Brion (1927-2019), 141
Décima-Quarta Emenda, 301, 305-06
Departamento de Agricultura dos Estados Unidos da América, 64
Departamento de Justiça, 246
Departamento de Saúde e Serviços Humanos, 220
Departamento de Saúde Materna e do Feto na Harvard School of Public Health, 114
Departamento de Serviços Sociais, 234
Departamento de Transportes norte-americano (U.S. Department of Transportation), 114
Detroit, 34, 128
Dingell, John (1926-2019), 117
"Distribuição" de renda nos Estados Unidos da América, 85, 273-74, 320
Distrito de Columbia, 46, 210, 288
Douglas, William O. (1898-1980), 47, 204, 268, 304
Doutrina do *laissez-faire*, 175
Dow Jones, 174
Durant, Ariel (1898-1981), 160
Durant, Will (1885-1981), 160
Dworkin, Ronald (1931-2013), 136, 164, 268, 271, 274, 295, 297

E

East Palo Alto, 88
Economia keynesiana, 23, 173, 262
Economic Opportunity Act, The, 35-37, 39

Edelman, Marian Wright (1939-), 63, 90
Ehrenreich, Barbara (1941-), 94, 314
Ehrlich, Paul (1854-1915), 104, 106-07, 109, 120, 170
Einstein, Albert (1879-1955), 131, 133, 263
Engels, Friedrich (1820-1895), 98, 232
Environmental Protection Agency (Agência de Proteção Ambiental), 226
Equador, 200
Era da Reconstrução, 123
Escola Francesa de Economia do século XVIII, 175
Esperanto, 174
Estado de bem-estar social, 22-23
Estados Unidos da América, 22, 31, 46, 55, 62, 65, 68, 71, 73, 79-80, 98, 105, 110, 124, 137, 157, 165, 170, 200, 210, 215, 232, 236, 261, 270, 274, 281, 285, 294, 297, 306, 326, 329
Estatística "*Aha!*", 61-63, 65, 73, 78, 82, 91
Estônia, 67
Estratégia do Desperdício, de Vance Packard, 110
Europa, 108, 135, 198, 200, 281
Europa Oriental, 108, 326
Evening News, 80

F

Fearing, Kenneth Flexner (1902-1961), 5
Federal Reserve Bank of Boston, 74-75
Federalista, O, de John Jay, James Madison e Alexander Hamilton, 156, 168
Fiji, 68
Fish, Stanley Eugene (1938-), 260, 262
Fleming, Macklin, 292
Food and Drug Administration (FDA), 192, 198, 228
Food stamps, 79
Forbes, 75
Fortune, 106
Fortune 500, 106

Franco, Francisco Bahamonde (1892-1975), 155
Friedman, Milton (1912-2006), 23-24, 138, 270

G

Galbraith, John Kenneth (1908-2006), 104-06
Gates III, William "Bill" Henry (1955-), 106
General Motors, 105, 114-15
Godwin, William (1756-1836), 21-22, 154-55, 159, 171-72
Goldwater, Barry Morris(1909-1998), 34
Gore Vidal, Eugene Luther (1925-2012), 128
Greenfield, Mary Ellen "Meg" (1930-1999), 127
Greenhouse, Linda J. (1947-), 204
Groenlândia, 200
"Guerra à pobreza", 31-38, 63, 91, 281, 324
"Guerra Contra as Mulheres, A", editorial do *U.S. News and World Report*, 169
Guerra Civil Espanhola, 155
Guerra Civil norte-americana, 124, 140, 328
Guerra do Golfo, 170, 188
Guerra do Vietnã, 170
Guerra Fria, 156, 313

H

Hamilton, Alexander (1755-1804), 165
Hamlet, personagem de Shakespeare, 23, 229
Hanói, Vietnã, 170
Havaí, 46
Hawking, Stephen William (1942-2018), 233
Hayek, Friedrich A. von (1899-1992), 22, 175, 178-79, 256, 270
Hazlitt, Henry (1894-1993), 34
Heckler, Margaret (1931-2018), 221

Helvétius, Claude Adrien (1715-1771), 172
Herbert, Robert "Bob" (1945-), 245
Higher Education Act, 38
Hiroshima, Japão, 133
Hitler, Adolf (1889-1945), chanceler do III Reich, 19, 139, 145, 155-56, 286
Hobbes, Thomas (1588-1679), 178
Hodding Carter III, William (1935-), 37-38, 281
Holbach, Thiry, Paul-Henri, barão de Holbach (1723-1789), 155, 172
Holmes, Oliver Wendell (1841-1935), 160, 167, 179-80, 187, 266, 268, 294-96
Holocausto, 139
Honda Motor Company, 105
Hoover Institution, 16
House Ways and Means Committee, 126

I

Illinois, 116
Império Romano, 19
Império Otomano, 67, 286
Índia, 67-68
Indochina, 328
Inglaterra, 164, 236, 294, 297
Improvement of the Japanese Race, The, de Yoshio Takahashi, 183
Inquérito Acerca da Justiça Política, de William Godwin, 154, 159
Instituição Smithsonian, 171
Institute for Human Development, 96
Institute for Research on Poverty, 38
Instituto Alan Guttmacher, 40, 42-43
Instituto Worldwatch, 104, 117
International Harvester, 225
Invasão da China pelo Japão, 155
Irlanda do Norte, 71

J

James I, rei da Inglaterra; James VI da Escócia (1566-1625), 285

ÍNDICE REMISSIVO E ONOMÁSTICO

Jackson, Jesse Louis (1941-), 64, 280
Jacuzzi, 78
Japão, 105, 108, 155, 183-84
Jay, John (1745-1829), 156
Jencks, Christopher S. (1936-), 127
Jobs, Steven Paul (1955-2011), 106
Johnson, Haynes Bonner (1931-2013), 94
Johnson, Lyndon B. (1908-1973), 36º presidente dos Estados Unidos da América, 31, 33, 37-38, 48, 50, 85, 157, 255, 266, 281
Journal of School Health, 44
Journal of Social Issues, 98
Journal of the American Medical Association, 233
Jouvenel des Ursins, Bertrand de (1903-1987), 286

K

Kana, caracteres japoneses, 183
Kanji, caracteres japoneses, 183
King, Rodney (1965-2012), 290
Kennedy, Edward (1932-2009), 119
Kennedy, John F. (1917-1963), 35º presidente dos Estados Unidos da América, 31-32
Kennedy, William J. (1928-), 302, 308
Kerner Comission, 33
Keynes, *sir* John Maynard (1883-1946), 265
Kilpatrick, James J. (1920-2010), 238
Kimono, 183
Kreimer, Richard F., 204-08
Kristol, Irving (1920-2009), 25

L

Las Vegas, 76
Lee Cunningham, Rosa (1941-), 213-14
Lekachman, Robert (1920-1989), 121
Lester, Richard A., 176
Lewis, Anthony (1927-2013), 134, 217, 296
Life, 105
Londres, 49
Los Angeles, 34, 141, 190
Los Angeles Times, 217, 250

M

Macedo, Stephen (1957-), 296
Madison, James (1751-1836), 4º presidente dos Estados Unidos da América, 296
Madre Teresa de Calcutá, nascida Mary Teresa Bojaxhiu (1910-1997), 145
Maharashtra, Índia, 67
Malásia, 67, 71
Malthus, Thomas Robert (1766-1834), 21-22, 108
Manifesto Comunista, de Friedrich Engels e Karl Marx, 98, 232
Marcha de Sherman pela Geórgia, 328
Maris, Roger (1934-1985), 263
Marshall, Thurgood (1908-1993), 307
Marx, Karl (1818-1883), 98, 232, 325
Matthews, Edwin Lee "Eddie" (1931-2001), 263
McCormick, Marie, 64
McDonald's, 228
Meese II, Edwin (1931-), 296
Melbourne, Austrália, 69
Menninger, Karl (1893-1990), 54, 158-59, 169
Metzenbaum, Howard (1917-2008), 117
Microsoft Corporation, 106
Mill, John Stuart (1806-1873), 109, 120, 161
Moristown, Nova Jersey, 205
Movimento eugênico, 23
Munnell, Alicia H. (1942-), 75
Música da Civilização para Brincar com Bola, cantiga infantil japonesa, 184
Muskie, Edmund (1914-1996), 51
Mussolini, Benito Amilcare Andrea (1883-1945), 155
Myrdal, Gunnar (1898-1987), 121

N

Nader, Ralph (1934-), 111-16, 134, 280
Nagasaki, Japão, 133
Nation, The, 111, 115
National Center for Health Statistics (Centro Nacional de Estatísticas de Saúde), 62
National Child Rights Alliance, 232
National Education Association, 39
NEA Journal, 39
New England Journal of Medicine, 63
New Republic, 49
Newsweek, 80, 116, 222
New York City Board of Education, 41
New York Times, The, 32, 42, 48, 50, 52, 54, 62, 81, 85, 117-18, 134, 142, 145, 156-57, 169, 204, 217, 223-24, 245, 258, 281, 296, 300, 307
Nigéria, 67
Nilo, 292
Nixon, Richard Milhous (1913-1994), 37º presidente dos Estados Unidos da América, 37, 285
Nova Jersey, 205
Nova York, 43, 52, 76, 238, 240, 290, 328
Novo Estado Industrial, O, de John Kenneth Galbraith, 105

O

O'Connor, Sandra Day (1930-), 302, 308
Office of Economic Opportunity (OEO), 35-37, 39
Oitava Emenda, 302, 304

P

Packard, Vance (1914-1996), 110, 170
Pan American, 105
People for the American Way (Povo pelo Modo Americano), 238
Peters, Arno (1916-2002), 200
Planned Parenthood, 39-40
Podhoretz, Norman (1930-), 25
Popper, *sir* Karl Raimund (1902-1994), 25
Population Bomb, The, de Paul Ehrlich, 106-07
"Porque não sou conservador", artigo de F. A. Hayek, 270
Preço da Justiça Perfeita, O, de Macklin Fleming, 292
Prêmio Nobel em Economia, 5
Primeira Emenda, 173, 205, 235-36, 238, 240
Primeira Guerra Mundial, 171
Princeton University, 176
Projeção de Mercator, 199-01
PTA Magazine, 41

Q

Quindlen, Anna Marie (1953-), 81, 142, 169, 258
Quinta Emenda, 289-90, 303

R

Rakove, Jack N. (1947-), 296
Ramsey Clark, William (1927-2021), 46, 48-49, 53, 141, 155, 253
Rawls, John Bordley (1921-2002), 272-73
Reagan, Ronald Wilson (1911-2004), 40º presidente dos Estados Unidos da América, 25, 37, 78, 85, 90, 117-18, 122, 125-28, 137-28, 156, 245
Recessão de 1990-91, 64
Região dos Sudetos, 156
Rehabilitation Act, 218
Rehnquist, William H. (1924-2005), 305-07
Revel, Jean-François (1924-2006), 22, 161, 206, 322
Revoltas de Los Angeles de 1992, 141
Revolução Americana, 168
Revolução Francesa, 168
"Revolução Reagan", 128, 138
Ribicoff, Abraham (1910-1998), 114
Richard Nixon (1913-1994), 37º presidente dos Estados Unidos da América, 37, 285

Richards, Dorothy Ann (1933-2006), 94
Rodham, Hillary Diane (atualmente, Clinton[1947-]), 100
Roosevelt, Franklin D. (1882-1945), 32º presidente dos Estados Unidos da América, 304
Rousseau, Jean-Jacques (1712-1778), 171
Russell, Bertrand Arthur (1872-1970), 3º conde Russell, 151
Rússia czarista, 68
Ruth, George Herman "Babe" (1895-1948), 263

S

Samuel (Bib.), 116
San Francisco, Califórnia, 34, 190, 213, 217-18, 222
San Francisco Bay, 88
San Jose, Califórnia, 209
Santiago, Chile, 69
São Paulo, Brasil, 68
Sarokin, Haddon Lee (1928-), 205-06, 208
Saturday Review, 49
Scalia, Antonin G. (1936-2016), 239-40, 306-07
Scheuer, James H. (1920-2005), 43
Schlesinger, James (1929-2014), 118
Scholastic Aptitude Test (SAT), 68, 262
Schumpeter, Joseph A. (1883-1950), 29
Scopes, John T. (1900-1970), 237
Segunda Guerra Mundial, 19, 171, 178, 181
Shaw, George Bernard (1856-1950), 171
Sherman Antitrust Act, 77
Shilts, Randy (1951-1994), 279
Shirer, William L. (1904-1993), 170
Shriver, Robert Sargent (1915-2011), 42
Silberman, Charles E. (1925-2011), 55-56
Simon, Julian (1932-1998), 109
Smith, Adam (1723-1790), 154, 159, 175, 179, 266
Sobre a Liberdade, de John Stuart Mill, 164

Socialismo, 22-23, 251, 270, 286
Sociedade da Abundância, A, de John Kenneth Galbraith, 104-05
Souter, David Hackett (1939-), 203, 239-40, 302, 308
Sri Lanka, 68, 71, 199, 326
Stalin, Josef Vissarionovich (1878-1953), 135, 286
Stanford, Califórnia, 87-88, 296
Steffen, Lincoln (1866-1936), 137
Stein, Herbert (1916-1999), 185
Stephen, James Fitzjames (1829-1894), 258
Stevens, John Paul (1920-2019), 239-40, 302
Stigler, George J. (1911-1991), 5
Suécia, 98, 124
Suprema Corte dos Estados Unidos da América, 46-47, 49, 51-52, 57, 105, 134, 157, 160, 203-04, 210, 215-18, 220, 236-37, 239-40, 267, 285, 294, 300, 302-05, 307

T

Takahashi, Yoshio, 183
Tamil, povo do Ceilão, 68
Tchaikovsky, Pyotr Ilych (1840-1893), 109
Teoria da Relatividade de Einstein, 133
Teste de Aptidão Escolar (Scholastic Aptitude Test, SAT), 262
Texas, 39, 94, 108, 301
Texas Education Agency, 200
Theory of Justice, A, de John Rawls, 272
Time, 49
Times Literary Supplement, The, 49
Tirania do Status Quo, de Milton Friedman, 138, 270
Toyota Motor Corporation, 105
Tribo Ibo da Nigéria, 67

U

União Americana pelas Liberdades Civis (American Civil Liberties Union), 205, 223, 237

União Soviética, 67, 137, 156
Universidade da Califórnia, em Berkeley, 96, 217
Universidade da Califórnia em Santa Cruz, 218
Universidade de Duke, 262
Universidade de Michigan, 77
Universidade de Stanford, 88
Universidade de Wisconsin, 38
Universidade Estadual de San Jose, 209
Unsafe at Any Speed, de Ralph Nader, 111-15
U.S. News and World Report, 169, 221

V
Vicksburg sitiada, 328
Voting Rights Act, 307

W
Warren Court, 55, 307
Warren, Earl (1891-1974), 46, 52, 55-56, 157, 252, 297
Washington, D.C., 39, 89, 118, 126-28, 274
Washington Post, The, 62, 64, 94, 210, 213, 231
Weaver, Paul, 329
Wicker, Thomas Grey "Tom" (1926-2011), 48, 85, 118, 140, 145, 156, 169, 217, 281, 307
Wildon, James Q. (1931-2012), 54
Will, George F. (1941-), 238
Williams, Theodore S. (1918-2002), 263
Wilson, Edmund (1895-1972), 171
W. T. Grant, 105

Z
Zeitgeist, 46, 216, 313

Acompanhe a LVM Editora nas Redes Sociais

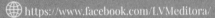 https://www.facebook.com/LVMeditora/

 https://www.instagram.com/lvmeditora/

Esta edição foi preparada pela LVM Editora, com tipografia Baskerville e Barlow Condensend, em outubro de 2022.